孙笑侠 主编
杜仪方 副主编

科技与权利
科际法学第三辑

商务印书馆
The Commercial Press

高校人文社会科学重点研究基地重大项目"科技与人权的关系研究"成果
国家人权教育与培训基地项目"数字技术行政应用中的人权保护标准"成果
复旦大学"个性化"研究项目"科技的人权标准课题"成果

目 录

第一部分

人格与财产之间
　　——器官移植时代对身体法律属性的历史考察 …………… 赖骏楠（3）

存在神经权吗？数字时代的神经技术与权利发展 …………… 李学尧（19）

变迁的人类境遇，不变的"人之为人"
　　——论工业革命与人权保障的一般关系 …………………… 路平新（36）

国家保障科技对人权的增进 ……………………………………… 史大晓（53）

新个性化法律的框架 ………………… 安东尼·J.凯西　安东尼·尼布利特（66）

第二部分

区块链技术的财产权保障指南 ………………………… 李雅琪　葛江虬（87）

虚拟现实、增强现实技术的财产权保障指南 ………… 毛闻杰　葛江虬（103）

合成生物技术的财产权保障指南 ……………………… 单佳琪　葛江虬（123）

人工智能在健康医疗应用中的人身权保障指标 ……………… 林暖暖（141）

科技在行政管理中的人权保障标准 ………… 蔡培如　王雨柔　徐苏（157）

信息科技司法应用的人权标准探析 …………………………… 黄城（177）

第一部分

人格与财产之间
——器官移植时代对身体法律属性的历史考察

赖骏楠[*]

一、引言

人类的身体或身体的一部分（如肢体、器官和组织），究竟是属于"人"还是"物"的范畴？一个人的身体是其人格不可分割的一部分，还是可以任由本人自由处分，从而可以交易的财产权对象和商品？在近代以来的民法学中，上述问题似乎有着不证自明的答案。在主流的德式教义学中，有关身体法律性质的有限讨论，以遮遮掩掩的方式出现在民法总论教科书的"权利主体"部分。在这里，民法学家们在《德国民法典》（Bürgerliches Gesetzbuch，简称BGB）的笼统条文的基础上，创造出了"人格权"或"一般人格权"的概念和体系。在这一概念下，姓名、肖像、生命、身体、健康、自由、隐私、名誉等等"生活权益"，都被纳入人格保护之下。显然，人类的身体在此处被视为人格（权）的一部分，而不是被视作权利的对象，亦即物或行为。[①] 然而，除了简要地提及身体权属于人格权的一部分，近代以来的民法学家们一般而言并不愿意就身体权的具体行使方式展开更多讨论。

然而，在医学和生命科学不断进步的背景下，各种器官移植不断增多的现实，又迫使这些答案再度存疑，并督促法学家对上述问题作出既顺应时代需求又符合法律精神的回应。如果按照上述原教旨主义的民法学解读，显然作为人格的身体不是物，

---

[*] 赖骏楠，法学博士，复旦大学法学院副教授，博士生导师。
[①] 参见〔德〕汉斯·布洛克斯、沃尔夫·迪特里希·瓦尔克：《德国民法总论（第41版）》，张艳译，中国人民大学出版社2019年版，第316—317页。另见〔德〕卡尔·拉伦茨：《德国民法通论（上册）》，王晓晔等译，法律出版社2013年版，第165—174页；〔德〕迪特尔·梅迪库斯：《德国民法总论》，邵建东译，法律出版社2013年版，第800—811页。

更不可能是商品。那么,将身体及其部分以有偿或无偿方式提供给患者的器官买卖或捐赠行为,也就显然违背了人格权制度的初衷,并且沦为非法。以这种逻辑来观察,甚至连国家动员公民捐赠遗体供科学研究等行为,也会在合法性上遭到怀疑。这样的结论无疑令人难以接受。现代法学已经进入无法回避身体议题的时代。

而法律史(包括法律思想史)则能在身体的法律属性(尤其是可让渡性)这个议题上贡献良多。实际上,自古罗马法时期以来,法学家、神学家乃至医学家们,就已经在这个问题上长期聚讼纷纭。本文将表明,历史上的这些讨论和实践,能够为科技时代相关问题的思考提供有益的智识资源。本文将先后梳理古罗马法、中世纪教会法、现代法律思想中对身体的态度和处理,并以此为基础,思考当代法学应如何回应科技进步带来的挑战。

二、古罗马法

由于罗马法几乎是一切西方法律(尤其是私法)的源头,所以我们的考察也将从古代罗马法开始。在古罗马,父权制和奴隶制的强有力存在,导致罗马法上虽然有人与物的区分,但两者间的界限并不绝对。所谓人与物的关系,实际上是一种逐渐过渡的连续体状态。

从父权制角度来看,真正意义上完整人格的拥有者实际上只有家父本人。在古罗马大部分时期,家庭(familia)构成一种独裁式的法律团体或法律主体,由作为首脑的家父(pater familias)和屈从于其全面的家父权之下的人组成:妻子、子女、门客和奴隶。在对外交往的场合,原则上只有家父才能代表家庭,从事包括签订契约在内的各种法律行为,亲自实现各种权利,履行各种义务。在这种意义上说,所谓罗马市民法(ius civilis),实际上并不是社会全部个体成员间的法律,而毋宁是"平等家父"间的市民法。在罗马法的"人—物"体系中,也只有家父彻底处在"人"的一端。

在父权制家庭内部,家庭团体中的其他成员都屈从于家父一个人几乎不受限制的完全权力之下,尽管这种权力会根据具体对象的不同而呈现出某些差异。这种权力是一种不平等关系下的支配权(potestas),它既包括对妻子的夫权(manus),又包括对家子的父权(patria potestas),还包含对奴隶的所有权(dominium)。[②]

家子拥有并不完全的人格和自由。一方面,他们被认为是自由的(从而区别于奴隶),且拥有市民权(从而有权参与政治)。家子有权缔结婚姻并拥有婚生子女(尽

[②] 〔德〕马克斯·卡泽尔、罗尔夫·克努特尔:《罗马私法》,田士永译,法律出版社2018年版,第154页。

管当家父在世时,家子成立的家庭仍处于其家父的支配权之下),并具有政治权利,如担任官职。[3] 家父可以为家子设定特有产(peculium),由家子独立经营,并由其使用和收益。[4] 而且,每一个家子都是潜在的家父,他有权期待在家父死亡时自己成为一个新家庭的首脑,从而获得完全的人格。[5]

另一方面,家子也要服从于家父的支配,其人身权和财产权均受到极大限制。家子就算已经成年,但只要家父仍然活着,且未经过特别法律程序脱离家庭(如脱离父权程序,emancipatio),他们就仍然处于家父权之下。[6] 家父的支配权甚至包含生死权在内。家子原则上也不拥有独立财产。财产首先被视为家庭财产,而其唯一的处分权自古就属于家父。特有产也可以被家父随意收回,尽管根据习俗无理由地收回会遭受谴责。[7] 家父甚至有权将子女出让。家子在要式买卖中处于类似于奴隶的地位。但《十二表法》规定,"如果父亲出卖儿子三次,儿子就从父亲那里获得了自由",家父针对该子的父权,也就最终被消灭。[8] 当子女被他人非法拘禁时,家父可以通过原物返还之诉(vindicatio)这一经典的所有权保护机制,对扣留其子女之人提出主张。[9]

罗马父权制家庭中的妇女显然也不拥有完整人格。古罗马关于婚姻的法律和习惯,就体现出妻子作为物的属性。婚约(sponsalia)发生在未婚妻的家父和未婚夫之间,未婚妻本人并非其当事人。婚约意味着未婚妻的家父向未婚夫允诺将女儿给予他做妻子,而未婚夫(或其家父)也向未婚妻的家父允诺将娶她。[10] 大部分婚姻都意味着归顺夫权(conventio in manum),即作为他权人的妇女由其父亲的支配转入其丈夫的支配。[11] 归顺夫权须采取买卖婚的形式,而这一形式又是从要式买卖(mancipatio)中分离出来的。在这一买卖中,女子的家父在五名证人和司秤(libripens)的见证下,以实质性或象征性的价款,将她的支配权转让给其丈夫。[12] 除了买卖婚,对女子的夫权还可以通过时效婚(usus)取得。罗马法学家根据《十二表法》中的一般时效规定,主张如果男子与妇女以有效事实婚姻共同生活一年,其他男性就不能再对他的

---

[3] 〔德〕马克斯·卡泽尔、罗尔夫·克努特尔:《罗马私法》,第 642 页。
[4] 〔德〕马克斯·卡泽尔、罗尔夫·克努特尔:《罗马私法》,第 643—644 页。
[5] 〔德〕马克斯·卡泽尔、罗尔夫·克努特尔:《罗马私法》,第 156 页。
[6] 〔德〕马克斯·卡泽尔、罗尔夫·克努特尔:《罗马私法》,第 155 页。
[7] 〔德〕马克斯·卡泽尔、罗尔夫·克努特尔:《罗马私法》,第 643—644 页。
[8] 〔德〕马克斯·卡泽尔、罗尔夫·克努特尔:《罗马私法》,第 641 页。
[9] 〔德〕马克斯·卡泽尔、罗尔夫·克努特尔:《罗马私法》,第 642 页。
[10] 〔德〕马克斯·卡泽尔、罗尔夫·克努特尔:《罗马私法》,第 606 页。
[11] 〔德〕马克斯·卡泽尔、罗尔夫·克努特尔:《罗马私法》,第 615 页。
[12] 〔德〕马克斯·卡泽尔、罗尔夫·克努特尔:《罗马私法》,第 616—617 页。

夫权提出有效异议。[13] 男子欲离婚,也必须采取要式退卖(remancipatio)的程序:丈夫通过信托性质的要式买卖,将妇女转让于其先前的家父或受托人,该女子通过释放(manumissio)重获自由。[14]

在婚姻缔结之后,妻子便处在其丈夫的支配权之下,其自身人格受到极大限制。妻子没有独立财产,甚至连嫁妆在法律上的所有权也属于丈夫。[15] 当然,妻子在其丈夫死亡后,就在法律上脱离了其丈夫所创建的家庭,并从此成为自权人(sui iuris)。[16]

奴隶制的存在,也模糊了罗马法上人与物的界限。一方面,奴隶被理所当然地视为物(res)。他们作为要式物(res mancipi)处于主人的所有权之下。他们顶多只能在事实上而非法律上拥有家庭关系。奴隶的婚姻和家庭不受法律保护。像动物产生的孳息一样,女奴所生子女属于母亲的主人,与其生父并无任何法律联系。[17] 主人可以通过要式买卖随意转让奴隶,并有权对奴隶随意进行事实性处分,甚至包括伤害和杀死奴隶。而罗马法对所有权定义的原型,正是对奴隶的所有权。[18]

另一方面,尽管在"人—物"谱系中奴隶最为接近"物"这一极,罗马法也不否认奴隶是一个生物人,尽管这是一种处于主人支配权之下的他权人(personae alieni iuris)。在实践中,主人自古以来就可以将特有产作为特别财产交给奴隶独立经营管理,从而使奴隶在经济上有一定独立地位,并在事实上拥有财产。奴隶在有限的范围内具有不完全的行为能力。奴隶可以作为其主人获取财产的工具,也可以通过先占或收取孳息等事实行为,乃至法律行为的方式获取财产,但所获取的财产究竟是归属于奴隶的特有产还是主人的其他财产,则取决于主人的意思。奴隶有权以非要式行为处分主人的某些财产,但需要主人对其行为表示同意。[19]

综上所述,罗马法上的人格谱系,或者说"人—物"谱系,呈现出极为复杂的、连续性的图景。毫不奇怪的是,古典罗马法时期(公元1—2世纪)的教义甚至将各种人格减等(capitis deminutio)予以精细区分:人格最大减等(丧失自由)、人格中减等或人格小减等(丧失市民权)和人格最小减等(丧失家庭身份)。人们甚至经常将人

---

[13] 〔德〕马克斯·卡泽尔、罗尔夫·克努特尔:《罗马私法》,第617页。
[14] 〔德〕马克斯·卡泽尔、罗尔夫·克努特尔:《罗马私法》,第622页。
[15] 〔德〕马克斯·卡泽尔、罗尔夫·克努特尔:《罗马私法》,第628页。
[16] 〔德〕马克斯·卡泽尔、罗尔夫·克努特尔:《罗马私法》,第156页。
[17] 〔德〕马克斯·卡泽尔、罗尔夫·克努特尔:《罗马私法》,第174页。
[18] 〔美〕大卫·格雷伯:《债:第一个5000年》,孙碳、董子云译,中信出版社2012年版,第193—197页。
[19] 参见〔德〕马克斯·卡泽尔、罗尔夫·克努特尔:《罗马私法》,第175—176页。在优士丁尼《民法大全》的《法学阶梯》部分,有关"人法"的讨论也涉及奴隶,参见〔法〕让-皮埃尔·博:《手的失窃案:肉体的法制史》,周英译,华东师范大学出版社2014年版,第86页。

格减等的效果与死亡的效果相互比较。[20] 很显然,与人格逐渐减等相对应的,就是生物学意义上之人的物的属性逐渐增强,其身体的可处分性和可转让性也就越强。因此,家子和奴隶就能够被家父和主人售卖,甚至可以被事实性地处理(伤害身体乃至处死)。

通过家父和主人对他权人身体之处分权这一案例,古罗马法清晰地展现出,人格与身体可以有多种组合和分离的方式,脱离(或部分脱离)了人格的身体可以是物,甚至可以是待出售的物。实际上,甚至连自权人也可以放弃自己的人格,对服从于自己人格之下的身体进行处分。《学说汇纂》承认自由人的自杀权,也认可对自己肢体进行切割的权利。[21] 因此,在罗马法中,所谓的"人法",实际上浸透着强烈的财产法逻辑,人的身体本质上被视为一种物,甚至与其他物没有区别。

三、中世纪教会法

在中世纪基督教思想中,有两大根本因素影响了人们对人格或身体的思考。首先,上帝之下人人平等的观念,导致罗马法上那种复杂的人格等级制在正当性上遭到质疑,尽管在现实中由于封建制和教会的存在,身份制得以维持。其次,人是由上帝所创造的观念,使得人的身体被视作上帝的所有物,它既是一种物,但又是一种神创的、神圣的物。在这些思考下,西方法律也发生了若干变化。

在基督教的影响下,同时也在为基督教神学所接受的斯多葛派和新柏拉图派观念的影响下,罗马帝国晚期和中世纪早期的西欧法律就出现了这样一些变化:(1)在家庭法上,法律给予妻子更为平等的地位,将配偶双方的合意作为婚姻有效性的前提条件,且废除了家父对子女的生杀予夺权力;(2)在奴隶制方面,如果主人滥用权力,奴隶有权向行政官员提起诉讼,如果主人残酷地行使权力,奴隶有时有权要求获得自由;法律也规定了解放奴隶的多种方式,并允许奴隶由于与自由人之间的亲属关系而获得自由。[22] 法律愈加走向了平等化和人道化。

对本文而言,更重要的是,自11世纪时起,神学家和教会法学家们开始以严谨的思维和语言,来直接讨论身体的属性问题。首先,灵与肉的分离观念使得身体作为物的属性得以充分显现。在基督教中,灵魂与肉体是两个相对独立的概念。当一个人

---

[20] 参见〔德〕马克斯·卡泽尔、罗尔夫·克努特尔:《罗马私法》,第159页。
[21] 参见〔法〕让-皮埃尔·博:《手的失窃案:肉体的法制史》,第136页。
[22] 参见〔美〕哈罗德·J.伯尔曼:《法律与革命——西方法律传统的形成》,贺卫方等译,中国大百科全书出版社1993年版,第203—204页。

活着的时候,肉体便是灵魂暂时的住所。但当其死去时,灵魂便脱离肉体,而后者便走向腐烂。能够得到拯救、从而在末日审判之后相聚在天堂的,实际上只有人类的灵魂,而肉体则无所谓拯救。从这种角度来看,身体无疑是一个物,尽管它是一个用来承载灵魂的、神圣的物。[23]

其次,从一个人对于他人身体的权利来看,教会法通过对婚姻的阐释和规定,明确了夫妻双方对对方身体拥有被视为物权的排他性的占有、使用和收益权。教会法认为婚姻是一个契约,而契约的内容则是:丈夫和妻子互相委身于对方,为了生育子女终身相互使用身体,并将子女抚养成人。婚姻必然伴随着性行为,而性行为被视为一种行使物权的行为。这种物权甚至和针对"无生命之物"的权利拥有同样的性质。在教会法学家看来,如果一个人想要夺回其丈夫或妻子,可以使用罗马法上那些物权救济手段提起诉讼(如所有权返还之诉),并以此恢复与不忠贞之配偶的夫妻关系。[24]

最后,中世纪神学与教会法虽然承认一个人对自己身体拥有物权,但对这种物权的内容予以了严格限制。与罗马法不同,基督教严厉谴责自杀行为。托马斯·阿奎那(Thomas Aquinas)确立了如下教义:人的生命是神所赋予的,且永远服从于神的命令,而不能由人自己处分。对身体的部分切割,包括切割性器官在内(哪怕是为了禁欲),也受到谴责。对教会法学家格拉提安(Flavius Gratianus)而言,阉割应被视为和杀人同样性质的行为。阿奎那还认为,对身体的切割之所以有罪,是因为这一行为从灵魂手中夺取了它也有权利依附的肉体/住所空间的一部分。[25] 因此,在教会法体系中,对人的身体而言,上帝掌握的是根本性的所有权,而人本身拥有的只是"用益权"或"使用权"。[26] 人必须妥善经营和照料好上帝赐予的身体,而不能任意糟蹋它。

综上所述,中世纪基督教神学和教会法从上帝造人和灵肉分离这些观念出发,公开承认了身体之物的属性,但又根据同样的神学教义,对人类自己对身体拥有的权利予以限制。由于人类乃由上帝所创造,所以人类的身体都是上帝的所有物,是权利的对象而非权利的主体。灵与肉的分离,也更加凸显了身体作为灵魂居所的物质属性。上帝将其对人类身体所有权中的占有、使用和收益等权能授予人类,以便人类自身能更好地照料自己身体。人类也有权通过婚姻等形式,将其拥有的身体物权让渡给他人。然而,人类的身体权利毕竟是有限度的,作为对身体的终局所有人,只有上帝才保留对身体的最终处分权,而人则不能随意地消灭(自杀)或切割自己身体。

---

[23] 〔法〕让-皮埃尔·博:《手的失窃案:肉体的法制史》,第123—126页。
[24] 〔法〕让-皮埃尔·博:《手的失窃案:肉体的法制史》,第126—129页。
[25] 〔法〕让-皮埃尔·博:《手的失窃案:肉体的法制史》,第136—137页。
[26] 〔法〕让-皮埃尔·博:《手的失窃案:肉体的法制史》,第138页。

四、现代法律思想

（一）自然权利理论

17、18世纪的自然权利理论是人类思想史上的重要篇章之一，也是现代法律的根基之一。自然权利论者将以客观法为出发点的古典自然法（ius naturalis）学，改造成了以主观权利为根基的现代自然权利理论。根据该理论的最纯粹形态，人类在形成社会和建立国家之前的自然状态，并不受任何先定的义务性法律规则、道德戒律的约束，人生来即是自由的，拥有天赋的、绝对的权利。这种绝对的自然权利几乎不受任何限制，只要是出于自保目的的，人可以从事任何行为。但一个行为是否出于自保目的，是否符合自保需求，却又由做出行为的人自行判断。进一步推论下去，自然权利显然就是在自然状态下从事一切行为的权利，包括出卖或让与自己身体或其一部分的权利（例如在面对征服者和强盗时为保住性命而自愿成为对方奴隶，或为了物质利益将自己出卖为奴）。[27]

当胡果·格劳秀斯（Hugo Grotius）在17世纪初开始阐述自然权利时，他的确从逻辑上设想出了上述那种连他自己也感到害怕的极端结论。他将人对自己身体的权利，如自由权，理解为一种所有权（dominium）。而人对自己通过先占等方式所获得的私有财产的权利，也是一种所有权。一个合理的推论便是，人可以放弃自己的身体和自由，成为他人的奴隶，或屈从于绝对君主制之下。但格劳秀斯本人的政治倾向，使得他在其早期作品《捕获法》（De Iure Praedae, 1607）中，以违背理论逻辑的方式明确拒绝了自愿形成的奴隶制和绝对主义政体。[28]

在《荷兰法学导论》（Inleidinghe tot de Hollandsche Rechtsgheleertheydt, 1620）中，格劳秀斯对人之身体权范围的论述，呈现出了明显的自相矛盾面貌。一方面，他坚持认为个人的身体和自由与个人拥有的狭义财产类似，因而可以通过契约予以让渡："正如一个人对于他自己的财产……的权力，使他能够通过移交或默许，让另一个人成为所有者……同样，一个人也可以把自己的一部分或者说大部分的自由交给另一个接受同样契约的人，从而另一个人就获得对之的权利，这一权利称为

---

[27] 参见〔美〕列奥·施特劳斯：《自然权利与历史》，彭刚译，生活·读书·新知三联书店2006年版，第168—256页；〔美〕理查德·塔克：《自然权利诸理论：起源与发展》，杨利敏、朱圣刚译，吉林出版集团有限责任公司2014年版，第1—5页。

[28] 〔美〕列奥·施特劳斯：《自然权利与历史》，第93—94页。

人身权利……"[29]

然而,另一方面,在该书别的部分,格劳秀斯又主张,事物按其性质分为不可转让的和可转让的,前者包括"一个人的生命、身体、自由和荣誉"在内。结果,"没有人对他自己的生命有无限权利;因此在荷兰,对于那些蓄意自杀的人经常施加惩罚";"但是除了婚姻以外,没有人可以通过契约绑定他的身体";"对于我们而言,没有人能通过契约完全地处置他们的自由,尽管一个人可以很好地约束自己去从事某些特定的行为"。[30] 尽管没有明确承认,但格劳秀斯显然是在运用其所继承的基督教伦理和教会法遗产,来缓和自己新理论所带来的极端后果。

而在《战争与和平法》(De Iure Belli et Pacis, 1625)中,上述主张上的两面性也同样得以呈现。一方面,根据自然权利理论本身的逻辑,他主张自愿奴隶制和绝对君主制的合法性:"任何人将他自己委身于他所愿之人作为奴隶,都是合法的;如同希伯来和罗马的法律所规定的那样。这样的话为何人民依自己的意愿将他们自己交付给一个或更多的人,将统治自身的权利毫无保留地让渡给他或他们便不合法呢?"[31]

但另一方面,在这部名著的其他部分,格劳秀斯又针对同样议题提出一种"宽容所推荐的解释方法"。他设想到,试图结合成公民社会的人,在缔结社会契约时,虽然有让渡全部权利的自由,但他们不太可能会"声称要对所有公民强加死亡的冷酷无情的必然性……相反,他们会宣布一个人不应当承受所有的事情",因此面对暴政时的抵抗权便是合法的。[32] 因此,尽管在法律上所有人都可以完全放弃自己的身体和自由,但在事实上人类不会轻易放弃。正如理查德·塔克(Richard Tuck)所言,"这本书(指《战争与和平法》)长着雅努斯的面孔,它的两张嘴同时说着绝对主义和自由主义的话语"[33]。

格劳秀斯之所以在人的身体权范围问题上采取暧昧乃至自相矛盾的立场,可能是因为在其祖国荷兰联省共和国中,绝对君主制并非一个致命的威胁(至少在荷兰境内不存在这种威胁),从而不需要对此予以清晰的理论回应。然而,在稍后的英格兰政治语境中,绝对主义则是一个对新教徒和国会派而言都迫在眉睫的现实威胁。面对绝对主义王权论的挑战,同为自然权利论者的约翰·洛克(John Locke)就发现

---

[29] 转引自〔美〕理查德·塔克:《自然权利诸理论:起源与发展》,第101页。
[30] 转引自〔美〕理查德·塔克:《自然权利诸理论:起源与发展》,第104页。
[31] 转引自〔美〕理查德·塔克:《自然权利诸理论:起源与发展》,第115页。
[32] 转引自〔美〕理查德·塔克:《自然权利诸理论:起源与发展》,第118—119页。
[33] 转引自〔美〕理查德·塔克:《自然权利诸理论:起源与发展》,第117页。

自己的作品需要同时实现两个理论—政治目的：一方面需要明确提出天赋权利（birth-right）论，来对抗王权派提出的父权制和绝对君主制存在于自然状态的看法，另一方面则需要避免自身的权利理论走向极端，从而允许原本拥有权利的人自愿放弃自己的一切权利，重回奴役状态。

彻底的自然权利理论不可能实现上述双重任务。作为一名虔诚的新教徒，洛克决定公开诉诸神学资源，来修补自然权利理论的漏洞。首先来看洛克《政府论》（*Two Treatises of Government*，1689）中自然权利论的面向。众所周知，洛克认为，在自然状态下，人人都拥有生命、自由和财产的权利，以及为保护上述权利而向侵害者施加惩罚的权利。在另一些场合，洛克对财产的理解则是广义的，亦即除了狭义的财产，人对自己的生命、身体和自由拥有的也是财产权："土地和一切低等动物为一切人所共有，但是每人对他自己的人身享有一种财产（property）权"。[34] 他人无权剥夺或侵犯这种财产权。而人类通过契约进入社会、建立政府的目的，也正是为了保护财产权（不论广义狭义）。

然而，洛克又借助常见的神学资源论证道，人类对身体的财产权并不是绝对的。所有人类都是由上帝创造的，"奉他的命令来到这个世界，从事于他的事务，他们就是他的财产，是他的创造物，他要他们存在多久就存在多久，而不由他们彼此之间做主"[35]。由于对身体的最终所有权仍然属于上帝，所以人对自己身体拥有的财产权是受到限制的。人不能自暴自弃，忽视对自己的保护，更不能自杀。人也无法通过契约将自己交由任何人奴役，或置身于别人的绝对任意权力之下，任其夺去生命，"它也不是契约所能让与的权力"。[36] 当自然状态下的人缔结契约进入社会和国家状态时，他们仅仅放弃了自我实施惩罚的权利。而最基础的对身体的权利，以及由身体劳动产生的狭义财产的权利，则没有放弃，也无权放弃。

基于混合了现代自然权利论和中世纪神学资源的论证，洛克对奴隶制和绝对君主制都展开了抨击。很显然，人无法通过契约放弃自己身体和自由，使自己降为奴隶。洛克似乎专门用一段话，来反驳格劳秀斯有关在希伯来和罗马世界中存在合法的自愿奴隶制的言论（但显然洛克的法律史功底不如人文主义学者格劳秀斯）：

> 我承认，我们看到在犹太人中间，乃至于在其他民族中间，确有出卖自身的

---

[34] 〔英〕洛克：《政府论（下篇）》，叶启芳、瞿菊农译，商务印书馆1964年版，第18页。译文据英文原版有所改动。
[35] 〔英〕洛克：《政府论（下篇）》，第4页。
[36] 〔英〕洛克：《政府论（下篇）》，第109页。

事情；但是很清楚，这仅是为了服劳役，而不是为了充当奴隶。因为很明显，被出卖的人并不处在一种绝对的、任意的专制权力之下。不论何时，主人并无杀死他的权力，而在一定的时候，必须解除他的服役，使他自由；这种奴仆的主人根本没有任意处置奴仆的生命的权力，因而不能随意伤害他，只要使他损失一只眼睛或一颗牙齿，就使他获得自由。(《旧约·出埃及记》，第21章)㊲

在讨论政府立法权的范围时，洛克也旗帜鲜明地否认立法权可以专断地侵犯人民的生命和财产。他在此处论证的出发点，仍是人的自然权利并非绝对：

> 因为，既然它只是社会的各个成员交给作为立法者的那个个人或议会的联合权力，它就不能多于那些参加社会以前处在自然状态中的人们曾享有的和放弃给社会的权力。因为，没有人能把多于他自己所享有的权力转让给别人；也没有人享有对于自己或其他人的一种绝对的专断权力，用来毁灭自己的生命或夺去另一个人的生命或财产。而在自然状态中既然并不享有支配另一个人的生命、自由或财产的专断权力，他所享有的只是自然法所给予他的那种保护自己和其余人类的权力；这就是他所放弃或能放弃给国家的全部权力，再由国家把它交给立法权，所以立法机关的权力也不能超出此种限度。㊳

在某种程度上说，洛克的自然权利理论并非一种彻底的主观权利理论。由于神学因素的强行介入，洛克的作品并非完全以不受任何约束的主观自然权利为演绎的起点，而是带有相当程度的以义务为出发点的客观自然法成分：人受上帝意志的约束，人不能放弃自己的生命、身体、自由和财产等等。但正是这种非逻辑的混杂型论证，反而使得洛克理论顺应了时代需求，成为资产阶级的革命指导和意识形态支撑，并在政治和法律实践中发挥了巨大作用。㊴

自然权利理论对身体的态度是复杂的，且与当代法学的认识并不完全一致。这一理论的历史发展告诉我们，如果认定人类拥有的权利和自由是绝对的，反而可能导致丧失权利和自由的后果。结果，历史上最为经典、影响最为广泛的自然权利理论——洛克的理论——实际上并非这种理论的最纯粹或最为"理念型"的版本，而是

㊲ 〔英〕洛克：《政府论（下篇）》，第36页。
㊳ 〔英〕洛克：《政府论（下篇）》，第84页。
㊴ 参见 C. B. Macpherson, *The Political Theory of Possessive Individualism: Hobbes to Locke*, Ontario: Oxford University Press, 2011。

混杂了足够大比例的传统神学成分。但偏偏这种中庸之道却在现实中起到了保护自由的效果。问题在于,洛克和古罗马法学家、中世纪思想家以及格劳秀斯等人一样,仍然将身体视作一种财产,只是这种财产的最终处分权不属于人类本身。这与我们今天对身体属于人格的认识仍然大相径庭。将身体从财产的范畴中脱离出来,赋予其人格的属性,并以此从源头上彻底杜绝其让渡合法性,则有待 19 世纪民法学——尤其是当时的德意志法律科学(Rechtswissenschaft)——来完成。

(二) 民法科学

近代欧陆民法学最重要的创始人——弗雷德里希·卡尔·冯·萨维尼(Friedrich Carl von Savigny)——在其巨著《当代罗马法体系》(*System des heutigen Römischen Rechts*, 1840—1849)中,建构起了近代民法的人格(Person)理论。通过对零散的罗马法资料的近代化和创造性解释,萨维尼在《当代罗马法体系》的第 1 和第 2 卷中,详细地探讨了人格在法律关系中的角色、权利能力的定义、古今实证法对权利能力的限制、权利能力的产生和终止时刻、法人等等议题。[40]

在《当代罗马法体系》第 1 卷中,萨维尼表示,人格和人格拥有的权力/权利(注意不是狭义的"人格权"),是有关法律关系讨论的起点:

> 如果我们观察法律的状况,就像这一状况在真实生活中从各个方面和我们打交道那样,那么首先映入我们眼帘的就是每一个人格都应具有的那种权力(Macht):由这个人的意志支配的一个领域,以及在其他人的同意下共同支配的那个领域。我们将这一权力命名为这个人格的权利(Recht dieser Person),该词与权能(Befugniß)意思一样。[41]

在另一处,萨维尼又将权利区分为两种:

> 人们主张,人(Mensch)对于自身拥有一种权利,这种权利自其出生起就有必要存在,而且只要人还活着这种权利就不能放弃,这种权利因此被称为原初权利(Urrecht);这种权利不同于所有其他权利,后者是在人出生后并且以偶然方

---

[40] Vgl. Friedrich Carl von Savigny, *System des heutigen Römischen Rechts. Erster Band*, Berlin: Bei Deif und Comp., 1840; Friedrich Carl von Savigny, *System des heutigen Römischen Rechts. Zweiter Band*, Berlin: Bei Deif und Comp., 1840.

[41] Friedrich Carl von Savigny, *System des heutigen Römischen Rechts. Erster Band*, 1840, S. 7.

式被人所拥有的,其性质并非永恒的,所以被称为后天权利(erworbene Rechte)。[42]

原初权利,包括生命、身体、自由在内,是人类与生俱来、不可放弃的。只有后天权利(包括物权和债权)才能够放弃和让渡。萨维尼对原初权利的讨论,显然是受到了自然权利论的启发。与自然权利理论家们类似,萨维尼认为这种权利不需要借助实证法来承认和限定,它实际上是一种由人类自由意志支配的自然力(natürliche Macht)。[43] 这表明,尽管萨维尼对自然权利论的方法论予以明确排斥,但他还是继承了这一学派的某些关键实质内容。

不过,与格劳秀斯和洛克等人不同的是,萨维尼并不认为原初权利是一种财产权。他明确反对人对"人格的可见现象"——如"人的身体(Leib)及其部分"——拥有"所有权"(Eigenthumsrecht)的主张,因为这种主张会得出"承认自杀权"的结论,而该结论"不仅无意义,而且是无耻的"。[44] 人格具有不可侵害性(Unverletzlichkeit)。由于不能任意处分,与人格伴随的原初权利甚至不是"真正的权利"。[45]

通过将罗马法素材、自然权利论和德意志古典哲学熔于一炉,萨维尼为后世法律科学创造了一套完整、清晰、划时代的人格理论,并使得"人"与"物"间的法律界限相比历史上任何时代的法律观念,都更为鲜明和绝对。这一理论在无须神学介入的情况下,尝试证明:覆盖了人类身体的人格,是伦理和法律的目的,而非工具;包含身体权在内的人格权(尽管萨维尼还没明确创造这一术语)不同于财产权,不能如后者那般任意让渡或放弃。从此以后,"人"与"物"在法律上被彻底分离。在古罗马法和中世纪法乃至在早期现代自然权利理论中处于模糊地带的身体,自此被完全划入"人"的范围,从而与物的属性绝缘。

五、现代科技的挑战及法律的应对

就在近代民法的去身体化事业大功告成之际,医学的发展却来到了民法学始料未及的地步。早在萨维尼进行学术创作的同时代,医学界已经开始了从人到人的直接输血尝试,亦即从血液提供者身上抽出血液后立刻注射入接受者体内。实验获得

---

[42] Friedrich Carl von Savigny, *System des heutigen Römischen Rechts. Erster Band*, 1840, S. 335.
[43] Vgl. Friedrich Carl von Savigny, *System des heutigen Römischen Rechts. Erster Band*, 1840, S. 336.
[44] Vgl. Friedrich Carl von Savigny, *System des heutigen Römischen Rechts. Erster Band*, 1840, S. 335-336.
[45] Vgl. Friedrich Carl von Savigny, *System des heutigen Römischen Rechts. Erster Band*, 1840, S. 344.

成功后,这一疗法立刻得到推广。1900年,奥地利病理遗传学家卡尔·兰德施泰纳(Karl Landsteiner)发现人类血液有着血型区别,这为之后按照血型输血、避免凝血反应的更安全做法,奠定了牢固的基础。第一次世界大战期间,英国建立了历史上第一个血库,相比于以往从手臂到手臂的现场输血方式,血库以更高的效率挽救了大批伤员。血液甚至实现了脱离人体后漂洋过海的全球旅行。在第二次世界大战中,美国民众捐献的大量血液,被装在无菌真空输血瓶中,运送至欧洲战场。战后,输血瓶被改进为今日我们熟悉的输血袋,从而更利于血液的保存和运输。

除血液外,生命科学的进步也使得其他组织或器官的移植成为可能。随着组织相容性研究的不断深入,器官移植手术开始进入医疗实践之中。自20世纪70年代起,心脏、肝脏、肾脏等器官的移植技术日趋成熟,胃、胰腺、小肠,乃至睾丸等器官也成为可移植的对象。而高效能抗排异药物的发明,则保证了器官被移植后能够在新的人体内长期存活并运行。

这些现实无疑让正统民法学陷入尴尬。根据民法学中的"原旨主义"观点,身体以及身体的任何部分,都属于人格,而人格被绝对区别于物,因此不得转让或放弃。由此得出的结论便会是:任何组织或器官的移植,无论是以捐赠形式还是买卖形式,都将是对人格权的侵犯,亦即是非法的。

但这种"人—物"二分法及其相关禁令,未必能起到保护人格的作用。相反,它反而可能让当事人蒙受损失。法律史学家让-皮埃尔·博(Jean-Pierre Baud)虚拟的一个案件,在这方面极富启发。一个正在做木工活的人,由于操作电锯失误,一不留神将自己的手锯断,顿时鲜血直流,而当事人本人也失去知觉,陷入昏迷。而这名受害者的仇人刚好经过其家门口。仇人在看到此情形后,趁受害人仍在昏迷中,迅速将血淋淋的断手扔进了供暖锅炉之中。受害人从此成为残疾人。严格的"人—物"区分理论,在处理这一刑事案件时,将面临极大的困难。首先,由于仇人并非主动切除受害人身体上的手臂,而当他拾起这只手臂时,手臂已经脱离了受害人,此时的手臂无论如何都更像一个物,而非属于人,所以嫌疑人行为无法定性为对人的伤害(如故意伤害罪)。其次,如果将手臂直接认定为物,从而将嫌疑人行为认定为盗窃罪,那么正统法学的"人—物"二分理论也会给本案带来认识上的困难。这是因为,手臂在被切除之前,在法学上被认为属于人格,而被切除之后又迅速变成了本案中认定的、所有权属于受害人的物,这显然不符合逻辑。最后,如果彻底按照正统民法学的逻辑来判决,那么判决结果将是令人尴尬的无罪释放。手臂在被切除前,属于受害人的人格。通过切除这一事实行为,它变成了物。但没有法律规则规定,这个物能自动成为受害人本人的所有物。作为无主物,它将成为最早占有它之人的所有物。由于受害人当时处于昏迷状态,并未实施先占行为,实际上嫌疑人的先占行为使他获得了对手臂的所有权,并使得他有权任意处分这只手臂。[46]

而在20世纪的现实司法中,也存在对脱离身体之组织和器官的法律属性的争议。"约翰·摩尔案"这一美国法上案件,尽管身处不同于大陆法系的英美法环境中,但却展现出了欧陆民法学相关争论相同的逻辑。作为一名白血病患者,约翰·摩尔长期在加利福尼亚州某医院接受治疗。然而,在未经摩尔本人同意的情况下,医院从其体内长期提取一种仅存在于白血病患者体内、又有药物价值的细胞,将这种细胞在体外进行繁殖,并以此制成药物牟利。摩尔得知该事实后,向法院提起诉讼,要求返还细胞。针对原告的请求,医院方的代理律师主张,脱离了人体的东西属于法律未涉及的领域的东西,因此无法视其为人格并加以保护;医生通过自己的研究发现摩尔身上的细胞具有经济价值,从而使这些细胞成为法律领域的财产,它们属于医生乃是理所当然。1988年,加利福尼亚州上诉法院做出判决,认定摩尔对自己的细胞拥有一种所有权,而医生的行为显然是侵犯了该权利。[47] 然而,此后的1990年7月,加利福尼亚州高等法院又推翻了上诉法院的判决,新的判决声称,"在人的尊严之名下",约翰·摩尔对自己身体不具有所有权,所以从其身体取下细胞将令其产生商品价值的医生,才具有对该细胞的所有权,才有权实行专利注册,进行商业开发。[48] 对"尊严"的保护,却导致了对尊严拥有者更为不利的现实后果。

面对层出不穷的器官移植手术及其纠纷,"一个应该以平静的心态将肉体纳入法律中的时代到来了"[49]。持续200余年的现代民法科学,使得法律人得以避免对棘手的身体问题进行严肃、全面的思考。但科技的进步迫使这种思考成为必须。从身体安全本身的角度看来,当代的医学手段,已经使得诸多组织和器官能够安全地脱离一个人体,并进入另一个人体,且对这两个人体均不会构成生命和健康上的伤害。从神学的标准看来,在新的技术条件下,某些组织和器官的分离似乎不再会伤及灵魂的完整性和运行。而从现代法学看来,将一个肾脏或某些肝脏组织捐献给有需要的人,似乎也不再伤及人格。我们终于有机会心平气和地直面身体作为物的属性了。

在重新划定"人—物"谱系或界限方面,法律史能够贡献良多。在法律史的大部分时间中,人类都能够直面身体之物的属性。在古罗马法上,人格与身体的组合(与分离)多种多样,有时身体甚至能够接近于彻底脱离人格,成为纯粹的物(如奴隶的

---

[46] 〔法〕让-皮埃尔·博:《手的失窃案:肉体的法制史》,第1—9页。
[47] 〔法〕让-皮埃尔·博:《手的失窃案:肉体的法制史》,第17—19页。
[48] 〔法〕让-皮埃尔·博:《手的失窃案:肉体的法制史》,第264页。
[49] 〔法〕让-皮埃尔·博:《手的失窃案:肉体的法制史》,第264页。

情形)。在中世纪教会法中,身体也同样被视为物,但由于这种物被视为由上帝所有,且承载着灵魂,所以人不得任意处分作为物的身体。早期现代自然权利理论同样不否认身体之物的属性,乃至承认人对身体的所有权。但该理论最为经典的版本(注意并非逻辑上最为纯粹的版本)——洛克提供的版本——仍主张人对身体仅拥有部分财产权,从而不得自降为奴,或屈服于绝对主义统治。只是到了近代民法科学之中,身体才从物的领域彻底脱离,并归入人格的范围,从而与财产法的逻辑彻底绝缘,成为绝对不可放弃或让渡的对象。因此,法律史上有足够多的资源,来支持将身体归入物之范围的做法。

当然,承认身体是物,并不意味着承认身体是一种可由其所有人任意处分的物。如上所述,无论是中世纪教会法还是早期现代自然权利理论,都在承认身体之物的属性的同时,又对人对身体拥有的物权予以种种限制,尤其是不允许自残、自杀、自愿为奴。尽管历史上对这种种限制的论证方式(如神学),在如今的学术界难以获得接受,但历史经验至少表明:承认一个事情是财产,并不必然就能直接推导出该财产可以随意让渡的结论(除非我们对"财产"的想象是那种在19世纪民法学中被意识形态化的绝对所有权造型)。在新的时代,需要以新的方式来明确界定作为一种财产权/物权之身体权的内容和范围。界定的具体方案,则取决于以公共政策学的手段,在如下几个因素间实现均衡:科技和医学的具体发展程度(如究竟哪些组织或器官能够安全、无害地被分割和移植)、不断发展着的社会一般伦理准则(社会能够接受哪些组织或器官的移植乃至交易)、市场的需求和效率,以及法学的操作技术(既包括立法论也包括解释论)。以这种方式产生的"人—物"界定方案必然是动态和发展着的,但同时又不至于突破法律逻辑的底线。

六、结论

从最为根本的法律文明角度而言,身体在西方法律史上之所以被置于神圣地位,是因为它是每一个人灵魂的居所。而灵魂则涉及拯救。如果身体出现任何缺失或故障,灵魂就可能无法在人的一生中有良好表现,就可能丧失死后的拯救机会。现代民法科学中人格与身体之间的关系,在某种程度上仍然延续着中世纪灵与肉关系的思维逻辑。但如果在现代社会中这种神学教义已经丧失了根基,那么现代人——包括现代法律人——就没有必要将肉身过度神圣化,以至于无法实事求是地看待它。

因此,21世纪的人类理应以一种更宽和的态度来对待身体,21世纪的法律人也应以更开放的姿态来建构新的"人—物"关系。但这一新的关系并不排斥历史资源的参与。本文的梳理表明,在法律史场合中,身体长期被视作一种物。但除了古罗马法中的极端情形,中世纪和早期现代的法学家都对人对身体之物权的行使,进行了严格限制。在承认身体作为物之属性的基础上,对有关身体的物权进行法律上的限制(无论限制的理由是来自神学还是哲学),是历史教会我们的法律面对身体的因应之道。这一启示无疑有助于当代法律人对器官移植合法性问题的思考,以及相关法律制度的精确化。对人的保护未必需要将众多事物都纳入"人"的范畴。拥有最完整人格权利理论的德国法学,也未能阻挡纳粹德国对人类的屠杀。以更为实际和世俗的眼光来对待身体,但同时又确保不丧失法律对"人"的根本界定(到底什么才是"人",是一个需要永远思考、与时俱进的问题),或许能实现对现实中的人类更为理智和妥当的保护。

存在神经权吗？数字时代的神经技术与权利发展

李学尧*

> 你不能触摸我的心灵自由。
>
> ——约翰·弥尔顿

一、引论

有关"神经权"或者"神经权利"（neuroright 或者 neurorights，以下简称神经权）①的讨论，是伴随着神经技术在实践中的应用，特别是在精神介入治疗、刑事司法（比如测谎、治疗）、军事和教育等领域的广泛应用，导致人们对认知自由、人格完整和精神隐私的深远担忧而引发的。② 在世界范围内，伴随神经技术与智能技术的深度融合及其广泛的商业应用（比如"元宇宙"），使得很多人认为神经权已经成为现实需要，哲学、伦理学、法学、神经科学、认知科学、医学等学科都深度介入到了神经权的相关研究。③ 美国大脑计划首席科学家、神经科学家拉斐尔·尤斯特（R. Yuste）组织一大批神经科学专家提出了"神经权利倡议"（Neuro Rights Initiative）。该倡议希望说服各国政府根据《世界人权宣言》，在国内法体系中制定涉"神经权"的法律。经济

---

* 李学尧，上海交通大学凯原法学院教授、法律与认知智能实验室主任。作者特别感谢秦裕林、王凌皞、张途、郑玉双、陈景辉、陈锐、杨学科等学友以及学生张文溢提供的各类帮助。
① 从理论上说，Neurorights 可能应翻译成"神经权利"，但为了阐述方便，本文直接称之为"神经权"。
② 最新的文献综述可参见 Marcello Ienca, "On Neurorights", *Front Human Neuroscience*, Vol. 15, 2021。中文文献综述可参见杨学科：《论神经科技时代的神经权及其保障》，《科技与法律》2019 年第 2 期。中国问题意识的早期探讨可参见高艳东：《保护神经权利，让技术向善》，《环球时报》2020 年 12 月 22 日。
③ R. Yuste *et al.*, "Four Ethical Priorities for Neurotechnologies and AI", *Nature*, Vol. 551, 2017, pp. 159-163; L. Drew, "The Ethics of Brain-Computer Interfaces", *Nature*, Vol. 571, 2019, pp. 19-21.

合作与发展组织、联合国教科文组织、美洲国家组织等国际机构也正在努力推进将神经权利定义为一种新的国际人权法律框架。④ 在国家层面,智利甚至还将神经权列为一种基本权利,在宪法层面推进相关的立法。⑤ 而西班牙、美国、法国、阿根廷等国家都在讨论研究这方面的立法问题。⑥

在全球学术界意义上,对神经权的讨论虽不只是由商业消费概念化的"元宇宙"触发的,但本文之所以仍将探讨放在备受争议的"元宇宙"背景之下,主要的原因是:必须在一种资本、权力与技术相结合,通过数字技术综合来实现应用的情境中,才能深刻地理解当代神经技术对人权威胁的严重性。正如最近批判中国"元宇宙"热的学者邱遥堃所提到的,"元宇宙"并不是一个有多少神奇的东西,它无非只是一种游戏产品种类而已,对它的治理可以还原为数据、算法、VR、区块链、NFT 等方面(当然也包括脑机接口技术)的治理。⑦ 但在资本增值和权力增强的驱动下,作为现有信息技术的汇总和综合,我们必须要注意技术综合发展所出现的社会形态变化的某种涌现现象。换言之,需要在原有权利体系之内去构建一种新的神经权利体系,原因不仅在于作为生物技术的神经技术,在当代借助于智能技术而得到指数式发展,它在本质上也是一种数据技术,而且,我们必须要在数字技术综合应用的场景,才能深刻理解神经技术对人类生活的深远影响。

本文内容包括如下:第一,全面回顾国际学术界关于神经技术与人权之间关系的论辩,以及神经权的提出背景。第二,对神经权倡议者在证立神经权时的三个关键概念或者权利来源,即"认知自由、精神隐私权、精神完整性"⑧,展开学术史的回顾。第三,初步阐述我们的观点——(1)数字技术和生物技术的发展正在以传统工业社会所不曾有的方式和强度,威胁着人类的认知自由、精神隐私和人格完整,应对现有的法律权利体系进行革新,将"神经权"从道德权利转化为法律权利,增强其规范力。(2)对新兴权利的证立,不能只局限于逻辑分析视角或者纯粹的观念演绎,而应采用一种有效保护人权的角度,对于前沿科技带来的不确定性,应有意构建或者容忍权利保护的"冗余"机制。(3)神经权及其相关权利本质上仍然属于数字权利。读取、分

---

④ K. S. Rommelfanger, A. Pustilink & A. Salles, "Mind the Gap: Lessons Learned from Neurorights", *Science and Diplomacy*, 2022.
⑤ Joseph J. Fins, "The Unintended Consequences of Chile's Neurorights Constitutional Reform: Moving beyond Negative Rights to Capabilities", *Neuroethics*, Vol. 15, 2022, pp. 1-26.
⑥ 《智利:开创神经权利保护之先河》,联合国教科文组织官方网站,https://zh.unesco.org/courier/2022-1/zhi-li-kai-chuang-shen-jing-quan-li-bao-hu-zhi-xian-he,最后访问时间:2023 年 7 月 1 日。
⑦ 参见邱遥堃:《走出虚拟世界:元宇宙热的批判性解释》,《中外法学》2003 年第 4 期。
⑧ 拉斐尔·尤斯特主导的"神经权利倡议"则主要有五项标准:个人身份权、自由意志权、心理隐私权、平等获得心理增强权以及免受算法偏见的保护。一般在学术研究意义上,除了认知自由、精神隐私权以及精神完整性之外,学术界还会研究人格权问题。为了更加聚焦讨论,本文暂时不讨论人格权的相关问题。

析、控制干预我们心理过程,从而威胁上述权利的技术不只有神经技术,更多地来自应用了神经技术的理论和方法的更广泛的数字技术,应在数字权利的框架体系内阐释与神经技术相关的权利内容。(4)为了解决权利泛化问题,转化的渠道未必只能通过在立法文本中创设"神经权"及类似的概念体系,可优先采用法解释学或者原有权利概念体系的重构来实现。

二、神经技术、人权挑战与神经权的提出

为了更好展开后续的讨论,在这里暂将神经权定义为:与人的大脑和精神领域相关的自由或权利。它的理论兴起主要是为了回应神经技术引发的伦理和法律挑战,来自保护和保存人类大脑和精神自由的基本规范性要求。

神经技术(Neurotechnology)通常用于描述直接连接人脑,并记录或影响神经元活动的相关特有方法、系统和仪器。在过去二三十年里,神经科学和神经工程领域的技术进步获得长足的发展,并且在人工智能技术的助力下,神经技术创新正向着临床医学外的领域(例如,刑事司法、军事活动和消费行业)扩展。这种技术的应用趋势,特别"元宇宙"概念的兴起,在全球领域引起了公众对与人类大脑交互技术相关的伦理问题的焦点式关注。[9] 2019年还发生了一件标志性的事件,美国大脑计划的首席专家、神经科学家拉斐尔·尤斯特利用植入老鼠大脑的电极,使动物看到了实际上不存在的东西。在2020年元月,拉斐尔·尤斯特教授进一步明确地警告:"如果我们能够阅读和记录神经活动,我们也可能阅读和记录思想。"换言之,技术的发展意味着控制他人思想中某些精神状态的产生已经成为现实。

与神经技术相伴发展而来的是神经伦理学、神经法学(或者法律与认知神经科学)两门学科的兴起和建制化。前者的兴起主要基于运用神经技术开展相关的治疗行为,产生于2002年左右[10];后者则更早,主要由于20世纪90年代神经技术不断被运用于刑事司法而逐渐被学术建制化[11]。在当时,相关的研究主要集中于四个主题:(1)认知增强类药物适用的伦理审查;(2)神经成像技术,特别是读心术在临床适用

---

[9] 神经技术与人工智能技术结合趋势及其引起的伦理和法律挑战之综述,可以参见 Orsolya Friedrich, Andreas Wolkenstein, "Introduction: Ethical Issues of Neurotechnologies and Artificial Intelligence", in Orsolya Friedrich, Andreas Wolkenstein, Christoph Bublitz, Ralf J. Jox, Eric Racine (eds.), *Clinical Neurotechnology Meets Artificial Intelligence*, Springer, 2021, pp. 1-9。

[10] W. Safire, "Visions for A New Field of Neuroethics", *Neuroethics: Mapping the Field*, San Francisco: The Dana Press, 2002, pp. 4-9.

[11] J. S. Taylor, J. A. Harp, T. Elliott, "Neuropsychologists and Neurolawyers", *Neuropsychology*, Vol. 5, No. 4, 1991, pp. 293-305.

上的伦理审查;(3)神经技术对于自由意志以及奠基于此之上的法律责任理论的影响;(4)神经科学证据的有效性以及可采性等。[12]

尽管有学者通过神经技术与认知心理学的高度关联度,将神经法学(法律与认知神经科学)和行为法经济学等研究认定为"硬币的两面",并开启了法哲学意义上的权利、法律责任、法律行为等相关概念分析[13],从而将涉神经技术的学术研讨上升到法学意义上的规范层面,但它往往只是"心理学意义上"的,并不像"神经权"类似概念可能带来的规范性冲击更加直观。通过学术史梳理可以发现,神经权的概念源起于神经技术的研发及其临床领域应用相关的伦理争议及其审查实践。换言之,神经科学和神经技术引发的伦理和法律挑战,是神经权利理论的重要起源,它主要从认知自由原则逐渐发展而来。

2001年至2004年,美国认知伦理学家在提出"神经伦理学"(Neuroethical)概念时,主要将研究重点放在了认知自由,包括思想和良心自由(freedom of thought and conscience)的研究,标志着神经权利的理论进入了一个新里程碑。[14]他们延续了上述神经伦理学和神经法学的研究,将认知自由定义为"控制自己的意识和电化学思维过程的权利和自由"。这一概念的提出与神经成像和读心术的伦理问题、关于认知增强的神经伦理学辩论的学术论辩有着直接的相关。[15]这些学者认为,认知自由的概念只是神经哲学描述的问题,比如从神经科学的角度看,人是否存在"意志自由"或者"认知自由"的能力。同时这也蕴含着相应的规范性要求,也就是存在一项对应的"基本权利"。[16]其中的一位作者森特提(W. Sententia)直接提出认知自由"是几乎所有其他自由的必要基础"。[17]在此基础上,杜克大学的妮塔·法拉哈尼(Nita Farahany)教授于2012年分别对美国宪法第四修正案和第五修正案的自证其罪条款进行了理论分析,在法哲学层面上进一步论证了将认知自由认定为基本权利的理论主张,并且将之与隐私权、自决权等传统人权内容等关系及其革新做了深入的探讨。[18]与此相关,很多学者进一步将认知自由认定为一种法律意义上的人权,即"保障个人对

---

[12] Marcello Ienca, "On Neurorights".
[13] 参见李学尧、成凡:"超越社科法学与法教义学的纷争——特集导读",《交大法学》2020年第1期;成凡:"法律认知和法律原则:情感、效率与公平",《交大法学》2020年第1期。
[14] W. Sententia, "Neuroethical Considerations: Cognitive Liberty and Converging Technologies for Improving Human Cognition", *Ann. N. Y. Acad. Sci.*, Vol. 1013, 2004, pp. 221-228.
[15] Ibid.; R. G. Boire, "On Cognitive Liberty", *Cognitive Liberty and Ethics*, 2001, pp. 7-22.
[16] W. Sentientia, opcit, p. 227.
[17] W. Sentientia, opcit, p. 227.
[18] Nita A. Farahany, "A Neurological Foundation for Freedom", *Stanford Technology Law Review*, Vol. 4, 2016, pp. 51-68.

其心灵主权的基本人权",并进一步在国际范围内容推进相关的立法。[19]

"神经权利"一词及其内涵的建构最早由一批生物技术与人工智能伦理学家完成。马塞洛·英卡(Marcello Ienca)和安多诺(R. Andorno)于2017年4月在一篇关于神经科学对人权影响的论文中最初提出了神经权利的概念。英卡与其合作者对现有的有关人权的各类国际性法律文本比如联合国《世界人权宣言》、欧盟《基本权利宪章》和联合国教科文组织《世界生物伦理与人权宣言》中与神经技术相关的保护人类大脑和精神的人权条款进行了全面比较分析。他们的结论是,现有的人权体系在规范上不足以回应神经技术提出的新问题。因此,他们提出了"重新概念化"或者直接创造新权利,比如神经权保护人们免受潜在伤害。[20] 在他们的论文中,除了认知自由权,还包括精神隐私权、精神完整性权和心理连续性等权利。这篇文章的发表引起了一场正反观点都很明确的激烈辩论。这场争论至今仍未结束。

一方面,越来越多的学者,以神经技术以及相关领域(比如生物伦理学家)为主专家,踊跃地加入到了如何细化神经权相关概念和内涵研究的阵营之中。特别是上述提到的拉斐尔·尤斯特和萨拉·戈林(Sara Goering)组织的25名研究人员组成的团队在《自然》杂志上发表的论文。[21] 作者们分析神经技术和人工智能技术结合的趋势,认为应该有三个需要高度关注的领域,即隐私和同意、代理和身份、增强和偏见。他们认为,对于每一个关注的领域,"应该在国际人权条约中增加保护这些权利(即神经权利)的条款"。这些文章持续发表之后,神经权的讨论不断推向高潮。[22] 此后,每年不仅有大量对此主题深化研究的学术论文发表,还有很多政策和立法实务的推进。[23]

另一方面,注重权利理论与立法体系化的伦理学和法学界,对于神经权利的概念则表现出了一种批判或者反思的视角。具体观点概括起来大致是:(1)并非所有道德上可取的东西都应该被概念化为法律上的权利。[24] 在法律意义上,神经权利的概念是多余的,已有的权利体系已经实施了有效的保护,或者通过对已有自由权利的融

---

[19] J. C. Bublitz, "My Mind Is Mine!? Cognitive Liberty as A Legal Concept", in H. Franke (eds.), *Cognitive Enhancement*, Berlin: Springer, 2013, pp. 233-264.
[20] M. Ienca, R. Andorno, "Towards New Human Rights in The Age of Neuroscience and Neurotechnology", *Life Sciences, Society and Policy*, Vol. 13, No. 1, 2017.
[21] R. Yuste et al., "Four Ethical Priorities for Neurotechnologies and AI".
[22] M. Ienca, R. Andorno, opcit.
[23] 除了智利的宪法修正案之外,还有很多政策性推进的努力,比如尤斯特等人在哥伦比亚大学创建的神经权利倡议(Neurorights Initiative),以及跨欧美的神经权利网络(Neurorights Network),等等。参见 Marcello Ienca, "On Neurorights"。
[24] 针对发展权、环境健康权等类似人权讨论的文献可以参见 Hurst Hannum, "Reinvigorating Human Rights for the Twenty-first Century", *Human Right Law Review*, Issue 3, Vol. 16, 2016, pp. 409-451.

贯性解释来实现。[25]（2）神经权利倡导者混淆了"技术风险防范"和"权利保护"，因技术风险引发的权利保障困难，未必能通过创设新的权利来实现；[26]神经权利保护基于一个仍然在持续发展中的神经技术，且保护的对象是"主体的一部分（即人脑，而非人的身体的全部）"，是一种典型的笛卡尔谬误。[27] 在元宇宙的概念兴起之后，反对神经权的理论观点仍然没有缺席。[28] 反而在步入2023年之后，这种质疑更加强烈了。[29]

下文对英卡和安多诺以及其他神经权倡导者提出的与神经权相关的"新人权概念"——认知自由、精神隐私以及精神完整权的相关学术主张做一简单的回顾。

三、神经技术与认知自由的提出

按照神经权倡议者的理解，认知自由（cognitive liberty），或"心理自决权"，是指个人控制自己的心理过程、认知和意识的自由。或者说，每个人都有独立自主思考的权利，充分利用自己的思想力量，并参与多种思维模式。它被认为是思想自由权的延伸和基本原则。它的内容包括思想自由和良心自由等。[30] 到目前为止，认知自由尚未被写入到国际人权条约中，但在一些国家比如美国的立法实践中得到了有限程度的承认，并且被认为它本身是许多公认权利的基础。[31]

神经权倡议者们提出认知自由这一概念，源于神经技术影响意识的能力不断增强从而影响人类认知过程自由的恐惧。它是一个较新的概念。但是，神经权提倡者，一般会将其理论历史顺着意志自由的理论，一直上溯至古印度和古希腊哲学，尤其是后者中的斯多葛派。例如，有学者就认为，斯多葛派哲学家爱比克泰德（Epictetus）就

---

[25] Nora Hertz, "Neurorights: Do We Need New Human Rights? A Reconsideration of the Right to Freedom of Thought", *Neuroethics*, Vol. 16, No. 5, 2023.

[26] Nora Hertz, opcit.

[27] Alejandra Zúñiga-Fajuri, Luis Villavicencio Miranda, Danielle Zaror Miralles, Ricardo Salas Venegas, "Neurorights in Chile: Between Neuroscience and Legal Science", *Developments in Neuroethics and Bioethics*, Vol. 4, 2021, pp. 165-179. 类似笛卡尔谬误的讨论可以参见 Melanie Mitchell, "Why AI is Harder Than We Think", Santa Fe Institute, 2021.

[28] Jan Christoph Bublitz, "Novel Neurorights, From Nonsense to Substance", *Neuroethics*, Vol. 15, No. 1, 2022, pp. 1-15.

[29] Nora Hertz, opcit.

[30] Wrye Sententia, "Freedom by Design: Transhumanist Values and Cognitive Liberty", in Max More, Nateshe Vite-More (eds.), *The Transhumanist Reader: Classical and Contemporary Essays on the Science, Technology and Philosophy of the Human Future*, John Wiley & Sons, 2013, p. 356.

[31] Sjors Ligthart, et al., "Minding Rights: Mapping Ethics and Legal Foundation of 'Neurorights'", *Camb Quarterly of Healthc Ethics*, Issue 2, 2023, pp. 1-21.

阐述了认知自由的概念。因为它不仅看作是一种事实，而且将其视为一种美德，归入"可控制的范围"。比如他的名句"否定意志的自由，就无道德可言"即是认知自由的精彩阐释。㉜

神经权倡议者还将认知自由的概念与文艺复兴时期出现的几个相关概念进行相类比。例如，他们认为在17世纪神学家罗杰·威廉姆斯（Roger Williams）的"灵魂自由"也是一种认知自由权的阐述。而前者主要是指"上帝赋予人类在信仰问题上做出选择的天生权利"。㉝ 这一概念后来演变为"宗教自由"的概念，目前受到《世界人权宣言》的保护。㉞ 神经权倡议者更一致认为，著名文学家约翰·弥尔顿（John Milton）使用的"思想自由"（freedom of the mind）一词更像是认知自由的另外一种表述，还将弥尔顿1644年在英国议会上演讲中所提到的"良心自由"理解成认知自由。神经权倡议者们还援引了19世纪密尔的阐述"超越自己，超越自己的身心，个人才是至高无上的"。以及20世纪著名文学家伍尔夫的"你不能在我的思想自由上设置任何门、锁、栓"㉟。特别是伍尔夫将心灵视为个人自由的终极轨迹的观点，对关于神经权利的辩论产生了极大的影响。在此基础上，神经权倡议者代表人物森特提（Sententia）就精神经济影响下的认知自由相关论述，比如"控制自己的意识和电化学思维过程的权利和自由，是所有其他自由的必要基础"，就是这种自由理论传统的延续。㊱

在法律文本上，神经权倡议者往往将认知自由与思想自由相联系。在国际条约方面，主要《世界人权宣言》的保护。该宣言对《公民权利和政治权利国际公约》（ICCPR）成员国具有法律约束力。在宣言中，思想自由权被列在第18条中，该条规定如下：

> 人人享有思想、良心和宗教自由的权利；这一权利包括改变其宗教或信仰的自由，以及单独或与他人共同、公开或私下在教学、实践、崇拜和仪式中表达其宗

㉜ 陈文洁：《外在事物、意志与表象的正确处置——爱比克泰德论自由的哲学界限》，《现代哲学》2009年第2期。
㉝ Michael J. Perry, "A Right to Religious Freedom? The Universality of Human Rights, The Relativity of Culture", *Roger Williams University Law Review*, Vol. 10, 2005, pp. 385-425.
㉞ 参见翁开心："他们为什么争辩？——良心自由与公共理性之间"，《伦理学研究》2007年第10期。
㉟ 〔英〕弗吉尼亚·伍尔夫：《一间自己的房间》，于是译，中信出版集团股份有限公司2019年版，第160页。中文版翻译为"要把图书馆锁上，你就锁上吧，但你锁不住我自由的心智，因为那是没有门、没有锁、没有闩的"。
㊱ W. Sententia, "Neuroethical Considerations: Cognitive Liberty and Converging Technologies for Improving Human Cognition".

教或信仰的自由。[37]

神经倡议者认为,《世界人权宣言》在思想自由和宗教自由之间建立了一种初步的联系,且将认知自由,即思想自由和良心自由解释为绝对权利之一,而不是相对权利。同时,这些学者还援引美国关于宪法第一修正案的相关判决,认为"第一修正案赋予思想自由的权利"("多伊诉印第安纳州拉斐特市"案,2003)、"第一修正案(言论自由)的核心是个人应该有自由信仰的观念"("阿布德诉底特律教育委员会"案,1977)。[38]

在关于神经权利的辩论中,神经权利概念的创造者英卡和安多诺进一步区分了认知自由与表达自由、宗教自由。他们认为,认知自由在时间顺序上先于任何其他自由并与言论自由、新闻自由和集会自由等概念相辅相成。[39] 神经权利提倡者们还进一步考证了,诸多法律界人士曾经审慎地论证过认知自由的核心概念——思想自由与其他自由(如宗教自由和言论自由)之间的先后次序。比如本杰明·卡多佐(Benjamin Cardozo)在"帕尔科诉康涅狄格州"案(1937)一案中就做了如下推理:"思想自由……是几乎所有其他形式的自由的母体,不可或缺的条件。"[40]

四、神经技术与精神隐私权

精神隐私权的提出主要基于读心术意义上的神经技术的发展,特别是各种神经信息的书写、记录和解码技术。按照神经权利倡导者的定义,精神隐私主要指向一个人大脑的认知过程,包括感知、思想、情感和意志等。在不同的学科背景下,精神隐私的关注重点有很大不同。在法学内部,精神隐私的问题主要是在刑事司法的领域或者背景下展开的,比如在犯罪心理、意志自由、测谎的可行性等领域中附带提到。[41] 此外,可能也有部分会涉及精神障碍者的隐私权讨论。[42] 而神经权意义上的精神隐私权讨论主要来自于神经伦理学的讨论。在该领域经常会讨论:保护精神隐私是否

---

[37] 《世界人权宣言》,https://www.un.org/zh/about-us/universal-declaration-of-human-rights,最后访问时间:2023年7月9日。
[38] Marecello Ienca, "On Neurorights".
[39] M. Ienca, R. Andorno, "Towards New Human Rights in the Age of Neuroscience and Neurotechnology".
[40] Marecello Ienca, "On Neurorights".
[41] P. Kellmeyer, "Ethical and Legal Implications of the Methodological Crisis in Neuroimaging", *Camb Quarterly of Healthc Ethics*, Vol. 26, No. 4, 2017, pp. 530-554.
[42] 费安玲:"精神障碍患者隐私权探析",《法学论坛》2014年第1期。

应成为人权框架和立法一部分的问题。[43]

神经权利倡议者像研究认知自由一样,对精神隐私的历史进行了"附会"式的梳理。比如,他们举例历史学家 J. B. 伯里(J. B. Bury)研究过精神隐私和思想自由之间紧密关联。在《思想自由史》中,他认为"一个人只要隐瞒自己的想法,就永远无法阻止他思考他所选择的任何事情"(Bury,1913,第 1 页)。这表明,行使一个人的精神隐私权——从而隐藏自己的思想——对于充分行使自己的思想自由权是必要的。神经权倡议者们认为,在今天的数字世界中,隐私权已经与全新的信息处理领域和方法相关,这在沃伦和布兰代斯时代,甚至《世界人权宣言》时代都是不可想象的。按照神经权利倡导者的思路,这种隐私权包括:旨在揭示一个人的心理过程或神经健康信息的脑—心领域和数据处理技术。这类隐私挑战既包括对主要神经数据(如大脑记录)的预测分析,也包括通过情感计算等技术基于次要数据(如表型或行为数据)的推断。[44]

神经技术的加速发展为读取精神和运动行为背后的大脑过程,提供了史无前例的各类支撑。[45] 著名的神经科学家海恩斯(Haynes)在 2007 年的一项的研究中发现,对于被试隐蔽的决定可以从前额叶皮层内侧和外侧区域的活动中解码,而前额叶皮层是前瞻记忆的潜在神经基底。这种背景下,现有神经技术意义上的读心术已经可以实现读取人们的心理偏好、共情反应等。[46] 也正基于此,拉斐特·尤斯特与其他科学家认为"已经可以从人们的数据特征中获得相当数量的个人信息",并认为"公民应该有能力和权利保持其神经数据的私人性"。基于类似的考虑——特别考虑到神经设备的安全漏洞、神经数据的性质和先进数据分析技术的推断潜力——神经权倡议者们提出,应该从演化的角度来重新解释隐私权,并进而可以直接承认隐私权的子权利种类"精神隐私权"。这种权利将明确保护个人免受第三方未经同意入侵其心理信息(无论是从其神经数据推断,还是从指示神经、认知和/或情感信息的代理数据推断)以及未经授权收集这些数据。[47]

---

[43] R. Yuste et al., "Four Ethical Priorities for Neurotechnologies and AI"; M. Ienca, R. Andorno, "Towards New Human Rights in the Age of Neuroscience and Neurotechnology".

[44] Eran Klein, Alan Rubel, "Privacy and Ethics in Brain-computer Interface Research.", in Chang S. Nam, Anton Nijholt, Fabien Lotte (eds.), Brain-Computer Interfaces Handbook: Technological and Theoretical Advances, Oxford: CRC Press, Taylor & Francis Group, pp. 653-655. 参见王禄生:"情感计算的应用困境及其法律规制",《东方法学》2021 年第 4 期。

[45] John-Dylan Haynes, Katsuyuki Sakai, Geraint Rees, Sam Gilbert, Chris Frith, Richard E. Passingham, "Reading Hidden Intentions in the Human Brain", Curr. Biol., Vol. 17, No. 4, 2007, pp. 323-328.

[46] Ibid.

[47] Marecello Ienca, "On Neurorights".

在精神隐私权的讨论中,还会涉及与数字权利意义上的隐私权进行比较研究。比如有很多学者认为,神经技术的读心术并不像人们想象的或者科幻片里的那么可怕,对人类隐私权形成的最大影响是通过访问非神经数据,而形成对我们的心理过程、状态和性情等敏感信息进行分析并进一步干预我们行为的大数据以及其他各类智能技术。比如,在全球范围内,各类社交媒体平台不仅很方便地识别用户的消费偏好,而且能对大部分人的高度敏感信息(比如政治和宗教信仰、情感状态、罹患的各类疾病状况、性能力和性偏好以及未来的发病概率及其时段等)进行还原性画像。更重要的是,神经技术实质上也是一种数字技术,因此,这些学者认为,我们实际上亟待规范的是数字权利意义上的隐私权,相比之下,所谓的精神隐私权的重要性并不那么突出。[48]

神经权倡议者往往运用科林里奇困境予以反驳。按照科林里奇困境的理解,在一项技术被广泛开发使用之前,它的影响是无法轻易预测的,但与此同时,当这项技术嵌入社会关系之中时,对它的控制或者监管就变得很难,因此需要我们开展前瞻性立法。[49] 有关神经权的新种类权利的讨论,其实就是为了突破科林里奇困境的前瞻性立法的思路。但前瞻性立法的前提是,对某项技术发展的预测有足够的确定性。仅就神经隐私而言,神经权倡议者们认为,由于神经技术正稳步走向成熟读心的道路上,因此对其的监管符合前瞻性立法的要求。确实,最新的技术发展都使得神经技术的发展前景及其可能带来的影响显得十分清晰。例如,最近开发的解码方法(算法)在大脑皮层中定义了一个语义空间,它代表了数千种不同的类别,这是 fMRI 记录的神经活动模式的非常多可能组合的结果。步入到 2023 年以后,同一个研究团队在一篇预印的论文中详细介绍了通过这种解码器,成功读取被试在功能性磁共振成像(fMRI)扫描期间所听所想到的词语。[50] 此外,还有一些研究方法已经被证明可以从大量全新的自然图像中识别出一个人见过的特定图像。甚至,一批在美国工作的华裔科学家团队还做到了解码一个人在观看电影或动态图像时感知到的物体类别。[51]

神经权倡议者还通过对隐私概念本质的哲学思辨,来进一步说明控制神经技术意义上的精神隐私权的重要性。他们认为,所有形式的隐私最终都依赖于对个人信

---

[48] Abel Wajnerman Paz, "Is Your Neural Data Part of Your Mind? Exploring the Conceptual Basic of Mental Privacy", *Minds and Machines*, Vol. 32, 2022, pp. 395-415.
[49] 参见宋亚辉:"数字经济创新中的'科林格里奇困境'及其规制",《武汉大学学报》2023 年第 3 期。
[50] See Grace van Deelen, Researchers Report Decoding Thoughts from fMRI Data, https://www.the-scientist.com/news-opinion/researchers-report-decoding-thoughts-from-fmri-data-70661, last visited on 2023-4-1.
[51] Haiguang Wen, Junxing Shi, Yizhen Zhang, Kun-Han Lu, Jiayue Cao, Zhongmin Liu, "Neural Encoding and Decoding with Deep Learning for Dynamic Natural Vision", *Cereb Cortex.*, Vol. 28, No. 12, 2018, pp. 4136-4160.

息的心理处理。换言之,他们的观点,只有心理上被认为是隐私的信息才能算是隐私。就如,人们会认为,在家里被人看到的穿着比基尼的样子属于隐私的泄露,但如果是在沙滩上,即使露出更多的身体,也不会有隐私被冒犯的感觉。用学术化的语言来表达就是:隐私在一定程度上是对有关于自己的信息流的控制来定义的——能够确定何时、如何以及多大程度上将有关自己的信息传达给他人。对于任何一条信息,我们都可以有意识地控制它,推理它的个人和社会意义以及潜在的应用,并最终决定是否、何时、如何以及在多大程度上分享它。隐私取决于这种理性过滤和有选择地分享关于我们的信息的认知过程。任何我们在心理考虑并决定不分享的信息,无论如何都会被直接进入我们思想的人获取,因此通过神经技术的读心术会让定义隐私本身的认知机制变得毫无意义。因此,精神隐私权的重要性远远有甚于其他种类的隐私权。[52]

五、神经技术与精神完整权

神经权利的倡议者们还认为,操纵大脑活动的最新技术进步也可能改变个人身份,因此,也应保护人类的精神的完整性。在直观上,精神完整权是指保护大脑结构和功能(以及相关的心理体验)的完整性和不可侵犯性。但在学术界定义上存在一些差异。大致上可以分为防止伤害说和控制自我说(或者消极权利说和积极权利说),即防止未经授权的大脑干预的消极权利说和寻求干预以塑造一个人的大脑状况的积极权利。

前者的主要代表人物主要为神经权概念的提出者英卡和安多诺。他们的定义思路是在欧盟《基本权利宪章》第3条规定的"身心完整权"基础上进行精神完整权的概念建构。他们认为,精神完整权是一种消极权利,其重点在于保护个人免受未经授权和可能有害的大脑干预,以防止受到身体/心理伤害。[53]控制自我说的代表人物有伊丽莎白·肖(Elizabeth Shaw)、拉瓦扎(Lavazza)等人。比如,伊丽莎白·肖认为精神完整权包括保持自我某种精神状态的权利。拉瓦扎则认为,"精神完整是个人对自己的精神状态和大脑数据的掌握。即未经本人同意,任何人都不能阅读、传播或者改变这些状态和数据,从而以任何方式限制个人"[54]。控制自我说相比于防止侵害

---

[52] G. Meynen, "Forensic Psychiatry and Neurolaw: Description, Developments, and Debates", *Int J Law Psychiatry*, Vol. 65, 2019, pp. 1-5.

[53] M. Ienca, R. Andorno, "Towards New Human Rights in the Age of Neuroscience and Neurotechnology".

[54] Andrea Lavazza, "Thought Apprehension: the 'True' Self and The Risks of Mind Reading", *AJOB Neuroscience*, Vol 10, 2019, pp. 21-23.

说,不仅包括针对规制旨在改变大脑状态的干预措施,还包括与隐私、数据保护和数据共享相关的问题,具有积极权利的色彩。

精神完整权与知情同意制度有着密切的关系。这也是神经权倡议者和传统人权学家争论的重点之一。在传统上,知情同意主要用于医学场景里,涉及患者在彻底了解医疗干预的益处和风险之后,正式同意接受医疗干预。知情同意一般有自愿、全面透明、独立决策、自由退出、数据使用限于特定目的以及为没有能力的人提供帮助等原则。[55] 在大数据和智能技术不断发展的当下,知情同意制度也已经成为个人信息保护、平台监管等领域的核心制度,并具有守门人监管的性质。神经权倡议者认为,知情同意制度在神经技术背景下,它会变得模糊,甚至不透明。比如,对罪犯、士兵以及其他自由受到限制人员的神经干预背后的问题特别复杂,其中的自愿同意值得严重怀疑。此外,通过网络而入侵大脑的神经黑客和其他形式的神经技术滥用,事实上都不会采取知情同意,而使得这种建立在传统侵权体系上的制度形同虚设。[56]

在精神完整性的讨论中,还涉及神经技术对个人特征的修改以及由此引发的人格同一性的讨论。[57] DBS(脑深部电刺激)和 tDCS(经颅直流电刺激)类似的神经技术有可能改变个体的行为、情绪或者个性,随着这些技术的不断发展,人们越来越担心出现电影《我是谁》中的身份认知问题。更重要的是,脑机接口技术在残肢康复中的应用,已经出现与身体图式认知相关的问题。个人同一性是一个复杂的哲学概念,讨论的问题包括什么让一个人在时间中坚持下去、个人身份的核心特征是什么,以及鉴于个体特征的某些变化,一个人是否仍然与神经技术干预之前一样。[58] 还有些神经权倡议者还将此概括第四类神经权利,即人格同一权。比如英卡和安多诺采用心理连续性的概念来对个人同一性问题进行解释,[59] 并将此类权利称为"心理连续权",将其描述为保护"人们的个人同一性及其精神生活的连续性免受第三方未经同意的外部改变"的权利。相比之下,尤斯特等人则主张一种"身份权",他们将其描述为"控制一个人身体和精神完整性的能力"。[60]

---

[55] Saskia Hendriks, *et al.*, "Ethical Challenges of Risk, Informed Consent, and Posttrial Responsibilities in Human Research with Neural Devices: A Review", *JAMA Neurol*, Vol. 10, 2019.

[56] E. Hildt, "A Conceptual Approach to the Right to Mental Integrity", in P. López-Silva, L. Valera (eds.), *Protecting the Mind. Challenges in Law, Neuroprotection, and Neurorights*, Springer, 2022, pp. 87–97.

[57] 相关文献综述可参见 Andrea Lavazza, "Moral Bioenhancement Through Memory-editing: A Risk for Identity and Authenticity?", *Topoi*, Vol. 38, 2019, pp. 15–27.

[58] Ibid.

[59] M. Ienca, R. Andorno, "Towards New Human Rights in the Age of Neuroscience and Neurotechnology"; Peter van Inwagen, "Materialism and the Psycholofical-Continuity Account of Personal Identity", *Philosophical Perspectives*, Vol. 11, 1997, pp. 305–319.

[60] R. Yuste et al., "Four Ethical Priorities for Neurotechnologies and AI".

精神完整权的内容讨论，还需要结合很多场景，需要区分具体的神经技术。比如，要区分非侵入性神经技术和侵入性神经技术。前者以当下商业化的"元宇宙"应用场景为主；而后者广泛应用于脑机接口的机械臂等。就精神完整权中的自由移除权（即患者或被试可以在任何时间自由退出，而不必担心负面后果）而言，对于非侵入式神经技术，很容易被移除或者关闭相关的神经干预装置或者措施，而对于侵入式神经技术情况可能复杂很多，除了要允许以最小的健康风险移除装置，还要考虑相关软件或者算法的安全性问题。[61]

与认知自由、精神隐私权的研究相似，神经权倡议者也特别重视精神完整权与一些经典权利理论的关联。神经权利的倡议者还认为，"精神健全的权利与自由和自治等一般概念密切相关，……在西方哲学、政治和法律传统中具有特殊的重要性"。他们认为，精神完整之所以构成一种权利，是因为它是其他人类之所以为人的价值（比如自由、自主和能动性）的可能性前提："根据许多伦理理论，个人身份对于道德责任的归属至关重要。因此，ICT 设备不应该被用来操纵心理功能或改变个人身份。尊重人类尊严的权利，包括尊重身心健全的权利，是这一点的基础。"总之，神经倡议者们认为，干预（或伤害）精神完整性具体地影响了人的个人身份，并由此破坏了自主性、能动性和亲密性的可能性。[62]

在国际立法层面，对精神完整权的立法推进一直可以追溯到 2005 年。当时，"欧洲科学技术伦理组织"（European Group on Ethics in Science and Technology）提出了一个倡议："植入人体的信息通信技术不应用于改变个人身份和操纵心理功能。"这种观念认为，人类尊严的权利包括尊重一个人的身心完整的权利。[63] 神经倡议者认为，精神完整性的权利受到《欧盟基本权利宪章》的保护，该宪章第 3 条规定"人人有权获得尊重其身心完整性的权利"。《欧盟基本权利宪章》特别强调了四项要求：自主和知情同意、身体构成的非商业化、禁止优生实践和人类生殖克隆。不过，该文件并没有明确提及与神经技术相关的实践或恶意干扰人的神经心理领域所造成的具体危害。[64]

在盛产神经科学家的智利，有关精神完整权的内容还被试图写入宪法。相关提案提出："身心完整性使人们能够充分享受他们的个人身份和自由。未经适当同意，

---

[61] Abel Wajnerman Paz, "Is your Neural Data Part of Your Mind? Exploring the Conceptual Basic of Mental Privacy", *Minds and Machines*, Vol. 32, 2022, pp. 395-415.
[62] Marecello Ienca, "On Neurorights".
[63] Federica Lucivero, Guglielmo Tamburrini, "Ethical Monitoring of Brain-machine Interfaces", *Society*, Vol. 22, No. 3, 2008, pp. 449-460.
[64] Marecello Ienca, "On Neurorights".

任何权威机构或个人都不得通过任何技术机制增加、减少或干扰上述个人完整性。"因此相关的条文明确规定:"禁止使用神经技术、脑机接口或任何其他系统或设备对神经元连接进行任何形式的侵入或干预,或在大脑层面上使用未经个人或用户自由、明确和知情同意的系统或设备,即使是在医疗情况下。"它禁止任何系统或设备,无论是神经技术、脑机接口或其他,其目的是否访问或操纵神经元活动,侵入性或非侵入性,如果你能损害人的心理和精神连续性,即他们的个人身份,或者如果它削弱或损害他们的意志的自主性或做出自由决定的能力。[65]

明确保护个人免受第三方未经同意入侵其心理信息(无论是从其神经数据推断,还是从表征神经、认知和/或情感信息的数据来间接推断)以及未经授权收集这些数据。

六、对神经权倡议者理论的评述

通过对神经权研究相关内容的梳理,我们可以分离出对待神经权利研究的两种立场、三种理论,大概可概括为保守主义、改革主义和创新主义。

第一,持保守主义的主要为从事规范法学研究法学者或者人权学者,他们主要的观点是现有的人权和权利体系足够应对神经技术以及智能技术在内的冲击,因此事实上也反对数字权利。[66]

第二,持改革主义的学者,往往是那些从事法律与科技创新的交叉学者。他们一方面赞同神经技术等前沿科技对人类现有人权体系和权利保障造成的严重冲击,以及现有人权体系和权利体系的不足等现象,但是另一方面,基于防止权利的"通货膨胀"等思路,他们往往反对创设类似于数字权利和神经权利的新权利,并认为通过法律解释等方法重新诠释精神自由权等概念可以解决相关问题。[67]

第三,持革命主义者的学者就是本文所重点介绍的神经权利倡议者,他们往往来自神经技术界或者应用伦理学界(比如从事伦理审查的研究),往往从道德权利角度进行讨论,并不大注意道德权利和法律权利的差别,并因此较为坚决地推进在国际条

---

[65] Enrique Siqueiros Fernández, Héctor Velázquez Fernández, "Neuro-Rights and Ethical Ecosystem: The Chilean Legislation Attempt", in P. López-Silva, L. Valera, (eds.), *Protecting the Mind: Challenges in Law, Neuroprotection, and Neurorights*, Springer, 2022, pp. 129-137.

[66] Nora Hertz, "Neurorights-Do We Need New Human Rights? A Reconsideration of the Right to Freedom of Thought".

[67] Marcello Ienca, "On Neurorights".

约和国内立法中导入神经权利的相关概念和规范内容。⑱

确实,通过文献回顾,我们可以发现,神经权倡议者关于精神隐私权和精神完整的阐述,确实还存在诸多问题,我们对此的基本观点是:

第一,数字技术和生物技术的飞速发展,确实严重威胁着人类上述权利的实现,借助于原有的人权概念体系,确实无法完全解决问题。这种问题产生的根源是数字技术或者神经技术发展的某种涌现现象。在一个玩具激光枪就有可能击落月球、借助实验室容器就可以孕育人类的社会已经不是天方夜谭的当下,我们必须要对传统的权利理论、正义理论进行革命性的改造,"法无明文禁止即自由"的时代正在消逝,因此,我们坚决反对保守主义的传统权利观。

第二,神经权的现有理论,在规范方面仍存在严重的缺陷。在脑机接口技术在指数式发展的当下,确实需要权利体系做规范性解释或完全革新,充分规范数字时代与人的思想和大脑领域相关的自由或权利。但在学术上新兴技术(如神经技术和人工智能)对思想自由构成的新挑战,并澄清保护思想的外在表现形式或外化,如宗教、信仰和表达与保护思想本身之间的关系,学术上还有很多探讨空间。而且,正如我们在第一点中指出的,当下由科技发展引发的很多问题的解决不力,不能只是怪罪于原有人权和权利体系的缺陷或者理论演化不足,而是权利范式或者侵权制度已经无法扮演主角式治理角色,而需要通过规制等超越权利范式的治理方法来实现。

第三,神经权的操作性方面还有很多提升空间。总体而言,与数字权利不同的是,目前关于神经权的讨论都由法学专业之外的学者展开,严重缺乏跨学科的协作话语和建议,将作为神经权利框架的伦理要求转化为可操作的框架,以负责任和有效地治理神经技术。为了使神经权利领域取得进展并对政策产生一致的影响,它需要克服当前的歧义丛生且语义不统一的问题,需要对这些神经权利进行准确的命名、定义和解释。如果没有共同术语、语义消歧和概念协调,基于神经权利的倡议就不太可能导致有效的国家和国际政策。当然,这一协调进程不应抹杀不同的观点,而应以多元化和协商民主的方式将其纳入其中。然而,它应确保神经权利主张得到充分反省,在概念上清楚,在规范上合理,并扎根于道德哲学和现有法律制度。

第四,对新兴权利的证立,不能只局限于逻辑分析视角或者纯粹的观念演绎,完全可以以需求为先、体系为次。但是,我们确实需要避免"权利通胀",即将道德上可

---

⑱ 可以参考各类文集以及多人合著的宣言式论文。See P. López-Silva, L. Valera (eds.), *Protecting the Mind: Challenges in Law, Neuroprotection, and Neurorights*; R. Yuste et al., "Four Ethical Priorities for Neurotechnologies and AI"; Sjors Ligthart et al., "Minding Rights: Mapping Ethics and Legal Foundation of 'Neurorights'".

取的一切都贴上"人权"标签反而会导致权利的贬值,导致权利规范性力量的缺失,因此应该避免新权利的不合理扩散,将权利稀释为纯粹的道德欲望或纯粹的修辞要求。换句话说,应该尽量避免权利通货膨胀,要用权利来保护一系列真正基本且重要的人类利益,而不是覆盖到理想世界中所有可取或有利的东西。因此最经济的做法将是认可将神经权利视为对现有权利的进步论解释,同时施加严格的正当性检验,以评估它们是否实际上构成新的人权。比如,运用某些学者已经提出的防止权利膨胀的正当性检验标准:是否反映一种根本重要的社会价值、是否与现有的国际人权法体系保持一致、是否能够达成高度的国际共识、是否足够精确并产生可识别的权利和义务(即可操作性)。[69] 在没有更好的概念之前,我们可以沿用《公民权利和政治人权国际公约》和《欧洲人权公约》中提出的"精神自由权"或者"思想自由权",并采用法律解释的方法对其进行保护。

七、"数字权"意义上的"神经权":
兼论元宇宙研究的参考意义(结语)

在中国,神经技术研究和应用中对个人权利的侵犯以及其引发的伦理争议,也相当严重,但法学界对此的关注度并不足。[70] 2019年浙江某小学课堂引入"赋思头环"来收集脑电信号来监测学生上课时的专注情况,虽很快被暂停使用,[71] 却并未引起广泛的法律讨论,这本身就说明了,我们还需要做更多的工作来推进相关的权利保障。当然,神经技术仍在不断地发展之中,因此,有关于它的法律监管以及随之而来的新权利的证立等问题,仍有待于持续观察才能得到答案,但是不管如何,随着神经技术的不断发展,已有的法律理论以及法律秩序都应根据新的神经科学技术进行修改的趋势已经不可抵挡。

在未来,我们也可以参照"元宇宙与法"的相应研究思路。第一,从对人类生活的影响来说,作为生物技术的神经技术,在当代借助于智能技术而得到指数式发展,

---

[69] Philip Alston, "Conjuring up New Human Rights: A Proposal for Quality Control", *The American Journal of International Law*, Vol. 78, 1984, pp. 607-621.

[70] 相关研究文献除了神经伦理学界的研究之外,法学界目前只有两篇文章关注这一问题。参见杨学科:《论神经科技时代的神经权及其保障》,《科技与法律》2019年第2期;高艳东:《保护神经权利,让技术向善》,《环球时报》2020年12月22日,第15版。神经伦理学界的最新研究可以参见吴俊玥、李筱永:《脑机接口技术视角下神经权利的逻辑生成和规范路径》,《残疾人研究》2022年第6期。

[71] 参见王瑞文、俞金旻、戴轩等:《浙江一小学学生戴"头环"防走神,教育部门责令暂停使用》,《新京报》2019年11月1日。

它在本质上也是一种数据技术。所以,如果"神经权"得以证立,它本质上也是"数字权"。⑫ 读取、分析、控制干预我们心理过程,从而威胁上述权利的技术不只神经技术,更多地来自于应用神经技术理论和方法的更广泛的数字技术。因此,我们需要从数字技术的角度来深刻理解"神经权"。从这个角度来说,神经权的概念有可能过窄。第二,与时间维度在人类决策(特别是司法决策)中居于核心地位不同的是,算法以非历史和非时间的方式(比如预测性)处理大规模数据,因此它与法律的规范性产生冲突,仅仅将生物技术对法律冲击局限于伦理学层面还不足够,还应在复杂系统的视角下进行法学意义上的理论展开。

---

⑫ 也正是因此,它实质就是马长山等我国学者所论证的第四代人权"数字人权""数字权利"的一个构成部分。参见马长山:《智慧社会背景下的"第四代人权"及其保障》,《中国法学》2019年第5期。

变迁的人类境遇,不变的"人之为人"
——论工业革命与人权保障的一般关系

路平新*

> 这些发明推动了产业革命,产业革命同时又引起了市民社会中的全面变革,而它的世界历史意义只是在现在才开始被认识清楚。①

——恩格斯

一、问题的提出

我们生活在一个技术爆炸性发展的时代。从智能手机、3D 打印、医疗机器人、智能驾驶再到 ChatGPT,以数字化、智能化、信息化为特征的种种新技术已然悄无声息地渗透到了生活世界的诸多领域,甚至具备了"理解"人类的可能,从而引发了各个领域的变革。在近年来达沃斯世界经济论坛(World Economic Forum)的主题中,人们用一个新的概念来指称这种变革:"第四次工业革命"。用该论坛创始人兼执行主席施瓦布(Klaus Schwab)的话来说,这是一场能量、影响力、历史意义丝毫不亚于前三次工业革命的深刻的系统性变革。②

站在这场时代变革的历史起点上,一个自然引起关注的问题是:这场"革命"会对人权产生怎样的影响? 近年来,学者已经开始研究:伴随着新技术的蓬勃发展,大量工作岗位是否会被智能的"机器"所替代?③ 新技术是否可能带来"不平等的系

---

* 路平新,法学博士,复旦大学法学院博士后。
① 〔德〕恩格斯:"英国工人阶级状况",《马克思恩格斯全集(第 2 卷)》,人民出版社 2005 年版,第 281 页。
② 参见〔德〕克劳斯·施瓦布:《第四次工业革命:转型的力量》,李菁译,中信出版社 2016 年版,第 6 页。
③ 曹静、周亚林:"人工智能对经济的影响研究进展",《经济学动态》2018 年第 1 期。

性挑战",以至于产生伦理风险④、收入、地域不平等、⑤算法歧视,⑥甚至是"从起点到结果的全方位不平等"?⑦ 对于公权力而言,新技术所塑造的"数治"是否与"法治"兼容?⑧ 针对隐私权等具体的基本权利,"万物互联、事事算法"是否可能侵犯隐私权?⑨ 人们着眼于第四次工业革命的当下与未来,展开了诸多热烈而有意义的讨论。

纵览上述林林总总的议题,大多着眼于第四次工业革命之"新"与"特殊"。然而在诸多讨论中,对于工业革命与人权保护之间的"一般"问题,人们却缺乏足够的关注兴趣。平心而论,这个问题似有"大而无当"之嫌。尽管早在第一次工业革命时,"机器与人的关系"就已经引发广泛讨论,但这毕竟是遥远的18世纪,其时美国《宪法》、法国《人权宣言》尚未诞生;此后,第二次到第三次工业革命亦经历了数十年乃至百年的时间跨度;而近年才开始进入人们视野的"第四次工业革命",则不无"赛博朋克"的未来感。面对这种"从18世纪到未来"的长时间跨度,人们有理由疑惑:工业革命与人权保障之间,究竟是否存在着某种值得探讨的"一般"关系?

我们今天的生活,奠基于历次工业革命带来的重大技术革新。它不仅意味着劳动生产率的增长,也意味着生活福祉的改善与新的自由可能;然而,技术的进步并非没有代价,如果我们阅读狄更斯、恩格斯笔下英国伦敦底层工人的生活处境,也能意识到今日受控于算法的外卖员、"996"现象背后,都涉及技术革新后一个个具体的"人"的悲欢。它意味每一场工业革命的利弊,终究都是由具体的"人"所承受。如果说对于人的尊严追求,乃是宪法与人权发展的根本动力,如果数字时代的人权是否构成"第四代人权"是一个值得探讨的议题,那么,对工业革命与人权保障的关系做一种"一般"考察,是希望通过一种"回望过去"式的努力,为当下乃至未来的人权保障寻找某种具有共性的基础。

基于这一思路,本文拟从以下方面展开探讨。首先,本文将对什么是"工业革命"进行界定,并揭示它的基本逻辑:尽管技术进步导致了人类整体与某种力量的叠加,"人"却依然是"人";其次,本文将从工业革命的视角出发,反思作为通说的"三代人权"理论的不足,进而对传统的代际人权观念作出修正,强调"人之为人"的不变共

---

④ 赵汀阳:"人工智能'革命'的'近忧'和'远虑'——一种伦理学和存在论的分析",《哲学动态》2018第4期。
⑤ 曹静、周亚林:"人工智能对经济的影响研究进展"。
⑥ 崔靖梓:"算法歧视挑战下平等权保护的危机与应对",《法律科学(西北政法大学学报)》2019年第3期。
⑦ 於兴中:"算法社会与人的秉性",《中国法律评论》2018年第2期。
⑧ 王锡锌:"数治与法治:数字行政的法治约束",《中国人民大学学报》2022年第6期。
⑨ 郑志峰:"人工智能时代的隐私保护",《法律科学(西北政法大学学报)》2019年第2期。

性;最后,本文将探讨新工业革命的语境下,探讨传统人权保障范式的一般意义仍然成立。通过这些历史经验的分析,本文试图指出:尽管工业革命导致了"人的境遇"的重大变化,但只要"人之为人"这个基础预设并未改变,人权也就并未真正"更新换代"。换言之,人权的底层逻辑并未改变,只是在新境遇下出现了内容的增量。[10] 对于试图借助第四次工业革命而"弯道超车"的后发国家而言,厘清工业革命与人权关系的内在逻辑,作出符合自身宪制的设计与安排,将有利于在收获其红利的同时,最大可能地避免它所产生的人权问题。

二、工业革命的界定与初步启示

工业技术发展何以被称为"革命"?在人类历史上,有许许多多的重大技术进步。比如,青霉素的发明拯救了无数生命、锂电池促进了电动汽车产业的发展……然而,这些技术进步即使再重大,并不会被人们称为"革命",更不会成为人权议题。"革命"原本是个政治术语,仅从词源可知:它的内涵并非仅仅是指技术层面的变革。正如施瓦布教授所言,只有当出现了新技术,且它改变了人类看待世界的新视角、引起了经济体制和社会结构的深刻变革时,这种意义上的技术进步才属于"革命"。[11] 简言之,"革命"意味着技术进步改变了人类的社会境遇。例如,在原始文明向农耕文明的过渡中,农业之所以意味着一场"革命",是因为石器、陶器、青铜器、铁器等工具使得人类可以通过农耕和畜牧,改变了完全匍匐于自然脚下的自然状态,初步利用自然力而促进自身的繁衍生息。[12] 正是在这种结合的基础上,社会、政治、国家等才得以形成。在这个意义上,我们可以将"人力结合",即人自身与某种外力的结合形态,使人具备了前所未有的力量,进而改变了人的境遇,视为界定"革命"的关键。对于目前广泛讨论的"四次工业革命"这一划分,同样可以借此进行理解。

(一)第一次工业革命:人与机械力结合

第一次工业革命的时间跨度大约从1760年延续到1840年,它标志着人类力量与机械力量的结合,亦可称为"蒸汽革命"。[13] 伴随着蒸汽机的发明与化学的发展,原本作为一种自然力量的煤炭等资源可以被转化为机械能。英国是第一次工业革命的

---

[10] 刘志强:"论'数字人权'不构成第四代人权",《法学研究》2021年第1期。
[11] 〔德〕克劳斯·施瓦布:《第四次工业革命:转型的力量》,第3页。
[12] 李祖扬、邢子政:"从原始文明到生态文明——关于人与自然关系的回顾和反思",《南开学报》1999年第3期。
[13] 〔德〕克劳斯·施瓦布:《第四次工业革命:转型的力量》,第4页。

典型代表国家。在英国,以机械力量为主的人类生产活动取代了以肌肉力量为主的生产活动,煤炭、蒸汽机获得了大规模的运用,使得大机器生产的"机械力",代替了农业时代的手工生产的纯粹"体力"。以此为标志,人们首次采用原本描述政治现象的"革命"一词形容这种根本性的变化,并最终形成了"工业革命"这个耳熟能详的概念。正如历史学者芒图(Paul Mantoux)所言:"近代大工业是在十八世纪的最后三十余年中在英国产生的。它的发展自始就是那么迅速并且造成那么些后果,以致人们能够比之为革命。的确,许多政治革命还不如它这么彻底。今天,大工业在我们的四周;它的名称似乎可以不需要说明了,因为它能使人想起那么多的熟悉而动人的形象:这就是许多建立在我们城市周围的大工厂,冒着烟的高烟囱及其夜间发出的火焰、机器不停的震动以及成群工人像蚂蚁那样的匆忙。"[14]从人与机械力结合的这一刻开始,人类创造了超自然的物质世界,拥有了超出自然生存能力的生产力。[15]

(二)第二次工业革命:人与电力结合

第二次工业革命的时间跨度大约从19世纪末延续到20世纪初,它以人类力量与电气力量的结合为标志,亦可称为"电气革命"。[16] 随着内燃机与发电机的发明,人类掌握了煤炭以外的新能源、新力量,使得更大规模的工业生产成为了可能。这一次工业革命的重心,从英国转移到了美国、德国。当英国仍执着于第一次工业革命的旧工业模式时(以煤炭、生铁、纺织品和蒸汽动力为标志),美国、德国则专注于第二次工业革命的新模式(电力、钢、有机化学和内燃机)。[17] 由于电气力量是比蒸汽力量更为强大的"外力",伴随着对新技术、新力量的利用,生产效率在大规模生产的过程中进一步提升,美国更因此进入了工业飞速发展的"镀金时代"(Gilded Age)。19世纪后期,伴随着电灯、打字机、电话以及发电机、汽车和飞机的发明,第二次工业革命进入了更为蓬勃的发展阶段。最终在贸易与技术传播的影响下,"电气革命"全面改变了世界。

(三)第三次工业革命:人与算力结合

第三次工业革命的时间跨度从二战延续至本世纪初,它标志着人类力量与算力

---

[14] 参见〔法〕芒图:《十八世纪产业革命:英国近代大工业初期的概况》,杨人楩、陈希秦、吴绪译,商务印书馆1983年版,第9页。
[15] 赵汀阳:"人工智能'革命'的'近忧'和'远虑'——一种伦理学和存在论的分析"。
[16] 参见〔德〕克劳斯·施瓦布:《第四次工业革命:转型的力量》,第4页。
[17] 邓久根、贾根:"英国何以丧失了第二次工业革命的领先地位?",《经济社会体制比较》2015年第4期。

的结合。这一次革命亦可被称为"计算机革命"或"数字革命"。[18]"算力"发展的动因,首先源于第二次世界大战对军事技术的需求。由于军事技术的运用依赖于速度快、精确度高的数学计算,尤其对于核裂变和弹道的计算,普通的常规计算工作已无法满足需求,更需要强大的算力支撑。在此背景下,美国工程师莫奇利(John Mauchly)于1942年提出第一套电子计算机的初步方案,并最终在军方的支持下,于1945年在宾夕法尼亚大学造出了世界上第一台电子计算机埃尼阿克(ENIAC)。从电子管、晶体管再到集成电路,电子计算机的发展不仅是新技术的创新,也为人类算力的发展奠定了里程碑。[19]如果说前两次工业革命拓展了人类的"体力"或物理能力,算力与人的结合则意味着人类"脑力"的拓展。伴随算力的发展,数学、物理学、生物学等基础学科都有了长足进步,原子能技术、航天技术、分子生物学、遗传工程等各领域也相继有了突破,种种高新技术不断发明,科技转化为生产力的效率也大幅度提升。

(四) 第四次工业革命:人与"万物互联"

"第四次工业革命"是一个2016年左右被提出的新名词。以世界经济论坛创始人施瓦布教授《第四次工业革命》一书出版为标志,这一概念迅速得到了广泛传播,并引发了热烈讨论。与前三次工业革命一样,第四次工业革命同样伴随着技术的重大进步。无人驾驶、3D打印、生物工程、人工智能……这些高新技术分散在截然不同的领域,让人眼花缭乱。如果说人与算力的结合,已经为90年代的互联网革命奠定了基础,那么,第四次工业革命作为"革命"的核心特征是什么?

从"人+力"的视角而言,第四次工业革命中与"人"相结合的关键力量并非一元的,而是多元的,甚至可能是"万物互联"的(internet of everything, IoE),在这个意义上,它也被称为"物联网"(internet of things, IoT)。在诸多高新技术发展的背后,"互联性"才是第四次工业革命之为"革命"的关键特征。[20]大数据、人工智能、基因技术、纳米技术等各领域的技术突破并非"各自为战"的,而是建立在彼此深度融合的基础上。这种融合,也不断催生大量新产业、新业态、新模式。按照施瓦布的说法,驱动第四次工业革命发展的"三驾马车"主要是物理类、数字类、生物类三个领域技术的协同与整合。"不同技术相伴而生,催生出许多以前只能在科幻小说中才能看到的有形创新成果。"[21]可以说,在这些各领域新技术的表象背后,一条贯穿性的、使它们共

---

[18] 参见〔德〕克劳斯·施瓦布:《第四次工业革命:转型的力量》,第4页。
[19] 夏雨:"跨越:从电子管到集成电路",《大众科学》2014年第12期。
[20] 周嘉昕:"'第四次工业革命':一个马克思主义的分析",《天津社会科学》2017年第1期。
[21] 参见〔德〕克劳斯·施瓦布:《第四次工业革命:转型的力量》,第5、8、15—27页。

同被总结为工业革命的线索,就在于人与"万物互联"的结合形态。

对于以上工业革命的界定与特征,可总结如下:

表1 四次工业革命简表

	时间	特征	代表国家
第一次工业革命	1760—1840年	人与机械力结合	英国
第二次工业革命	19世纪末—20世纪初	人与电力结合	美国、德国
第三次工业革命	二战后至今	人与算力结合	欧美各国
第四次工业革命	2016年左右—未来	人与万物互联	未知

可以发现:工业革命越是发展到后期,其界定标准就变得越复杂。事实上,学界对"工业革命"阶段的不同划分标准也间接佐证了这一点。比如,布莱恩约弗森等学者就是根据"体力/脑力劳动"进行界分的。[22]他把蒸汽机的发明看作"第一次机器革命",亦即机器替代了农业时代的体力劳动,实现了人类的"体力外包",同时,以信息技术为基础的人工智能实现人类的"脑力外包"则被称为"第二次机器革命"——倘若根据这样的界定标准,那么第一/二次、第三/四次工业革命之间就不具备本质的区别;美国学者杰里米·里夫金则将互联网技术和可再生能源的结合称为"第三次工业革命",他重点关注以绿色、智能和可持续为特征的新科技革命和产业革命如何取代以煤炭和石油为标志的化石能源时代,形成"合作、社会网络和行业专家、技术劳动力"相结合的基本格局。[23]然而同样根据"可持续"标准,在德国就形成了从"工业4.0"到"工业5.0"的说法。就此而言,根据技术所体现的不同意义,人们可能对不同的工业革命阶段形成繁简不一的划分。

从"人+力"这个公式中可知,如果仅仅关注工业革命所叠加的"力",我们很容易迷失观察的重点与方向,不仅陷入对工业革命认知不一的困境,更难以对工业革命与人权的关系作出一般性分析。然而,如果将重点放在"人"上,一方面,可以看到无论技术如何革新,"人"本身并没有变。另一方面,技术革新可以为我们提供相对确定的时间坐标、相对典型的代表性国家,借此观察技术革新导致人的境遇的变化。这里的"人",并不是指整全意义上的"人类",而是指人权所关注的18世纪产业工人、脑力劳动者乃至今天"万物互联"语境下的劳动者,这些有血有肉有情的、在具体境遇中生活的"人"。对于工业革命中人的境遇进行观察,进而得出有关人权的一般性结

---

[22] 参见〔美〕埃里克·布莱恩约弗森、安德鲁·麦卡菲:《第二次机器革命》,蒋永军译,中信出版社2014年版,第8页。

[23] 参见〔美〕杰里米·里夫金:《第三次工业革命:新经济模式如何改变世界》,张体伟、孙豫宁译,中信出版社2012年版,第17页。

论,也正是马克思、恩格斯在考察19世纪工业革命时代英国工人时所采用的经典方法。在今天的语境下,这种人权分析的思路仍有着不可替代的重要价值。

此外,值得注意的是:四次工业革命的横向展开并不是同步的。事实上,正如施瓦布所言,即使前几次工业革命的成果——如基础机械设施或电力等——仍未惠及许多欠发达国家。[24] 对于"弯道超车"迈入第四次工业革命的后发国家,传统工业革命所伴随的人权问题并不会自动消失,新旧问题可能形成叠加。

三、工业革命对"三代人权"理论的修正

面对扑面而来的第四次工业革命大潮,当我们试图考察它对人权的影响时,一种很自然的思路是:在工业革命导致人类技术更新换代的同时,人权保障是否也在"更新换代"地不断升级?类似的思路并不罕见。比如近年来,不断有学者指出:"数字人权"代表着人权升级换代的新兴类型,构成了"第四代人权"。[25] 在这里,人们仿佛不假思索地预设了一个前提:"前三代人权"本身是无需商榷的,并且它进一步构成了"第四代人权"的讨论基础。

所谓"三代人权"理论,系由捷克学者卡雷尔·瓦萨克(Karel Vasak)于1977年首次提出。[26] 根据该理论,第一代人权是指"消极权利",它包括公(市)民权利和政治权利,是由17、18世纪的欧洲资产阶级启蒙思想家首先提出,以法国、美国革命为代表,旨在消极地保护个人免受国家的侵害;第二代人权是指"积极权利",它包括经济权利、社会权利和文化权利,与20世纪初的社会主义革命紧密关联,强调国家应积极保障人民生活;第三代人权是指"集体人权",它包括民族自决权、发展权等,是在第二次世界大战以后联合国成立的背景下提出的。在我国学界,"三代人权"理论是一种被广泛接受的、有关人权代际发展的通说性理论。

在工业革命发生时,人权是否发生了同步的代际更替?在这个问题上,我们并不能不加反思地把"三代人权"理论拿来作为当然的分析工具。简单观察即可发现:事实上,"三代人权"理论并未考虑"工业革命"的影响;在时间维度上,它与四次工业革命的发生时段也并不一致,留下了许多值得思考的问题。比如:第一次工业革命发生在美国革命与法国革命之前。美国革命所反抗的主要对象,正是第一次工业革命的

---

[24] 参见〔德〕克劳斯·施瓦布:《第四次工业革命:转型的力量》,第48页。
[25] 参见马长山:"智慧社会背景下的'第四代人权'及其保障",《中国法学》2019年第5期;张文显:"新时代的人权法理",《人权》2019年第3期。
[26] See Karel Vasak, "A 30-year Struggle: the Sustained Efforts to Give Force of Law to the Universal Declaration of Human Rights", https://unesdoc.unesco.org/ark:/48223/pf0000048063,最后访问时间:2023年7月1日。

代表国家英国;而英国在18世纪末到19世纪初这一阶段,将法国革命视为恐惧、防范的重要对象。如果无视这种巨大的张力,笼统地宣称这一阶段的"第一代人权"都是防御性的"消极权利",显然并不严谨;再比如,作为"第二代人权"的"积极权利"是否直到20世纪初才随着《苏俄宪法》《魏玛宪法》而出现?事实上,如果考虑工业革命的因素,早在18世纪末第一次工业革命中就已经产生无产阶级和社会主义思潮。因此,"积极权利"究竟何时产生、内涵为何,也大有商榷的余地。就此而言,即使承认人权保护存在着某种"代际范式"的变迁,对这种"代际"背后真正的内在逻辑也不能简单地做一种"线性进化"式的理解。人权的"代"并非"断代""取代",更确切地说,它是传承发展意义上的"代",是在"人之为人"这一基础逻辑不变的前提下,面对新境遇时的展开。关于工业革命的分析,有助于我们"去蔽",修正对人权代际问题的错误认识。

先从一个细节问题展开讨论。在工业革命的语境下,如何理解"消极权利"与"积极权利"间的关系?我们不妨首先以英国为例进行观察。

英国是第一次工业革命的代表性国家,也被认为是人权思想最早的起源国之一。[27] 这种关联,产生了以经济学家诺斯(Douglass North)为代表的一种观点:英国对于消极意义上的"自由"的宪制性保障,是促成工业革命的关键因素,所以工业革命才发生在英国,而不是法国、荷兰、意大利或遥远的中国。[28] 这种观点对于以财产权为典型的"市民权利"而言虽然大致成立,[29]但能否同样适用于以"参政"为核心的"政治权利"则不无疑问。事实上,尽管英国有着通过普通法保护"消极自由"的悠久历史,但一直到"光荣革命"之后的很多年,"政治权利"都是与封建贵族以外的社会群体基本无关的。它不属于绝大多数成年男子,更遑论妇女、儿童。易言之,更未成为一种普遍意义上的"人的权利"。这是第一次工业革命发生以前的权利语境。

要理解政治权利的属性究竟是"消极"还是"积极"的,我们就必须回到这种前工业革命的权利语境中。在英国历史上,"消极自由"虽然长期存在,但它却一直都可以被某种权威(authority)所干涉。在斯图亚特王朝时期,这种权威首先指向君权,易言之,普通臣民"消极自由"的边界,是由君权意志所允许的范围所限定的。在霍布

---

[27] 参见〔日〕芦部信喜:《宪法(第3版)》,林来梵等译,北京大学出版社2006年版,第11页。
[28] See Douglass C. North, Barry R. Weingast, "Constitutions and Commitment: The Evolution of Institutions Governing Public Choice in Seventeenth-Century England", *The Journal of Economic History*, Vol. 49, No. 4, 1989, pp. 803-32.
[29] 从史实角度而言,这一结论并非没有探讨余地。See Sean Bottomley, "Institutional Change and Property Rights before the Industrial Revolution: The Case of the English Court of Wards and Liveries, 1540-1660", *The Journal of Economic History*, Vol. 83, No. 1, 2023, pp. 242-274.

斯的笔下,"自然权利"能够与"君权专制"并行不悖,正是这种逻辑的典型运用。1688年,"光荣革命"结束了绝对王权。如果考察1689年《权利法案》(Bill of Rights 1689)的内容,它实质上是过去由君权所行使的干涉自由的权威,转移到了由国王、贵族共治的"混合政府"(mixed government)之上[30]。"光荣革命"的保守性"对于英国未来的社会和政治发展留下了许多悬而未决的问题"[31]。其中最关键的问题,就是由贵族组成的上议院构成了议会权力的核心,垄断了立法权和司法权。尽管洛克等人可以从学理层面论证"消极自由"不受侵犯的边界,但这样的"消极自由",仍然无法对抗"混合政府"所具有的"权威"的正当干涉。对于普通人而言,只有当他们能够对最高立法机构的决策施加有效的影响力时,他们才能拥有捍卫自己自由的强有力的地位[32]。换言之,要真正保障"消极自由",就必须解决"谁来决定自由"这个前提。

在第一次工业革命发生以前,议会的存在,并不当然地意味着"国民决定自己的自由"。1832年以前,在英格兰和威尔士的1400万人口中,享有选举权的仅30万人,享有被选举权的人数则更少[33]。即使要成为下议院议员,都需要符合严格的财产资格限制：郡选议员要求有土地年收入600镑以上,而市镇选出的议员须有不动产年收入300镑以上的收入。这一限制条件,为贵族子弟把持议会提供了可能[34]。从中央到地方、从政府到军队,几乎所有的重要职位,都被贵族及其近亲所把持。在19世纪的前30年里,下议院约200个议席是由贵族控制的。贵族通过自己的人控制下院,而贵族自己组成上院,再由上、下两院去组成政府。极少数进入议会的"新贵族"虽然在经济上与工商业资产阶级有不可分割的联系,也远不足以表明后者拥有参政权。对于包括无产阶级、资产阶级在内的大多数国民而言,他们都处于"政治无权"的状态。

第一次工业革命的发生,在改变了英国的经济和社会关系格局的同时,也凸显了国民"政治无权"的处境。随着人与机械力的结合,生产力获得了解放。大量的农村人口开始形成了新的工业城市,导致了英国的经济地理和人口分布发生重大变化。煤矿资源和动力资源丰富的西北、北部地区人口迅速增长,东南地区经济衰落,一些中小城镇随着人口的流出,逐渐走向了衰败。对于英国而言,人的"社会存在"这个

---

[30] 参见〔英〕哈里·迪金森："英国的自由与权利学说及其争论：从平等派到宪章派(1640—1840年代)",黄艳红译,《学术研究》2011年第8期。
[31] 参见沈汉、刘新成：《英国议会政治史》,南京大学出版社1991年版,第203页。
[32] 参见〔英〕哈里·迪金森："英国的自由与权利学说及其争论：从平等派到宪章派(1640—1840年代)"。
[33] 参见施雪华：《当代各国政治体制——英国》,兰州大学出版社1998年版,第101页。
[34] 参见王可园、郝宇青："政治权利与阶级意识——19世纪英国议会改革对工人运动改良主义的影响",《当代世界与社会主义》2016年第6期。

基础条件,因为工业革命发生了根本性的变化。工业革命造就了新兴的工业资产阶级,他们随着人口的密集化、生产资料的集中化,掌握了工业革命形成的大量财富,但却处于"有钱无权"的状态。正如工业家弗赖尔所言:"五十年前我们不需要议会代表……现在却大不相同了——我们现在为整个世界生产,假如我们没有自己的议员来促进和扩大我们的贸易,我国商业的伟大纪元就结束了。"[35]资产阶级对"纳税而无代表"的强烈不满,促进"无代表不纳税"叙事的形成,并最终漂洋过海,成为了北美革命的重要导火索。[36]

更重要的是,伴随着工业革命的展开,产业工人群体日益庞大,无产阶级也正式形成。[37]无产阶级创造着社会财富,但自身却生活在拥挤、潮湿、逼仄的环境中,忍受着日复一日高强度、长时间的工作压力。对于无产阶级这种"非人性"处境,恩格斯在《英国工人阶级状况》一书中展开了详细描述。他甚至指出:"许多穷人都以自杀来摆脱贫困,因为他们找不到别的出路。"[38]但对于议会如何决策,产业工人同样是"政治无权"的。至于其他受工业社会影响的群体,如商人、业主、批发商、作坊主、医生、律师等传统"中等阶级"(mid-class),以及同样随工业革命的兴起,经济地位迅速衰落的手工工人和工匠,他们同样期望在议会中获得自己的代表。可以说:受工业革命影响的社会各阶层都渴望发声。然而,贵族议会的"旧制度"却成为了主要障碍。所有有关"国会改革"的议程,都被扣上"激进主义"的帽子。在小威廉·皮特(William Pitt the Younger)主政时期,议会相继通过了《煽动性集会法》(Seditious Meetings Act)、1799 年《结社法》(Combination Act, 1799)等法律,限制国民的言论、出版、集会、结社、游行、示威等政治自由。

可见,在工业革命已经根本改变了不同群体社会境遇的背景下,孤立的"消极自由",远不足以保障人在新的境遇下继续"人作为人"的自主生活。因此,在工业革命起源的英国,"政治权利"首先不是指"消极权利",相反,它代表着一种"主宰自己命运"意义上的"积极自由"逻辑——而这恰恰是伯林(Isaiah Berlin)名著《两种自由的概念》中所说的"积极自由"的初始含义。它是一种"自己成为自己主人"的自由,是"我的生活与决定取决于我自己,而不是取决于随便哪种外在的强制力"的自由。[39]

---

[35] Asa Briggs, "Thomas Attwood and the Economic Background of the Birmingham Political Union", *Cambridge Historical Journal*, Vol. 9, 1948, p. 194.
[36] 参见〔英〕哈里·迪金森:"英国的自由与权利学说及其争论:从平等派到宪章派(1640—1840 年代)"。
[37] 参见〔德〕马克思、恩格斯:"共产党宣言",《马克思恩格斯文集(第 2 卷)》,人民出版社 2009 年版,第 31 页以下。
[38] 〔德〕恩格斯:"英国工人阶级状况",《马克思恩格斯全集(第 2 卷)》,人民出版社 2005 年版,第 401 页。
[39] 参见〔英〕伯林:《自由论》,胡传胜译,译林出版社 2011 年版,第 179—180 页。

多年来,伯林对于流行的许多误解甚为不满,以至于他在新版《自由五论》的导言中强调:他从未反对"积极自由",因为"积极自由"的核心问题"谁会统治我"指向了一个普遍有效的、具有独立价值的、与"消极自由"同样重要的目标。[40]

对第一次工业革命时期的英国国民而言,要真正保障自主、自决,首要的人权就是政治权利。如果政治不能吸纳被工业革命改变境遇的新群体,那就意味着他们的自由仍受他人的支配。作为对这种需求的回应,英国先后展开了三次议会改革。1832年的选举法改革首先吸纳了部分"中等阶级"进入议会,但由于财产资格的限制,包括产业工人、手工业者在内的无产阶级则仍然"一无所获"。在此背景下,工人阶级的意识开始觉醒、激进化,以追求选举权为核心的"宪章主义"(Chartism)抗争开始如火如荼地展开。伦敦工人协会于1836年成立,并于1837年拟定了一个争取普选权的纲领性文件,提出六项要求,如要求年满21周岁的男子拥有普选权、要求秘密投票、要求废除议员候选人的财产资格、要求议员支薪、要求设立平等的选区以及议会每年改选一次等。面对工人运动的风起云涌,英国再次于1867年和1884—1885年的两次议会改革中扩大对工人阶级的赋权,将之整合进议会政治体制中。尽管学界对于英国工人运动这种妥协、"改良主义"的倾向褒贬不一,但从政治整合、促进政治一体化的角度而言,对受工业革命影响的主要群体进行政治权利赋权,使其能够"积极"地决定"谁来统治自己",这种自主权即使是有限的,也大幅度地钝化了产业工人的抗争。

从工业革命的视角来看,所谓"第二代人权"所指的社会、经济权利,同样不是20世纪才有的产物。它的内在逻辑,亦在第一次工业革命时期就已成形并付诸实践。"直到工业革命极大地改变英国的经济和社会关系时……少数思想家开始认为,很多人的贫困是强者有意识的行为造成的。完全的政治自由只有在贫富差距大大缩小或完全弥合时才能实现。"[41]在19世纪的最初几十年中,社会主义思想家已经在思考快速工业化和无节制的资本主义造成的巨大不平等和经济压迫。工业革命的成功,代价是穷人的经济独立和政治自由,而资本的拥有者却获得了权力和财富。以议会改革为代表的政治权利赋权是解决问题的重要路径。但仅凭政治权利仍然不够保障自主性。比如,第一次工业革命时期的妇女、童工就由于选举权的缺失,无法利用政治权利解决自身的问题。只有当国家进一步主动、积极作为,他们的困境才可能得到缓解。在这种内在逻辑的驱使下,英国在工业革命早期就展开了一部分社会立法。

---

[40] 〔英〕伯林:《自由论》,第30—40页。
[41] 参见〔英〕哈里·迪金森:"英国的自由与权利学说及其争论:从平等派到宪章派(1640—1840年代)"。

针对童工,1802年英国通过了旨在纺织业中缩短学徒的工作时间和改善工作条件的《学徒健康道德立法》(Health and Morals of Apprentices),就童工工作的卫生条件、工作时间和童工的教育等问题作了规定;从1833年《工厂法》(Factory Act,1833)开始,工厂立法进入了议会关注的议程,并逐步确立了妇女、儿童的工时限制;在社会救济领域,1834年《济贫法》标志着解决贫困被视为政府的责任;在健康领域,1848年《公共卫生法》(Public Health Act,1848)改善了工业革命初期工人居住环境恶劣的问题。[42] 正如恩格斯在1892年为《英国工人状况》德文版所写的序言写道:"这本书里所描写的那些触目惊心的和见不得人的事实现在或者已被消除,或者至少不那样刺眼了。下水道已经建筑起来或者改善了;穿过许多最坏的贫民窟修建了宽阔的街道;'小爱尔兰'已经消失了,'七日规'也跟着就要清除掉。"[43]

英国第一次工业革命的社会立法,虽然无论深度与广度都与20世纪作为基本人权的"社会权利"尚有一定距离,但其中的内在逻辑则是清晰不变的:当工业革命形成了社会弱势群体后,政府必须积极作为去保护这些群体,才能使他们真正地自由。随着工业革命的进一步发展,专业化、复杂化程度进一步提高,对于政府积极介入、为弱势群体的基本生活编织"防护网"的客观需求就进一步得到凸显。从这个角度,我们也能够理解第二次工业革命的代表性国家——美国、德国,如何逐步形成了现代意义上的"社会权"。在德国工业革命后,俾斯麦政府率先推动了现代社会保障制度建设,建立三个福利体系的支柱——收入保险、养老金和济贫。正是在这个基础上,1919年《魏玛宪法》才正式从宪法的高度规定了社会权作为基本人权,并被战后德国《基本法》的"社会福利国"条款所继承;美国的工业革命,引发了镀金时代、进步时代"行政国家"的扩张,而行政国家又构成了罗斯福"新政"时期以"免于匮乏的自由"为核心的种种"第二权利法案"的基础。用罗斯福的话来说:"我们已经清楚地认识到:没有经济安全和经济独立,真正的个人自由就不复存在。"基于此,他将"免于恐惧的自由""免于匮乏的自由"视为自由的基础,并进一步提出了住房、医疗等一系列社会、经济权利。[44] "第二代人权"固然可以说是在20世纪结的果,但其发展的内在逻辑,却与早期工业革命时的人权观念一脉相承:在自主、自决的意义上通过权利的赋予,保障人的自由。

如果从"人的自主性"角度出发,"第三代人权"同样没有脱离这个传统的关切,

---

[42] 赵虹:"英国工业革命期间的社会立法",《云南师范大学学报(哲学社会科学版)》2002年第6期。
[43] 〔德〕恩格斯:"英国工人阶级状况",《马克思恩格斯全集(第2卷)》,第278页。
[44] 〔美〕桑斯坦:《罗斯福宪法:第二权利法案的历史与未来》,毕竞悦译,中国政法大学出版社2016年版,第12页。

只不过是将人权的主体从"个人"拓展到了"集体、民族、国家"。[45] 并且,在第三次工业革命以后,这种集体、民族、国家意义上的自主性更加重要。随着技术创新的发展、网络与通信的不断发达,随之加速的经济全球化急剧产生了大量的跨国公司,并带来了国际劳动力市场的全球化。在欧美国家开启了第三次工业革命的同时,发展中国家却仿佛刚进入第一次工业革命,通过廉价的劳动力充当发达国家的"血汗工厂"。可以说,发达国家获取着工业革命带来的主要利润,发展中国家却承担着工业革命的人权代价。

综上所述,工业革命对传统人权代际理论的启示是:尽管对于人类整体而言,技术本身在不断地进化、迭代,但人权之所预设那种自主、有尊严的"人"却是始终不变、一以贯之的。从消极自由到政治权利,从社会权利到民族权利,人所生活的社会背景有着剧烈变迁,但人权却从未线性式地"更新换代"。它们的内在逻辑始终如一,在面对新时代背景时,它们始终坚守着"人之为人"的基本预设,共同构成了人权不可分割的维度。只要"人之为人"的基本预设不变,那么新的维度,就不可能取代旧的维度。

四、新工业革命语境下的传统人权范式

在第四次工业革命的语境下,传统的人权是否已经"过时",以至于我们必须依靠"新兴权利"才能解决第四次工业革命的种种问题。通过前文对工业革命与人权代际的分析可知:即使工业革命的技术在更新换代,人权的内在逻辑却始终如一。这意味着工业革命带来的社会变迁并不必然需要"新权利",而真正值得关注的是"新语境"下的人权问题。这并非彻底否认"第四代人权"或"新兴权利"的存在可能,但它必须证明:自己已经不能被传统"自由权、参政权、社会权、集体人权"的人权框架所容纳,甚至突破了传统人权对"人之为人"的理解。否则,传统人权保障范式即使面临着新工业革命带来的"新语境",也仍旧有着不可替代的一般性意义。

正如前文所言,第四次工业革命尽管有着技术层面的突飞猛进,但它并未改变"人力结合"这一基本的形态特征——"人"虽然结合着这样那样的"力",但"人作为人"的这个基础前提却并未发生根本的改变。如果把无论多么深刻的改变都视为一种"人的境遇",那么随着第四次工业革命的发生,无论智能技术、人工智能、机器和现代生活各个方面的发展呈多么强烈的指数级增长,无论其给社会带来系统性和深

---

[45] 刘志强:"论'数字人权'不构成第四代人权"。

刻的变化,它都如18世纪发生第一次工业革命一样,仅仅意味着"传统人"面临了"新境遇"。18世纪的产业工人、20世纪的脑力劳动者与今天的外卖小哥,在被视为"人"问题上并无变迁可言。这意味着传统人权及其保护范式也仍然是有效的。

首先,传统"消极自由"的保护范式仍然有效。近年来,有关个人数据保护立法中的"同意规则"问题获得了广泛探讨。[46] 这背后所涉及的"个人信息自决权",根本上仍是采用经典"消极自由"的理论范式,试图以类似"保密意志"这样的禁区为基础,界定出一块个人不受侵犯的领域。[47] 也正是在这个意义上,"个人信息自决权"因其关涉着个人自由意志的决断,而可以被认定为具有"人之为人"的基本权利的属性。再比如,传统人权中的无罪推定,在数字时代可能会受到大数据"黑名单"的威胁,即通过数据收集和数据库筛选可能使个人在被证明有罪之前"有罪"。然而此种语境下的所谓"数字人权",回应的实际上是传统"消极自由"在当下受到的挑战。[48] 即使它为传统的"消极自由"带来新的"内容增量",但它并不是要突破,反而是要维护传统"消极自由"的理论范式。因为从根本上说,它是在维护着"人的意志自由"这一基本设定。

其次,参政权的保护范式也仍然有效。如前所言,英国解决第一次工业革命问题的重要路径,就是通过三次议会改革,改变了贵族议会的"旧制度",将受工业革命影响的各社会阶层吸纳进入代议制政体。然而,在第四次工业革命所造就的数字时代,"数据即权力",拥有着大量数据的种种平台可能因此获得了巨大的"数字私权力"。[49] 对于类似于脸书(Facebook)公司这样的平台而言,只要根据用户的点赞信息,就可以基于这种数据判断出该用户的政治倾向,并基于这种判断,发送相应的推送,来动摇或巩固用户的某一政治立场、控制他相应的政治情感。在此意义上,数字时代可能会形成代议制民主的困境。[50] 然而,第一次工业革命所形成的基本预设仍然成立:将受工业革命影响的不同群体纳入商谈的框架之中。近年来有关"数字民主"的种种讨论,代表着这种基本逻辑的延续。随着互联网、物联网、生物技术以及人工智能相关领域新技术的发展,数字化生存已然成为现实,由互联网所勾连起来的虚拟社群成为

---

[46] 参见翟相娟:"个人信息保护立法中'同意规则'之检视",《科技与法律》2019年第3期;郑佳宁:"知情同意原则在信息采集中的适用与规则构建",《东方法学》2020年第2期;程啸:"论我国个人信息保护法中的个人信息处理规则",《清华法学》2021年第3期。

[47] 参见杨芳:"个人信息自决权理论及其检讨——兼论个人信息保护法之保护客体",《比较法研究》2015年第6期。

[48] 刘志强:"论'数字人权'不构成第四代人权"。

[49] 周辉:"平台责任与私权力",《电子知识产权》2015年第6期;杨学科:"数字私权力:宪法内涵、宪法挑战和宪制应对方略",《湖湘论坛》2021年第2期。

[50] 蓝江:"数字时代西方代议民主制危机",《红旗文稿》2019年第2期。

一种真实的社群存在方式。[51] 如果能够通过新型合作治理的制度建构,将不同的虚拟社群纳入到参政议政的讨论中,那么无论新技术带来了怎样的数字化新境遇,传统参政权的基本范式就仍然存在,维护着"人能决定自己的自由"这个预设,即使它并不是通过"议会"这样的形式。

再次,社会、经济权利的保护范式也仍然有效。从第一次工业革命开始,社会、经济权利的发展变迁就与之密切相关。人们需要通过政府的积极作为,包括为企业等私主体设定相应的义务,来构建社会安全的"防护网"。这种保护范式,的确可能在第四次工业革命的背景下遭遇严峻挑战。比如在就业权问题上,雇主可以根据某种数据算法,决定雇佣人选,而算法中存在"算法歧视"问题可能导致基于种族、性别或其他方面的偏见。[52] 更为典型的例子就是以优步(Uber)为代表的"零工经济"(Gig Economy)对社会、经济权利的冲击。在第四次工业革命"万物互联"的语境下,传统的劳动工作模式逐渐走向了基于数字平台的"按需工作""点对点"地共享对实体商品或者资产的使用权。[53] 然而,伴随着这种看似灵活的工作机会的,是对传统社会、经济权利的冲击。就业不稳定和收入无保障,只会降低而不是增加了工人的自主权。同时,由于平台可以声称自己只是为需要服务的人(比如乘客)和服务提供者(比如司机)之间提供交易的平台,因此服务提供者只是平台的"合作者""独立承包商"而不是传统意义上的"雇员",这可能导致许多传统的经济、社会权利失去保护的作用。然而,从基本范式来说,这仍然只是传统社会、经济权利面临的新挑战、新境遇。它意味着以劳动权为代表的许多"积极权利"在数字时代更易被侵害甚至"架空"。但是,"国家履行积极的作为义务"这一范式,却并未被颠覆或突破。面对新形势下劳动关系的人身从属性、组织从属性的模糊,国家可以采取新的劳动关系界定方式,比如将零工纳入"虚假自雇"或归入"中间主体",将之纳入劳动权的保护范畴。[54] 由此,"通过国家保障自由"这一传统范式,在新语境下也仍然被维护着。

综上所述,无论第四次工业革命带来了怎样的社会变革,它对于传统人权的保护范式来说都仅仅意味着"新境遇"。即使这种新的境遇意味着某种"挑战",它并没有、也不可能颠覆传统人权的基本逻辑,因而它并不像某些"数字人权"主张者所说的那样,是一种"解构"或者"重构"。[55] 相反,它可能进一步突出传统人权的重要性。

---

[51] 高全喜:"协商民主、数字网络社会与合作治理",《上海政法学院学报(法治论丛)》2019年第1期。
[52] See Pauline T. Kim,"Data-Driven Discrimination at Work", *Wm. & Mary L. Rev.*, Vol. 58, 2017, p. 857.
[53] 参见〔德〕克劳斯·施瓦布:《第四次工业革命:转型的力量》,第169页。
[54] 班小辉:"'零工经济'下任务化用工的劳动法规制",《法学评论》2019年第3期。
[55] 马长山:"智慧社会背景下的'第四代人权'及其保障"。

因为"基本权利"之所以基本、人权之所以被认为是"人之为人"不可或缺的权利,恰恰就是因为它有着某种超越时空、面对变迁的能力,否则,它也绝不会如此地重要、如此"基本"。如果在面对新的境遇时,它可以轻易地被种种"新兴权利"所取代,那我们是否可以反过来说:它并非真正是一种"人之为人"所必不可少的权利。

如果说第四次工业革命可能真正带来某种威胁,那这种威胁,只能发生在对"人之为人"或者"人何以为人"这一前提预设的改变上。从前文对第四次工业革命的"万物互联"(IoT)特征的介绍中可以看出,它确实隐含着这样一种巨大的颠覆性潜能。在当前,神经大脑增强、无人驾驶、智能电视、量子计算、基因测序和编辑、比特币和区块链所有这些领域的突飞猛进,以及人工智能在教育、医疗、管理等各方面的广泛应用,似乎都昭示着"万物互联"可能带来的生产力的极大发展,以及它造福于人类的种种可能。然而,这样一种社会,是"人类"的理想社会吗?正如於兴中教授所言:它可能意味着人类"智性"的过度发展,从而使人丧失人性中更为宝贵和自然的组成部分,如"心性""灵性"等。这样一种社会形态,对人的科技素质的要求极高,没有相当的教育水准便难以适应。因而,它注定是科技精英的社会,少数人会成为主宰,而大多数人只能顺从。[56] 如果说人类"智性"的过度发展,仍然只构成某种新的"境遇"或严峻挑战,尚未根本突破"人"的范畴,那么更为可怕的问题是:"万物互联"可能构成一个以网络系统的方式存在的"超能系统"。它不是个体性的,更不是在模拟作为个体的"人",而是系统性的、无所不在的一张"网络"。当人类的生活全面依赖这样一种"万物互联"的智能网络中时,它不仅仅意味着我们可以远程操控大门、为冰箱储存赋予提醒智能,更可能意味着硅基生命的人工智能最终将超越拟人模式而进入上帝模式,这种网络就会成为像上帝那样无处不在的系统化存在。正如赵汀阳教授所言,"我们只有像思考上帝的概念那样去思考超级人工智能,才能理解超级人工智能的本质。"[57]这将代表着"万物互联网"的至上逻辑,与人作为有尊严的主体逻辑产生出"两个至上"那样的严重冲突。对于传统人权而言,这才是真正意义上的颠覆可能——如果"人之为人"这个基础都不复存在了,"人"的主体性都可以被否定了,那么"人权"本身还有什么存在的意义可言呢?从这个角度来说,对于将"数字人权"的基础定位在人的"数字存在"这样的论断,我们不应不加分辨地一概赞成——因为它恰恰可能是对人权的存在前提的动摇,甚至可能导致"人权的退场",对于这种趋势是值得警惕的。

---

[56] 於兴中:"算法社会与人的秉性"。
[57] 赵汀阳:"人工智能'革命'的'近忧'和'远虑'——一种伦理学和存在论的分析"。

五、结论

"权利可能新兴吗?"[58]在面对第四次工业革命浪潮时,我们不妨同样带着某种"守旧"的眼神,审视地问一句:"人权可能新兴吗?"之前的工业革命经验已经表明:无论工业革命在"人+力"的结合上,为人叠加了多少不同的"力"、带来了多少社会变迁,"人"这个原点却始终没有变化。从第一次工业革命至今,传统的消极权利、参政权、经济社会权利,乃至"集体人权",从根本上来说都一以贯之地秉持着维护"人的自主性"这个基础逻辑。在未来,新的工业革命可能一如既往,带来种种新的"境遇",而传统人权也可能以新的方式去面对这种新境遇,但只要"人"不变,那么"人权"也应当大致不变。这就是工业革命与人权保障的基本关系。

---

[58] 参见陈景辉:"权利可能新兴吗?——新兴权利的两个命题及其批判",《法制与社会发展》2021年第3期。

国家保障科技对人权的增进

史大晓[*]

一、引言

1749年,第戎科学院面向世人征文"科学与艺术的复兴是否有助于敦风化俗?"卢梭在此次征文中获奖,他的获奖论文就是"论科学和艺术"一文。[①] 尽管这个时候离《人权宣言》的提出还有一段时间,但它无疑也是开启了关于科技对人类福祉的影响的讨论。事实上,直到今天,科技与涵盖在"人权"这一概念之下的人类福祉之间关系的讨论依然是一个热点话题。2021年,时任联合国人权事务高级专员米歇尔·巴切莱特·赫里亚(Michelle Bachelet Jeria)借着人权事务高级专员办事处发布报告时指出,如果没有充分考虑人工智能科技对人权的影响,那么人工智能科技使用后可能会产生负面,甚至灾难性的影响。她呼吁评估各种人工智能科技对隐私权、行动自由和言论自由等层面所构成的风险有多大,并表示各国应禁止或严格监管构成重大威胁的技术。[②] 2022年,欧洲议会就限制使用人脸识别技术发出了倡议并向公众征集意见。[③] 同样是在2022年,中国人权研究会和奥地利奥中友好协会共同举办"2022·中欧人权研讨会",此次会议主题聚焦科技与人权。与会专家普遍认为,尊重和保障科技时代的人权,已经在理论、立法和实践中成为人权事业发展的新趋势和

---

[*] 史大晓,法学博士,复旦大学法学院副教授。
[①] 〔法〕让-雅克·卢梭:《论科学与艺术》,何兆武译,上海人民出版社2007年版,第13页。
[②] 参见 Michelle Bachelet Jeria, "Artificial Intelligence Risks to Privacy Demand Urgent Action", https://www.ohchr.org/en/2021/09/artificial-intelligence-risks-privacy-demand-urgent-action-bachelet,最后访问时间:2022年9月30日。
[③] 参见"Guidelines 05/2022 on the Use of Facial Recognition Technology in the Area of Law Enforcement", https://edpb.europa.eu/our-work-tools/documents/public-consultations/2022/guidelines-052022-use-facial-recognition_en,最后访问时间:2022年5月16日。

新特点。④

在最近的人工智能科技热点对人权的影响之前,以基因编辑为代表的生物医学技术对人权的影响在中国乃至全球也掀起过热烈讨论。⑤ 中国南方科技大学生物系副教授贺建奎及其团队于2018年通过基因编辑技术,对一对双胞胎婴儿胚胎细胞的CCR5基因进行改造,尝试使婴儿获得对部分艾滋病病毒的免疫能力。2019年12月30日,深圳市南山区人民法院以非法行医罪判处贺建奎有期徒刑三年,并处罚金人民币三百万元。

这些事例都提醒人们注意,在科技发展所产生的复杂的社会关系和社会现象中,国家和人权都处在一个非常醒目的位置。本文不准备就科技和人权之间的关系做详细探讨,这方面已经有非常深刻的论述了。本文的重点是梳理国家在保障科技增进人权方面的作用机制,具体而言,就是要探讨在保障科技增进人权方面,国家的目标、国家的基本义务、科技发展和人权发展之间的相互关系问题。

二、国家存在的意义

促进人民福祉是国家作为一种政治体存在的目的,如果不是唯一的话,那也是之一。这一点,古今中外莫不如此。

中国传统文化中流砥柱的儒家曾力证"仁"对于治国的重要性。"君子笃于亲,则民兴于仁;故旧不遗,则民不偷。"⑥意思是说,君子能用深厚的感情对待自己的亲族,民众中则会兴起仁德的风气,君子不遗忘、背弃他的故交旧朋,那民众便不会对人冷淡漠然了。在"仁者,爱人"这一理念的加持下,儒家其实完成了对国家要促进人民福祉的证成。半部论语治天下。因此,梁启超总结道,"儒家言道言政,皆植本于仁"⑦。从国家治理的角度而言,仁就是要关心民众的福祉。

古希腊哲人柏拉图在《理想国》中曾论及:"在任何政府里,一个统治者,当他是统治者的时候,他不能只顾自己的利益而不顾属下老百姓的利益,他的一言一行都是为了老百姓的利益。"⑧亚里士多德在其名篇《政治学》中开篇即提道,城邦的目的是最高的善。

---

④ 李伟:"'2022·中欧人权研讨会'聚焦科技与人权",新华网,http://www.news.cn/2022-05/10/c_1128638341.htm,最后访问时间:2022年7月8日。
⑤ 参见石佳友、胡新平:"基因编辑中的人权保护",《人权》2022年第5期。
⑥ 《论语·泰伯》。
⑦ 梁启超:《先秦政治思想史》,东方出版社1996年版,第81页。
⑧ 〔古希腊〕柏拉图:《理想国》,郭斌和、张竹明译,商务印书馆1986年版,第25页。

> 我们见到每一个城邦(城市)各是某一种类的社会团体,一切社会团体的建立,其目的总是为了完成某些善业。所有人类的每一种作为,在他们自己看来,其本意总是在求取某一善果。既然一切社会团体都以善业为目的,那么我们也可说社会团体中最高而包含最广的一种,它所追求的善业一定是最高而最广的:这种至高而广泛的社会团体就是所谓'城邦',即政治社团(城市社团)。⑨

在现代国家中,人们往往通过宪法确立了国家要对人民的福祉负责。美国1787年制定的宪法中载明:"我们合众国人民,为建立一个更完善的联邦,树立正义,保障国内安宁,提供共同防务,促进公共福利,并使我们自己及后代得享受自由之赐福,特为美利坚合众国制定和确立本宪法。"法国人拉法耶特受到杰斐逊等人的影响,在法国大革命初期起草了《人权和公民权宣言》(简称《人权宣言》),于1789年8月26日颁布,这是在法国大革命时期颁布的纲领性文件,后来成为法国几部宪法的序言。现行有效的法兰西第五共和国宪法在序言中阐明:"法兰西人民郑重宣告恪遵一七八九年宣言中所明定及一九四六年宪法序言中所确认与补充之人权暨国家主权原则。"中国现行宪法也不例外,在第33条中规定,"国家尊重和保障人权"。

由此可见,增进人民的福祉,尊重和保障人权是现代国家的基本理念。

三、科技发展的一般规律

一般情况下,与国家对人权的关切相比,科学技术的发展在相当程度上并非由国家主导的。根据巴萨拉的分析,影响科学技术创新的主要因素包括:心理因素、知识因素、社会经济因素、文化因素等几个方面,在应用科学技术方面,影响因素包括经济因素、军事因素、社会因素与文化因素。⑩ 很多因素与国家本身的相关性并不是很强,因此可以说,科学技术的发展主要是依靠社会自身的力量。

以科技奖励为例,"经过长达一两百年的发展,主要发达国家形成了'社会科技奖励为主、政府科技奖励为辅'的科技奖励制度,两种奖励体系以互为补充、相互促进的结构稳定发展,社会科技奖励不仅具有相当规模,而且国际影响力较大"⑪。这一说法在刘泽芬等编的《国外科技奖励制度》中得到了印证。该书介绍了美国、日本、法国、印度等国的科技奖励制度,这些国家的科技奖励都由政府奖和民间奖构成,

---

⑨ 〔古希腊〕亚里士多德:《政治学》,吴寿彭译,商务印书馆1965年版,第3页。
⑩ 参见〔美〕巴萨拉:《技术发展简史》,周光发译,复旦大学出版社2000年版,第113页。
⑪ 任晓亚、张志强:"科技发达国家社会科技奖励制度的特点及其启示",《科学学研究》2021年第11期。

在数量上,民间奖远多于政府奖。据统计,美国除联邦政府设立的国家科技奖励之外,其余的奖项基本上由社会力量设立,设奖最多的是全国性学会和协会,美国科学促进会附属的一级学会和科研院所有262个,仅美国化学学会所设的奖项就有61项。据推测,美国仅全国性学会设立的奖项在3 000到4 000项左右。[12]

这一现象从当今科技前沿也能得到印证。以过去几年生物学的发展为例,谷歌旗下的Deep Mind在2016年开始利用人工智能技术处理蛋白质折叠这一科学中非常棘手的问题。2018年12月,Deep Mind的Alpha Fold通过成功预测43种蛋白质中的25种最准确的结构,赢得了第13次蛋白质结构预测技术关键评估(CASP)。Deep Mind公司的创始人德米斯·哈萨比斯曾经说,"这是一个灯塔项目,我们第一次在人力和资源方面对一个基本的、非常重要的、现实世界的科学问题进行重大投资"。2020年,在第14届CASP中,Alpha Fold的预测达到了与实验室技术相当的准确度分数。科学评审小组之一安德烈·克里什塔福维奇博士将这一成就描述为"真正了不起的",并表示预测蛋白质如何折叠的问题已"基本解决"。[13] Deep Mind就是一家私人企业,后来被谷歌收购。众所周知,谷歌也是一家私人企业。

在新冠大流行的背景下,疫苗的开发成为当务之急。在中国以外,疫苗研发企业大多也是私人企业或者公众公司,比如辉瑞公司。辉瑞是源自美国的跨国制药、生物技术公司,营运总部位于纽约,研发总部位于康涅狄格州的格罗顿市,其股票于2004年4月8日成为道琼斯工业指数的成份股。

总之,从很多方面看,在一个规则约束相对较少的国家,科学技术的发展与进步在一定程度上并不依赖国家主动的投入和推动。恰恰相反,在这些国家或地区,客观上主要是社会力量承担了发展科学技术的重任。从这个角度可以看出,国家即使非常想促进科技发展,并不一定需要亲自动手发展科技,如果能束缚住自己的手脚给私营部门一个自由发展的空间,最终也能够很好地促进科技的发展。

但从另外一个角度看,国家对科技进步特别是重大的科技进步也一直扮演着举足轻重的作用。

如上文所述民间力量和市场机制在发展科技增进人权方面起着举足轻重作用,这并不是说在这些地方国家在科技发展中一直扮演消极的角色。事实上,在很多地方,国家在发展科技方面发挥着积极主动的作用。以美国为例,美国历届政府无论在政治立场上存在如何重大的分歧,但在发展科技上确实有着出奇一致的态度。美国

---

[12] 陈冰琰:"中外科技奖励制度差异及启示",《科技管理研究》2009年第8期。
[13] "谷歌旗下人工智能全球领导者:DeepMind Technologies",https://www.mg21.com/deepmind.html,最后访问时间:2022年10月21日。

奥巴马政府上台后出台了《美国创新战略：推动可持续增长和高质量就业》（A Strategy for American Innovation: Driving Towards Sustainable Growth and Quality Jobs）[14]，提出要从加大投资力度、推动竞争市场、催生国家优先领域重大突破等三个方面来进一步提高美国的持续创新能力。2020年10月15日，特朗普治下的美国国务院发布《关键与新兴技术国家战略》（National Strategy for Critical and Emerging Technology）[15]，并提出两大战略支柱，明确了20项关键与新兴技术的清单。2023年5月拜登治下的美国国务院发布了美国《关键和新兴技术国家标准战略》（National Standards Strategy for Critical and Emerging Technology）[16]。欧盟2010年推出"欧洲2020战略"[17]，提出构建"创新型联盟"的设想，接着又在2019年提出了《一个可持续性的欧洲：2030》[18]。日本政府根据1995年颁布的《科学技术基本法》，制定了《科学技术基本规划》，从长远角度实施系统性、连贯性的科技政策。迄今为止，已经实施了6期科学技术创新基本规划。目前实施的是第6期科学技术创新基本规划，这一期的时间是从2021到2025年。[19]

中国也意识到了国家在科学技术发展和增进人权方面的重要作用，早在2006年就发布了《国家中长期科学和技术发展规划纲要（2006—2020年）》[20]。就在科技发展规划纲要发布后不久，国家又开始制定人权行动计划，以促进和保障人权。自2009年以来，中国已经制定实施了4期国家人权行动计划，分别是《国家人权行动计划（2009—2010年）》《国家人权行动计划（2012—2015年）》和《国家人权行动计划（2016—2020年）》，目前正在实施的是《国家人权行动计划（2021—2025年）》。[21] 这些规划和计划表明，中国政府越来越意识到国家在发展科技和增进人权

---

[14] 参见"Strategy for American Innovation: Executive Summary"，https://obamawhitehouse.archives.gov/innovation/strategy/executive-summary，最后访问时间：2023年1月10日。

[15] 参见"National Strategy for Critical and Emerging Technologies"，https://trumpwhitehouse.archives.gov/wp-content/uploads/2020/10/National-Strategy-for-CET.pdf，最后访问时间：2023年1月10日。

[16] 参见"United States Government National Standards Strategy Forcritical and Emerging Technology"，https://www.whitehouse.gov/wp-content/uploads/2023/05/US-Gov-National-Standards-Strategy-2023.pdf，最后访问时间：2023年1月10日。

[17] 参见"Europe 2020: A European strategy for smart, sustainable and inclusive growth"，https://ec.europa.eu/eu2020/pdf/COMPLET%20EN%20BARROSO%20%20%20007%20-%20Europe%202020%20-%20EN%20version.pdf，最后访问时间：2023年1月10日。

[18] 参见"A Sustainable Europe by 2030"，https://commission.europa.eu/publications/sustainable-europe-2030_en，最后访问时间：2023年5月10日。

[19] "科学技術基本計画及び科学技術・イノベーション基本計画"，https://www8.cao.go.jp/cstp/kihonkeikaku/index.html，最后访问时间：2023年5月10日。

[20] 《国家中长期科学和技术发展规划纲要（2006—2020年）》，https://www.gov.cn/gongbao/content/2006/content_240244.htm，最后访问时间：2023年5月10日。

[21] 参见https://www.humanrights.cn/html/wxzl/3/，最后访问时间：2023年5月10日。

方面的重要作用了。

四、国家保障科技对人权的增进的法治之维

作为社会主义国家,中国在促进科技发展和保障人权方面,既有与世界其他国家一样的共性,也有自身的独特性。这一点苏联早已经有所展示。[22] 总体说来,相比资本主义国家,社会主义国家担负着更多的促进科技发展的任务,当然最终目的仍然是更好地呵护人权,这是由社会主义国家的国家性质决定的。社会主义国家的存在本质上就是为了人民的福祉,而且往往还要更进一步,要为全世界人民的福祉奋斗,因此,国家负有不可推卸的发展科学技术增进人民福祉的责任。本文这一部分拟从宪法、法律和国际公约的角度阐释在中国语境下,国家保障科技增进人权方面的法律要求。

从现行《宪法》的文本看,"科学"一词一共出现了17次(包括"科学发展观"中提及的1次)。"技术"一词总共出现了9次,"科学技术"这一组合词出现了两次,"人权"一词出现了1次。

具体而言,"科学"在序言中出现了4次(包括"科学发展观"中提及的1次),在总纲中出现了7次,分布在4个条文中,在"公民的基本权利与义务"章中出现了2次,分布在1个条文中,在其他地方出现了3次,均涉及相关国家机关的职责,具体分别涉及"教育科学文化卫生委员会"(第70条),"领导和管理教育、科学、文化、卫生、体育和计划生育工作"(第89条国务院的职权),"县级以上地方各级人民政府依照法律规定的权限,管理本行政区域内的经济、教育、科学、文化、卫生、体育事业、城乡建设事业和财政、民政、公安、民族事务、司法行政、计划生育等行政工作,发布决定和命令,任免、培训、考核和奖惩行政工作人员"(第107条),"民族自治地方的自治机关自主地管理本地方的教育、科学、文化、卫生、体育事业,保护和整理民族的文化遗产,发展和繁荣民族文化"(第119条)。

"技术"一词在序言中出现1次;在总纲中出现5次,分布在3个条文中;在"公民的基本权利与义务"章中出现了1次,分布在1个条文中;其余2次出现在国家机构章中的第122条:"国家从财政、物资、技术等方面帮助各少数民族加速发展经济建设和文化建设事业。国家帮助民族自治地方从当地民族中大量培养各级干部、各种专

---

[22] Loren R. Graham: *Science in Russia and the Soviet Union—A Short History*, Cambridge University Press, 1993, pp. 200-201.

业人才和技术工人。"

"人权"一词出现在第33条第3款中:"国家尊重和保障人权。"

从分布上看,中国《宪法》的总纲和公民的基本权利和义务章中提及科学技术的次数在各章中是最多的,因此有必要认真研究这些规定的意涵,从而正确把握国家保障科技对人权的增进的作用机制。

第一,从国家目标看国家保障科技增进人权。

关于《宪法》总纲的性质,有学者认为总纲中的许多规定特别是有关国家基本国策的规定,是《宪法》序言规定的国家根本任务、奋斗目标等的具体实现方式。[23] 也有学者认为《宪法》总纲条款规定了一种国家未来要实现的目标,在德国法上被称为国家目标规定。[24]

> 国家目标规定具有三个特征:(1)开放性,即国家目标规定需要具体化和形成,这主要是立法者的任务。(2)缺乏主观权利性。这一特性导致国家目标规定被违反后无法直接通过主观诉讼程序得到保护,由此宪法监督机构通过客观诉讼程序来审查立法就具有特别重要的地位。(3)最终性。这意味着国家目标是动态的、随着社会发展的,并引导国家的行为。在社会条件和国家目标的实现之间存在一种交互关系,国家要选择实施方式和实施手段来最大程度地实现目标。[25]

《宪法》第14条规定:"国家通过提高劳动者的积极性和技术水平,推广先进的科学技术,完善经济管理体制和企业经营管理制度,实行各种形式的社会主义责任制,改进劳动组织,以不断提高劳动生产率和经济效益,发展社会生产力。"

根据全国人大常委会法工委的解释,《宪法》规定这个条款是因为"科学技术是第一生产力,国家要通过推广先进技术,提高劳动生产率,促进经济的发展"[26]。

《宪法》第19条规定:"国家发展社会主义的教育事业,提高全国人民的科学文化水平。国家举办各种学校,普及初等义务教育,发展中等教育、职业教育和高等教育,并且发展学前教育。国家发展各种教育设施,扫除文盲,对工人、农民、国家工作人员和其他劳动者进行政治、文化、科学、技术、业务的教育,鼓励自学成才。"

---

[23] 宪法学编写组:《宪法学》,高等教育出版社、人民出版社2020年版,第48页。
[24] 王锴、刘犇昊:"宪法总纲条款的性质与效力",《法学论坛》2018年第3期。
[25] Karl-Peter Sommermann, *Staatsziele und Staatszielbestimmungen*, Mohr Siebeck, Tübingen, 1997, S.427. 转引自王锴、刘犇昊:"宪法总纲条款的性质与效力"。
[26] "中华人民共和国宪法通释",中国人大网"法律释义与问答"专题,http://www.npc.gov.cn/npc/c13475/201004/0e53b6b04d1b4401b18404d93889a9a4.shtml,最后访问时间:2022年10月22日。

该条是关于国家发展社会主义教育事业的规定,其目的在于通过发展教育事业,提高全国人民的科学文化水平。

《宪法》第20条规定:"国家发展自然科学和社会科学事业,普及科学和技术知识,奖励科学研究成果和技术发明创造。"

在1982年《宪法》之前,1954年《宪法》、1975年《宪法》都没有就国家发展科学事业这一事项作出规定,倒是1978年《宪法》在第12条作了规定:"国家大力发展科学事业,加强科学研究,开展技术革新和技术革命,在国民经济一切部门中尽量采用先进技术。科学技术工作必须实行专业队伍和广大群众相结合、学习和创造相结合。"

这一条文的用意在于,国家正在进行社会主义现代化建设,科技是第一生产力,为实施科教兴国战略和可持续发展战略,保证社会主义现代化事业的顺利进行,促进国民经济的发展和人民物质文化生活水平的不断提高,必须大力发展我国的科学事业。科学事业包括自然科学事业和社会科学事业。

> 自然科学是关于自然界运动和发展规律的科学;社会科学是关于社会现象和社会发展规律的科学。国家既要发展自然科学事业,也要发展社会科学事业,二者不可偏废。为大力发展科学事业,国家制定了一系列的路线、方针、政策,以及专门的法律、法规,从体制、资金以及物质设施等方面为发展科学事业提供保障。[27]

"国家目标规定是一种纯粹的客观法规范,也就是说,从其中无法得出个人的主观权利。而基本权利虽然也具有客观法效力,但它首先是一种主观权利。"[28]"国家目标规定是一种纯粹的客观法规范,也就是说,从其中无法得出个人的主观权利。而基本权利虽然也具有客观法效力,但它首先是一种主观权利。"[29]对立法机关而言,"国家目标规定赋予立法者具体化的任务。当然,这里的具体化主要是具体化目标本身。因为目标越抽象,立法者具体化的任务就越大。如果立法者对行为的要求视而不见,就会导致立法不作为的违宪。"[30]为了实现总纲规定的关于科学技术发展的任务,1993年7月2日第八届全国人民代表大会常务委员会第二次会议通过了《中华人民共和国科学技术促进法》,2007年12月29日第十届全国人民代表大会常务委员会

---

[27] 见注㉖所引中国人大网专题网页,最后访问时间:2022年10月22日。
[28] 王锴、刘犇昊:"宪法总纲条款的性质与效力"。
[29] 王锴、刘犇昊:"宪法总纲条款的性质与效力"。
[30] 王锴、刘犇昊:"宪法总纲条款的性质与效力"。

第三十一次会议进行了第一次修订,2021年12月24日第十三届全国人民代表大会常务委员会第三十二次会议进行了第二次修订。该法第1条规定:"为了全面促进科学技术进步,发挥科学技术第一生产力、创新第一动力、人才第一资源的作用,促进科技成果向现实生产力转化,推动科技创新支撑和引领经济社会发展,全面建设社会主义现代化国家,根据宪法,制定本法。"

此外,1996年5月15日第八届全国人民代表大会常务委员会第十九次会议通过了《中华人民共和国促进科技成果转化法》,该法在2015年修正过一次。由于发展自然科学和社会科学事业,不断提高全民族的科学文化水平,还需要普及科学和技术知识,让全体人民都掌握科学的知识和科学的方法。为此,国家已经在2002年6月29日第九届全国人民代表大会常务委员会第二十八次会议通过了《中华人民共和国科学技术普及法》,该法第1条明确规定,立法目的是"实施科教兴国战略和可持续发展战略,加强科学技术普及工作,提高公民的科学文化素质,推动经济发展和社会进步"[31],并明确指出"公民有参与科普活动的权利"[32]。

国家目标对行政机关来说,意味着"对于立法机关已经具体化了的国家目标规定,行政机关有义务在适用法律的时候注意该规定。这时,国家目标规定是作为一种解释标准而发挥作用,即在解释法律的概括性条款和不确定法律概念的时候,要进行基于宪法(国家目标规定)的解释。对于立法机关没有具体化的国家目标,国家目标规定发挥裁量指导的功能"[33]。例如,根据《中华人民共和国科学技术进步法》,国务院制定了《国家科学技术奖励条例》。该条例已经1999年4月28日国务院第16次常务会议通过,1999年5月23日中华人民共和国第265号国务院令发布。历经2003年、2013年、2020年三次修订,共5章38条。

鉴于上述讨论,即便是总纲中的规定,国家也要通过具体的国家机关去贯彻落实国家在促进和管理科学技术发展方面的责任与义务。当然,承担这种责任的最终目的是增进人民的福祉,增进对人权的保护。

第二,从公民基本权利看国家保障科技增进人权。

在《宪法》中公民的基本权利这一部分,可以从两个方面理解国家保障科技增进人权。一方面,公民对科学技术的追求本身就是公民的基本权利,国家有义务保障公民这方面的基本权利的实现,同时这也保障了人权;另一方面,国家保障科学技术的发展并以科学技术进步所取得的结果服务于人民福祉从而实现增进人权的目标。

---

[31] 《中华人民共和国科学技术普及法》第1条。
[32] 《中华人民共和国科学技术普及法》第3条。
[33] 王锴、刘犇昊:"宪法总纲条款的性质与效力"。

依照基本权利的双重属性,国家一方面不得侵犯公民的基本权利(从主观权利属性中导出),另一方面还有义务积极保护这一宪法最重要的价值不受侵害(从客观法价值决定属性中导出)。㉞因此,《宪法》第 47 条的规定具有实实在在的意义:"中华人民共和国公民有进行科学研究、文学艺术创作和其他文化活动的自由。国家对于从事教育、科学、技术、文学、艺术和其他文化事业的公民的有益于人民的创造性工作,给以鼓励和帮助。"

该条规定了公民享有科学文化活动自由的权利。这里的科学研究包括自然科学,也包括社会科学。公民享有科学研究自由,是指公民有权通过各种方式从事各种科研工作,并可以在科学研究中自由地探讨问题,发表意见,对各种科学问题和各种学派可以持有不同的见解。

对于公民的科学文化活动自由权利问题,1954 年《宪法》的规定是:"中华人民共和国保障公民进行科学研究、文学艺术创作和其他文化活动的自由。国家对于从事科学、教育、文学、艺术和其他文化事业的公民的创造性工作,给予鼓励和帮助。"1975 年《宪法》则取消了有关公民科学文化活动自由权利的规定。1978 年《宪法》的规定是:"公民有进行科学研究、文学艺术创作和其他文化活动的自由。国家对于从事科学、教育、文化、艺术、新闻、出版、卫生、体育等事业的公民的创造性工作,给予鼓励和帮助。"现行《宪法》这一条规定基本恢复了 1954 年《宪法》和 1975 年《宪法》的有关内容,同时也作出了一些修改:

> 一是将 1954 年《宪法》中国家保障公民科学文化活动的自由改为公民有科学文化活动的自由,因为直接规定公民具有科学文化活动的自由,就必须受到国家的保障;二是在国家给以鼓励和帮助的科学文化活动中,增加规定了技术活动,因为技术活动的创造性劳动与科学活动不可分割;三是将新闻、出版、卫生和体育等事业删去了,因为这些事业的创造性劳动和科学文化活动还存在不少区别。㉟

由此可以看出,根据《宪法》第 47 条之规定,公民有进行科学研究自由,这是一项国家应予保障的公民的基本权利。

与此同时,《宪法》第 33 条还在一般意义上,规定了"国家尊重和保障人权"。"国家尊重和保障人权"写入宪法明确地将"尊重和保障人权"的义务主体设定为"国

㉞ 参见陈征:"基本权利的国家保护义务功能",《法学研究》2008 年第 1 期;张翔:《基本权利的规范构建》,高等教育出版社 2008 年版,第 35 页。
㉟ "中华人民共和国宪法通释"。

家",这就将"尊重和保障人权"规定为国家的"宪法义务"。国家的这一宪法义务既包括对人权的尊重这一消极义务,也包括对人权的保障这一积极义务。"尊重和保障人权不仅是国家权力的政治道德要求,同时也是约束一切国家权力的规范要求,是宪法规定的强制义务。"㊱具体而言,这一规定首先要求国家尊重人权。那么,何为尊重?有学者认为:

> 一是表明国家对人权的基本立场和宪政理念的提升,即以人权的实现为国家权力运作的价值取向,而不再仅单纯地追求社会秩序的稳定性;二是国家权力要受到合理的限制,防止国家公共权力对人权的侵犯,从而从国家根本法的角度约束公权对人权的侵害。在公民的基本权利中,对那些自由权利,如人身自由、宗教信仰自由等不需要国家干预即可实现的权利,国家除基于正当事由依法定程序可对其限制外,不得对其限制。此时,"尊重"意味着"不侵犯",国家负有不侵犯的消极义务。㊲

何为保障?"'保障人权'即要求国家保护公民的各项权利免受来自于国家机关、其他公民、法人和社会组织的侵害与破坏。……'保障人权'是为国家设定了积极义务。"㊳"保障的义务还可以将实现的义务以及促进的义务涵盖于其中,一方面,要实现人权离不开国家不加干涉的消极不作为和努力采取各种措施的积极作为;另一方面,人权是随着社会经济结构和社会文化的发展而发展,促进人权的义务自然也就是国家保障人权的一部分内容,而且是不可分割的内容。"㊴

以上可以看出,国家保障和尊重人权乃至通过各种方式和手段增进人权既是宪法明文规定的国家义务,也是从公民基本权利可以推导出来的国家义务。

第三,从普遍的人权观念看国家保障科技增进人权。

在国家对公民进行科学技术教育和对从事相关人员的鼓励上而言,中国并不孤独。㊵事实上,放眼国际社会,科学权(the right to science),作为一项国际人权,很早就被写进了《世界人权宣言》(Universal Declaration of Human Rights,1948 年)第 27 条:"(一)人人有权自由参加社会的文化生活,享受艺术,并分享科学进步及其产生

㊱ 严海良:"'国家尊重和保障人权'的规范意涵",《法学杂志》2006 年 4 期。
㊲ 焦洪昌:"'国家尊重和保障人权'的宪法分析",《中国法学》2004 年第 3 期。
㊳ 焦洪昌:"'国家尊重和保障人权'的宪法分析"。
㊴ 孙平华:"论'国家尊重和保障人权'载入宪法",《人权》2012 年第 6 期。
㊵ Zehlia Babaci-Wilhite, *Promoting Language and STEAM as Human Rights in Education: Science, Technology, Engineering, Arts and Mathematics*, Springer Singapore, 2019, p. 177.

的福利。(二)人人对由于他所创作的任何科学、文学或美术作品而产生的精神的和物质的利益,有享受保护的权利。"[41]

随后的《经济、社会和文化权利国际公约》(International Covenant on Economic, Social and Cultural Rights,1966年)第15条更是对科学权的进一步明确:

> 一、本盟约缔约国确认人人有权:(子)参加文化生活;(丑)享受科学进步及应用之惠;(寅)对其本人之任何科学、文学或艺术作品所获得之精神与物质利益,享受保护之惠。二、本盟约缔约国为求充分实现此种权利而采取之步骤,应包括保存、发扬及传播科学与文化所必要之办法。三、本盟约缔约国承允尊重科学研究及创作活动所不可缺少之自由。四、本盟约缔约国确认鼓励及发展科学文化方面国际接触与合作之利。[42]

联合国在1975年通过了《利用科学和技术进展以促进和平并造福人类宣言》(The Declaration on the Use of Scientific and Technological Progress in the Interest of Peace and for the Benefit of Mankind)规定,"所有国家应采取有效措施,包括立法措施在内,以预防并禁止利用科学和技术的成就以侵害人权和基本自由以及人身尊严"。

2009年联合国教科文组织批准发布了《威尼斯宣言》(Venice Statement on the Right to Enjoy the Benefits of Scientific Progress and its Applications),明确享有科学进步及其应用福利的规范性内容和国家义务要求,还包含了对此概念的挑战性及当代相关性的讨论,以增强这项权利的实施。此外,在《人类基因组与人权的世界宣言》(1997年)、《国际人类基因数据宣言》(2003年)第19条、《世界生物伦理与人权宣言》(2005年)中,都有对科学福利权的要求。[43]

因此,无论从中国的宪法、法律还是从国际公约的层面上看,国家都有义务保障科技发展对人权的增进。事实上,中国政府也一直在履行着这样的义务。如前面所提及的那样,2021年,国务院新闻办公室和外交部牵头编制,经国家人权行动计划联席会议机制审核同意后由国务院新闻办公室发布的《国家人权行动计划(2021—2025年)》多次提到国家保障科技对人权的增进。比如,将"智慧推进,充分利用数字

---

[41] 《世界人权宣言》,联合国官方网站,https://www.un.org/zh/about-us/universal-declaration-of-human-rights,最后访问时间:2022年11月4日。
[42] 《经济、社会及文化权利国际公约》,联合国官方网站,https://www.un.org/zh/documents/treaty/A-RES-2200-XXI,最后访问时间:2022年11月4日。参见杨学科:"揭开人权灰姑娘的面纱:科学权之科学福利权",《山东科技大学学报(社会科学版)》2020年第3期。
[43] 杨学科:"揭开人权灰姑娘的面纱:科学权之科学福利权"。

技术拓展所有人自由全面发展的空间"作为制定和实施《国家人权行动计划（2021—2025年）》的一个基本原则。具体而言，要为家庭生活困难的学生提供必要的信息技术设备防止数字鸿沟，实现教育公平；要运用大数据、云计算、人工智能等技术手段，全面收集、及时回应民众的意见建议，以保障人民群众的表达权和监督权；要运用智能技术，维护老年人权益；要利用先进智能技术，开发对残疾人有帮助的各种器具，维护残疾人权益。[44]

五、余论

本文尝试从法律特别是宪法和国际条约的视角证成国家保障科技对人权的增进的内在机制。事实上，鉴于科技发展与国家的多重关系，国家出于保障人权的考虑也不得不对科技发展进行管理。例如，一些科学技术的出现如果不加以规制，可能对人权保障产生负面作用。在这种情况下，国家需要做到既能够保障科技发展又能够增进人权而不是损害人权。比如，随着技术的发展，人脸识别、虹膜识别等技术越来越完善，但如何让这些技术服务于人而不是制约人也就成了一个问题。[45] 又比如核能的利用、克隆技术的利用等技术也面临着同样的问题。此外，有一些对增进人权有重大意义的科学技术单单靠社会力量可能无法取得突破。在这种情况下，国家也需要主动采取措施主导相关领域的科学技术的发展以取得突破性进展，从而造福人类，增进人权。

故，国家保障科技对人权的增进有其合理性、必要性和法定性。

---

[44] 《国家人权行动计划（2021—2025年）》，见中华人民共和国中央人民政府网站，https://www.gov.cn/xinwen/2021-09/09/content_5636384.htm，最后访问时间：2023年6月30日。

[45] 孙笑侠："身体权的法理——从《民法典》'身体权'到新技术进逼下的人权"，《中国法律评论》2020年第6期；劳东燕："'人脸识别第一案'判决的法理分析"，《环球法律评论》2022年第1期；Rebekah Dowd, *The Birth of Digital Human Rights, Digitized Data Governance as a Human Rights Issue in the EU*, London, Palgrave Macmillan, 2022, pp. 250-251。

新个性化法律的框架[①]

安东尼·J.凯西[*]　　安东尼·尼布利特[**]　　周易培[***]译

一、导论

　　个性化的法律是一个古老的概念。法律应该是量身定做的,以更好地适应其所适用的相关情境,这样一种想法是显而易见的,并且自法律本身的概念出现以来就一直存在。[②] 事实上,每条法律都有一些情境参数。问题是这些参数有多具体,或者说有多精细的裁剪。在一个没有任何阻力的世界里,理想的法律应该考虑到所有相关的(并且没有不相关的)情境因素。但阻力确实存在,因此立法者在确定一项法律的情境时面临着各种权衡。

　　这些权衡都是经过深思熟虑的。[③] 一方面,给法律增加更多的情境是代价高昂的。立法者必须发现相关因素,然后将这些因素传达给公民,而且总是有出错的风险。另一方面,缺乏情境的法律可能是粗糙和僵化的,它们将变得(情境化)过度或不足。[④]

---

[*] 安东尼·J.凯西(Anthony J. Casey),芝加哥大学法学院教授。
[**] 安东尼·尼布利特(Anthony Niblett),多伦多大学法学院副教授,加拿大法律、经济与创新首席科学家。
[***] 周易培,复旦大学法学院博士研究生。
[①] 本文原载于《芝加哥大学法律评论》(*The University of Chicago Law Review*)第 86 卷第 2 期,重印与翻译已获得《芝加哥大学法律评论》与芝加哥大学法学院的许可,翻译时保留原文注释规范。
[②] See Frederick Schauer, *Profiles, Probabilities, and Stereotypes* 27-54 (Harvard 2003)(讨论希腊哲学家如何争论法律的适当广度,并质疑法律应该如何个人化)。
[③] 从经济学的角度,参见 Louis Kaplow, "Rules versus Standards: An Economic Analysis", 42 *Duke L J* 557 (1992)。See also Anthony J. Casey and Anthony Niblett, "The Death of Rules and Standards", 92 *Ind L J* 1401, 1402 n 2 (2017).
[④] See Frederick Schauer, *Playing by the Rules: A Philosophical Examination of Rule Based Decision-Making in Law and in Life* 31-34 (Oxford, 1991).事实上,有大量关于使用规则和标准的不同成本与收益的文献。See, for example, Kaplow, 42 *Duke L J* at 559-60 & n 1(注释③)(解释规则和标准的区别,收集了相关资料);Frederick Schauer, "The Tyranny of Choice and the Rulification of Standards", 14 *J Contemp Legal Issues*, 803 n 1 (2005)(收集了相关资料);Cass R. Sunstein, "Problems with Rules", 83 *Cal L Rev* 953, 969-96(1995)(描述了规则的优点和局限性). See also generally Kathleen M. Sullivan, "The Supreme Court 1991 Term—Foreword: The Justices of Rules and Standards", 106 *Harv L Rev* 22 (1992); Joseph Raz, *Practical Reason and Norms* (Princeton 1990); Isaac Ehrlich, Richard A. Posner, "An Economic Analysis of Legal Rulemaking", 3 *J Legal Stud* 257 (1974).

关于添加情境的争论通常转向了时间。如果法律的内容在事前仍然是模糊的,那么法官可以在事后填补相关的细节,这就是过失法的运用方式。在被指控的侵权行为发生后,法官再将规则情境化,这样便可以减少情境化的成本。在确定哪些因素在特定情境下是相关的方面,一个事后裁决者有后见之明的好处。此外,裁决者只需要为实际出现的情况添加内容,而不是为可能出现的情况添加内容。不过,事后裁决也有其成本。例如,公民将生活在不确定性中,因为没有人向他们传达法律的具体内容,而事后裁决者可能会产生噪音、不一致、事后偏见(Hindsight Bias)或者用自己对法律目标应该是什么的特殊观点来影响这一过程。⑤ 同样,时间问题已经被探讨了几十年。⑥

那么这次研讨会的问题就变成了:个性化法律到底有什么新东西?毕竟,个性化法律只是一种更加情境化或针对个人面临的相关因素量身定制的法律。过失法的理论形式再一次证明了这一点。正如通常所说,过失法包含了个人面临的所有相关因素,它要求的是一个理性的人面对同样的情况会怎么做。⑦ 个性化的情境通过对有关"相同"情况的定义而产生,当所有相关因素都考虑在内时——传统侵权法的观点似乎要求这样做——法官所适用的法律就完全是个性化的。

但正如欧姆里·本·沙哈尔(Omri Ben-Shahar)和阿里尔·波拉特(Ariel Porat)教授指出的那样,在现实世界中,过失法并非如此运作。⑧ 虽然法律一直追求实现高度的个性化,但它始终离这一目标相去甚远。⑨ 然而,情况似乎正在发生变化。随着与大数据、预测算法和即时通信相关的技术降低了发现和传送相关个人情境以实现

---

⑤ See generally, for example, Raz, *Practical Reason*(注释④).进一步讨论这种不一致性的文献,参见 Anthony Niblett, "Tracking Inconsistent Judicial Behavior", 34 *Intl Rev L & Econ* 9 (2013). On hindsight bias, see generally Jeffrey J. Rachlinski, "A Positive Psychological Theory of Judging in Hindsight", 65 *U Chi L Rev* 571 (1998). See also Christine Jolls, Cass R. Sunstein, Richard Thaler, "A Behavioral Approach to Law and Economics", 50 *Stan L Rev* 1471, 1523-27 (1998)。关于噪音的进一步讨论,参见 Daniel Kahneman, et al., "Noise: How to Overcome the High, Hidden Cost of Inconsistent Decision Making", 94 *Harv Bus Rev* 38, 40-42 (Oct. 2016). 关于个人特质的进一步讨论,参见 Robert C. Farrell, "Justice Kennedy's Idiosyncratic Understanding of Equal Protection and Due Process, and Its Costs", 32 *Quinnipiac L Rev* 439, 502 (2014).
⑥ 情境化的时间问题通常被框定为规则(提供事前情境)和标准(提供事后情境)二者其中之一。例如参见 Kaplow, 42 *Duke L J* at 581-82 (注释③). 但并不是每个人都同意通过规则和标准之间选择的方式决定时间。事实上,正如我们在其他地方所指出的,甚至对于"规则"和"标准"这两个词的含义,以及在这两种法律形式之间的选择所涉及的问题,在法学界存在广泛的争议。See Casey and Niblett, 92 *Ind L J* at 1405 n 9 (注释③); Anthony J. Casey, "The Short Happy Life of Rules and Standards" 3:00 (Feb. 21, 2017), online at http://www.youtube.com/watch?v=TnbRApMEumU (visited Aug. 27, 2018) (Perma archive unavailable). 考虑到这一概念在法律学术领域无处不在,这一点令人震惊。
⑦ See *Brown v. Kendall*, 60 Mass 292, 296 (1850); Alan D. Miller, Ronen Perry, "The Reasonable Person", 87 *NYU L Rev* 323, 329 (2012).
⑧ Omri Ben-Shahar, Ariel Porat, "Personalizing Negligence Law", 91 *NYU L Rev* 627, 636-46 (2016).
⑨ Id at 637-46.

法律目的的成本,量身定制的、精确的和高度情境化的法律目标变得更加容易实现。这就是我们在这次研讨会中探讨的"新"个性化法律。

作为这一探讨的起点,本文提出了一个思考新个性化法律的一般框架。如果没有这样一个框架,法律个性化项目就会面临风险,变为特殊的与无关联的。为了避免这种情况,我们确定了两个基本问题,这两个问题是通过数据和分析实现个性化的核心。

第一个问题是如何设定法律的目标。正如我们在先前的工作中所建议的那样,[10]数据处理和通信技术的进步使得法律有可能从传统形式的规则和标准转变为微指令(microdirective),这些微指令会随着受规制公民的个人环境变化而实时更新和改变。但要使这种个性化发挥作用,立法者必须以前所未有的方式事先了解并精确地陈述法律的目标。事实上,个性化的全部目的是使法律结果符合相关情境因素,通过更准确地确定法律适用的相关因素,大数据可以促进这种契合性。但是,任何给定因素的相关性只有通过参照法律寻求实现的目标才能确定,而个性化技术,尽管有种种承诺,却无法实现这一目标。此外,使用大数据和机器驱动分析需要以最精确和准确的形式陈述目标,因为不准确和不精确可能导致反常结果。[11]

第二个问题是如何向公民传达法律的内容。新个性化法律将导致高度特定和复杂的法律,这些法律必须以一种可能遵守的形式和时间转译和传达给公民。沿着这条线,技术将不仅允许法律的实质个性化,而且允许向公民提供法律指示的时间与方式的个性化。

因此,在本文的第一部分中,我们将探讨以下问题内在的重要性和挑战:(1)确定个性化法律的目标以及(2)决定如何以及何时将个性化法律的内容适用和传达给公民。

在第二部分中,我们确定了在实施这两个基本要素时所体现的几个特定后备挑战:数据的来源和质量、歧视和偏见、人类干预、数据的透明度以及对个性化法律提供者的规制。[12]

---

[10] See Casey and Niblett, 92 *Ind L J* at 1410-12(注释③); Anthony J. Casey and Anthony Niblett, "Self-Driving Laws", 66 *U Toronto L J* 429, 431(2016).

[11] 关于反常结果的讨论,参见 Nick Bostrom, "Superintelligence: Paths, Dangers, Strategies" 120-22(Oxford, 2014)。

[12] 我们已经在《规则和标准的消亡》和《自驾车合同》的私法背景下解决了关于在公法背景下规制此类法律提供者的最后一个问题。See Casey and Niblett, 92 *Ind L J* at 1417-23(注释③); Anthony J. Casey and Anthony Niblett, "Self-Driving Contracts", 43 *J Corp L* 1, 26-31(2017). 此外,吉莉安·哈德菲尔德(Gillian K. Hadfield)教授对如何在信息技术日益发展的世界中规制私人法律提供者的相关问题进行了广泛的分析。See Gillian K. Hadfield, *Rules for a Flat World: Why Humans Invented Law and How to Reinvent It for a Complex Global Economy* 249-59(Oxford, 2016). 专题讨论会还包括安德鲁·弗斯坦(Andrew Verstein)教授对这个问题的深入探讨。See generally Andrew Verstein, "Privatizing Personalized Law", 86 *U Chi L Rev* 551 (2019). 因此,我们除了将这个问题标记为几乎每个个性化项目中的一个主要关注点,在本文中不作过多讨论。

二、两个基础问题

作为初步说明,我们注意到法律与个性化在两个显著的方面发生了冲突。首先,许多法律研究者探讨了这个问题:国家应该在何时以及如何最好地规制私人行为者使用算法个性化商品的方式。本次研讨会上的一些文章通过关注法律在处理这种类型的个性化方面准备得有多充分来解决这个问题。[13] 然而,我们的焦点主要集中在第二个问题上:如何通过使用算法更好地个性化法律?也就是说,国家应该如何利用大数据和算法来生产个性化法律?这两个研究议程并不相互排斥。事实上,提出的许多问题——例如,数据来源、隐私、歧视和偏见——在这两种文献中都是共同的。随着私人秩序和公法之间的界限变得模糊,这些调查之间的界限也将变得模糊。

新个性化法律将造成两个根本性的挑战。首先,它要求立法者明确法律寻求实现的目标。当法律不是高度个性化的时候,立法者可以而且经常放弃这个问题。他们让公民和法官去发现或创造他们自己对一项法律之目的的看法。然而,将大量信息转化为特定法律指令的大数据和算法不允许这样模棱两可或蒙混过关,相反,他们需要(并促进)一个预先且明确的目标陈述。其次,新的个性化提出了新的问题,即法律适用的方法和时机以及向公民传达其指令。这一部分探讨了这两种挑战。

在这篇文章中,为了解释这些目的,我们使用个性化的极端形式——微指令——来展示个性化带来的关注和问题。人们可以把微指令看作是个性化法律的理想化版本。

通过微指令,立法者制定的法律只不过是一个总体目标。它看起来像一个标准。但微指令也提供了一个算法利用大数据将这一目标转化为具体的、类似规则的、个性化的指令,当公民需要了解法律的内容时,这种指令就会传达给公民。微指令的早期形式已经存在。例如,智能信号灯收集输入的数据为十字路口的司机提供个性化指示。人们可以把让行标志看作是一种标准,把停车标志看作是一种笨拙的规则,把信号灯和智能信号灯看作是向更个性化的微指令发展的一种进步。

---

[13] See generally Oren Bar-Gill, "Algorithmic Price Discrimination When Demand Is a Function of Both Preferences and (Mis)perceptions", 86 *U Chi L Rev* 217 (2019)(研究如何应对数据驱动的价格歧视);Talia B. Gillis, Jann L. Spiess, "Big Data and Discrimination", 86 *U Chi L Rev* 459 (2019)(研究对自动信贷定价可能采取的法律应对措施);Gerhard Wagner, Horst Eidenmüller, "Down by Algorithms? Siphoning Rents, Exploiting Biases, and Shaping Preferences: Regulating the Dark Side of Personalized Transactions", 86 *U Chi L Rev* 581 (2019)(研究商业个性化对消费者交易可能产生的负面影响).

（一）目标

使用大数据和算法来提供法律的轮廓，将迫使立法者解决特定法律的目标究竟是什么的问题。我们创造这种高度情境化和个性化法律的目的是什么？使法律个性化意味着考虑到法律所适用个体的个人因素。但是考虑到这个因素，我们必须问：为了什么目的？与回答一个法律问题相关的个人因素可能与回答另一个法律问题无关。另一种思考方式是个性化使法律更准确（更少出错）。[14] 但是如何定义准确性和错误呢？同样，答案来自对法律目标的理解。错误是法律适用没有达到其目标。为了知道是否发生了错误，就必须了解那个目标。

传统法律——由于其变幻莫测和缺乏个性化——通常允许立法者避免这个问题。限速可能是为了实现许多目标中的一个，这些目标可能包括减少事故、促进高效交通或减少污染。但立法者不需要明确表示他们的目标，他们甚至可能不需要一个目标。他们可以使用一个粗糙的规则（55英里每小时），既没有个性化，也不说明目标。或者他们可以使用一个标准（合理驾驶），留给司机和法官来弄清楚目标。

预测算法和大数据不是这样工作的。[15] 立法者必须告诉算法如何处理这些数据。她必须明确一个事先的目标。[16] 这种明确性并不是新个性化法律所独有的。所有立法者和法官在宣布一项法律的内容时，都对该法律的目的作出了暗含的判断。但是，当使用大数据和自动化技术来达到目的时，这个问题就变得至关重要了。在算法的背景下，一旦程序启动，目标就会固定，如果要将其转换为代码，则必须精确地说明目标。因此，法律的新个性化在目标设定方面强加了两个要求：清晰度和前瞻性。[17] 目标必须被清晰地为人所知与编程，并且必须在算法创建时就完成。

法律可以通过不同的模式来设定算法的目标。我们将探讨两种模式来展示目标设定的重要性与挑战，然后我们将研究立法者可以使用数据来避免明确设定事先目

---

[14] See Ariel Porat, Lior Jacob Strahilevitz, "Personalizing Default Rules and Disclosure with Big Data", 112 *Mich L Rev* 1417, 1458 (2014)（指出使用大数据来个性化默认规则的算法价值在于能够使法律更加准确）.

[15] See Jerry Kaplan, *Artificial Intelligence: What Everyone Needs to Know* 94-95 (Oxford, 2016). See also Harry Surden, "Machine Learning and Law", 89 *Wash L Rev* 87, 102-10 (2014).

[16] 正如梭伦·巴罗卡斯（Solon Barocas）教授和安德鲁·塞尔布斯特（Andrew Selbst）教授所说，使用数据寻找相关的相关性时，"问题规范"的第一步是："将一些无定形的问题翻译成用计算机能够解析的更正式术语来表达问题。"Solon Barocas and Andrew D. Selbst, "Big Data's Disparate Impact", 104 *Cal L Rev* 671, 678 (2016).

[17] See Michael Luca, Jon Kleinberg, and Sendhil Mullainathan, "Algorithms Need Managers, Too: Know How to Get the Most out of Your Predictive Tools", 94 *Harv Bus Rev* 96, 99 (Jan.-Feb. 2016)（解释为算法制定明确的、可定义的和可量化的目标的重要性）.

标的一种方法。

1. 算法立法

首先,算法可以改善事前立法。[18] 这是通过个性化增加准确性的最清晰途径。事前的法律往往是最不个性化的,也不能很好地实现其目标。发现和阐明所有相关因素的事前成本很高。[19] 由于大数据降低了这些信息成本,个性化可以使法律更加准确。速度限制就是一个典型的例子,考虑一下"一刀切"的速度限制所产生的错误。立法者可能会使用大数据来制定个性化的速度限制(传达到驾驶员的仪表板上),以尽量减少车祸。但是,最大限度地减少汽车事故并不是设定速度限制的唯一目标。一个仅仅为了尽量减少事故而编程的算法会简单地将速度限制设定为零。[20] 人们必须了解并阐明个性化法律的所有竞争性目标及其相互关系,以提供一种平衡降低潜在错误的手段。

在限速的例子中[21]——对自动驾驶汽车背后的软件进行规制时将变得非常重要——立法者必须事先判断旅行速度、事故风险、污染和燃料消耗等之间的精确平衡。[22] 事实上,她必须为这些可测量的值插入特定的权重。如果没有个性化,立法者可能会模糊这些价值判断。但是,当人们试图使用有关个性化因素的数据来预测结果并制定规则时,就需要知道并声明所期望的具体结果。

---

[18] 另一种相关版本是通过算法行政规制实现个性化。我们已经在其他地方论证过,这种途径是个性化最可能的公共来源。Casey and Niblett, 1992 *Ind L J* at 1418(注释③). 对于这里的分析,关注点是相同的。

[19] 不准确的非个人规则的例子大量存在。事实上,在本次研讨会上,几个例子已经被讨论了。See Omri Ben-Shahar, Ariel Porat, "Personalizing Mandatory Rules in Contract Law", 86 *U Chi L Rev* 255, 262-63 (2019)(讨论了一个无效强制性合同规则忽视相关个人特征的例子); Matthew B. Kugler and Lior Jacob Strahilevitz, "Assessing the Empirical Upside of Personalized Criminal Procedure", 86 *U Chi L Rev* 489, 494-95 (2019)(讨论了刑事诉讼规则可能忽视个人隐私期望); Christoph Busch, "Implementing Personalized Law: Personalized Disclosures in Consumer Law and Data Privacy Law", 86 *U Chi L Rev* 309, 314-24 (2019)(讨论了消费者和隐私法忽视消费者的异质性); Adi Libson, Gideon Parchomovsky, "Toward the Personalization of Copyright Law", 86 *U Chi L Rev* 527, 528 (2019)(讨论了版权法忽视内容对用户的价值).

[20] See Ehrlich, Posner, 3 *J Legal Stud* at 260(注释④).

[21] 我们使用速度限制的例子是因为相关数据的可用性是显而易见的。有很多关于驾驶的可用数据;因此,我们应该期待这一领域可能最快出现个性化的进展。这个例子展现了关于个性化的一个关键点:相关数据的提供量将是确定个性化法律出现的主要因素。

[22] See generally Oliver Moore, "Toronto to Use Big Data to Help Reduce Traffic Congestion" (The Globe and Mail, Apr. 7, 2015), archived at http://perma.cc/8R2E-AERU. See also generally Yuanfang Chen, et al., "When Traffic Flow Prediction Meets Wireless Big Data Analytics" (arXiv.org, Sept. 23, 2017), archived at http://perma.cc/CWU4-CZYG. 除了个性化速度本身,甚至可以根据威慑和社会平等的概念个性化违规罚款。See, for example, Alec Schierenbeck, "The Constitutionality of Income-Based Fines", 85 *U Chi L Rev* 1869, 1876-79 (2018). 这样,个性化法律可以通过一套个性化罚款或价格呈现给公民。过这种价格歧视可以获得很大的效率。但正如奥伦·巴吉尔(Oren Bar-Gill)教授指出的那样,算法价格歧视也可以被用来获取对支付价格一方的优势。Bar-Gill, 86 *U Chi L Rev* at 230-31(注释⑬). See also Wagner and Eidenmüller, 86 *U Chi L Rev* at 585-86(注释⑬)(描述"一级价格歧视",在这种情况下,个别消费者被收取不同的价格). 定价来自立法者的事实可能会减少我们对获得优势的担忧,但这肯定不总是正确的。

2. 算法审判

其次,算法可以帮助(甚至可能取代)法官提高决定的准确性。[23] 可以说,传统的司法适用比传统的立法报告更加个性化。[24] 法官可以考虑更多的因素,因为他们是在所有的证据收集完成之后适用法律。但这是有代价的。法官在确定哪些因素是相关的时候可能会犯错,或者他们在确定各种因素的相关性时可能有意或无意地寻求实现错误的目标。其结果是,法官可能作出与法律目标不一致的裁决。这是有问题的,原因有二:(1)在适用合适的法律上存在错误,(2)这些错误会造成不一致和差异,使公民更难遵守法律。

新个性化法律可以减少这两种错误。最近一项研究提供了一个有说服力的例子,在批准和拒绝保释的背景下使用大数据和机器学习技术,来说明数据如何能够改善法官对法律的个性化。[25] 在大多数司法管辖区,保释决定的既定目标要求法官平衡被告逃跑或再次犯罪的风险,相较于监禁的成本和负担。[26] 法官没有得到具体的指示,因此他们将法律适用于具体案件时自己来个性化法律。

在这项研究中,机器学习技术被证明可以提供更准确的风险评估,如果立法者使用这种技术,可以降低被告的羁押率和被释放者的犯罪率。[27] 这表明,该算法在排除不相关因素和评估相关因素以实现法律目标方面做得更好。

相关研究的作者确实注意到他们研究中的一个困难,法官可能会最大化其他目标或偏好。[28] 法官在确定一项法律的目标时可以加入自己的偏好,但算法不会加入新的目标。这就提出了一个重要的问题。如果立法者重视他们将目标设定的能力授权给法官,那么,除非法律将创建算法的权力也授权给法官,否则算法的个性化就不会被青睐。

值得注意的是,允许法官个人设定法律目标是非常有问题的。它降低了民主问责和法律的一致性。法官可能在没有披露的情况下引入不良目标,或者他们可能只

---

[23] 同样,还有一个紧密的替代方案:通过算法执法实现个性化,执法人员或机构利用大数据在每个案例中个性化法律和法规的适用。See Benjamin Alarie, Anthony Niblett, Albert H. Yoon, "Regulation by Machine" 2-3 (Conference on Neural Information Processing Systems, Dec. 2, 2016), archived at http://perma.cc/L9LJ-T3RB.

[24] 在事后裁判中,这种个性化的成本较低,因为裁判者只需要找出实际出现案件的特定情境应用,而事前规则必须解决所有可能的应用。See John O. McGinnis and Steven Wasick, "Law's Algorithm", 66 *Fla L Rev* 991, 1030 (2014); Sunstein, 83 *Cal L Rev* at 1003-04 (注释④); Kaplow, 42 *Duke L J* at 582 (注释③).

[25] Jon Kleinberg, *et al.*, "Human Decisions and Machine Predictions", 133 *Q J Econ* 237, 240-45 (2018).

[26] 例如马萨诸塞州的标准,保释是通过审查所指控的罪行、可能的惩罚、可能的逃跑风险、违约史、在该地区的家庭、就业状况、以前的犯罪记录等标准来确定的。*Mass Ann Laws* ch 276, §57. The Kleinberg study looks primarily at data from New York. Kleinberg, *et al.*, 133 *Q J Econ* at 246 (注释[25]).

[27] See Kleinberg, *et al.*, 133 *Q J Econ* at 285-86 (注释[25]).

[28] Id at 243 ("[D]ecisions that appear bad may simply reflect different goals.").

是无法实现他们设定的良好目标。同样,保释研究也是一个例证。该研究表明,算法保释程序可以减少犯罪和羁押率,同时也"减少种族差异"。㉙ 这表明,法官要么是故意将歧视性目的强加给法律,要么更有可能是考虑到了与法律的既定目标无关的歧视性因素。㉚

保释背景中的个性化之所以能够发挥作用,是因为一个可测量的目标能够被明确陈述。㉛ 结论是,如果有数据,并且立法者能就错误的定义达成一致,那么算法个性化可以提高个性化法律的契合度和减少错误。其结果必然是,通过立法或司法算法使某些法律领域个性化可能会出现问题,因为立法者或一般政体在目标上并不能达成一致。刑事被告审判就提供了一个显著的例子。报复和威慑等相互竞争的目标将导致个性化的不同结果。根据立法者选择的目标,相关的因素和必要的数据看起来将非常不同。在传统的法律制定中,我们容忍(在某种程度上)人类法官、立法者或警官在事后加入她对法律目标的看法。算法的个性化并不容忍这种观望的做法。这可能是个性化的最大障碍。在一些法律领域,如果事先没有就法律的目的达成共识,那么传统的法律制定可能会容忍(这种障碍)。但另一方面,人们可能会质疑一个无法确定目的的法律之正当性。㉜

3. 使用司法数据

有一条捷径可以让立法者在制定事前微指令时避免设定目标。在一些法律领域,立法者可以利用大数据,根据过去的判决预测法官会做什么,并实施这些预测,而不是实现一个既定的事前目标。㉝ 这种方法是结合了历任法官群体的集体目标函数。可以肯定的是,这并没有给法律增加任何新的个性化。相反,这种方法只是巩固

㉙ Id at 241 (emphasis added).
㉚ More on this below in Part II. B.
㉛ 这并不是要对目标是否正确采取立场。然而,关键在于如果一个人有一个确定的目标函数,其重视减少犯罪、羁押率和种族差异,那么就有证据表明,一个算法可以通过在每个维度上改善司法结果来"改善"个性化,即使该算法的开发只考虑了前两个目标。
㉜ 有人可能还会争辩说,允许人类在法律目的方面发生变化是一种特征,而不是缺陷,因为它提供了实验和法律的进化。当然,算法可以被编程为有意引入任意的事后变化,但这必须作为事前目标的一部分进行规划。而且,与伪装成司法意见"推理"的任意变化相比,当任意变化是有意的和自动化的时候,公民可能会更加反感。
㉝ 研究人员已经证明了机器学习工具在预测法院判决案件结果方面的强大功能。See, for example, Benjamin Alarie, Anthony Niblett, Albert H. Yoon, "Using Machine Learning to Predict Outcomes in Tax Law", 58 *Can Bus L J* 231, 235-36 (2016); Daniel Martin Katz, "Quantitative Legal Prediction—or—How I Learned to Stop Worrying and Start Preparing for the Data-Driven Future of the Legal Services Industry", 62 *Emory L J* 909, 936-42 (2013). See also Daniel Martin Katz, Michael J. Bommarito II, Josh Blackman, "A General Approach for Predicting the Behavior of the Supreme Court of the United States", 12 *PLOS ONE* 1, 7-15 (Apr. 2017); John O. McGinnis, Russell G. Pearce, "The Great Disruption: How Machine Intelligence Will Transform the Role of Lawyers in the Delivery of Legal Services", 82 *Fordham L Rev* 3041, 3046-53 (2014).

了司法适用中已经存在的个性化,但其具有一致性的潜在附加好处。

在产生大量诉讼的领域,算法可以用来描绘司法行为,并预测——或复制——法官在类似案件中会如何判决这些案件。当使用现有案件数据作为微指令的基础时,该算法的目标是预测判决先前案件的法官将得出的结果。[34]算法试图找到数据中隐藏的模式,并以法官的方式权衡因素。

这种算法的目标不是给法律增加个性化,而是改进它,主要是通过减少司法判决的不一致性,最大限度地减少异常判决的可能性,同时仍然允许法律考虑到个人的个性化因素。因此,使用算法作为法律的基础,为公民提供了更大的确定性和一致性。使用算法的一个附带好处是减少事后管理的成本。在一个结果可预测的世界里,诉讼案件将越来越少。

当立法者不能就法律的精确目标达成一致,但确实同意法官采取的方法总体上令人满意且一致性很重要时,这种算法审判机制将特别有吸引力。例如,可能很难确定雇员和独立承包人之间区别背后精确的政策考虑因素。在这个问题上,税法或劳动法所支持的目标应该是什么?立法者应该在财政收入最大化、减少失业和公平问题等不同考量上给予多少权重?这些权重可能很难事先精确化。然而,在法官判决实际案件时,简单地观察这些区别在判例法中所表现出来的方式可能要容易得多。[35]

但是,以算法的形式复制现有判例法时,当然会出现重要的问题和担忧。第一,当法律的潜在目标随着时间的推移而变化时,这种个性化的方法是不合适的。第二,与此相关的是,尽管个别偏离正常值的法官偏见会减少,但新法律将复制现有判例法中存在的任何系统性偏见。第三,如果我们用算法决定取代司法决定,那么新案件就会减少(或者可能没有)。这意味着法律体系将不会学习或进化。第四,可能没有足够的数据来捕捉未来的每一个偶然事件。这种类型的事前个性化依赖于有足够的司法判决来预测其他假设情况下会发生什么。很少提起诉讼的法律领域不适合这种类型的算法审判。

(二) 法律适用与传达的时机

前一节论述了法律的内容,本节涉及法律的时机。大数据个性化在时间上提出了两个问题:(1)法律指令何时以及如何传达给相关公民?(2)政府何时承诺具体适

---

[34] 这对法律实施意味着什么,这是一个复杂的问题。例如,如果一种算法表明,60%的法官会归责于被告,那么该算法应该怎么做?如果它只是说被告需要承担责任,那就改变了诉讼当事人面临的概率结果。这也改变了和解和威慑的计算。另一种方法是征收60%的损害赔偿,但这将反映出法律教义的巨大转变。这些是在法律中使用算法所带来的一些困难的技术实施问题。

[35] 请参阅第一(二)部分,讨论通信技术的改善将如何使预测结果传达给诉讼当事人。

用法律？

大数据与先进的通信技术相结合为法律的适用时机开辟了新的可能性,减少了立法者否则便会面临的个性化权衡。通信技术增加了两项创新:(1)它增加了何时向公民披露法律内容和指示的选择,(2)它简化了内容和指示的披露形式。

要了解为什么这些很重要,请考虑个性化权衡的传统观点。传统上,法律是通过标准的事后裁决来实现个性化的。后见之明的法官会考虑所有相关因素,然后将法律个性化。因此,更多的个性化是以等待为代价的。㊱ 这种事后处理的方法强加了两个重要的代价:不确定性㊲和政府不当行为的可能性㊳。

不确定性的产生是因为公民不知道法律将如何适用于他们的具体情况。法官是不可预测的,他们既会犯错误,也可能会考虑与公民无关的因素。政府(或司法)不当行为的风险之所以产生,是因为政府(通过法官或者其他一些裁决者和执法者)可以在个人已经采取行动之后决定法律的内容。这种自由裁量权可能被滥用。㊴ 政府——因为它并不预先对法律的结果负责——可以利用它事后的自由裁量权来惩罚不受欢迎的公民,㊵强加不属于法律预期目标的结果或分配偏好,或者基于事后偏见来改变目标。㊶

通过大数据实现个性化,而不是通过事后裁决,可以减少这些问题。让我们从不确定性开始。当法律通过事后裁决被个性化时,该行动法律效果的传达被推迟到行动发生之后。㊷ 随着大数据和传播技术的进步,只要可以获得关于公民个人特征和情况的相关证据,就可以将效果传达给公民。㊸ 因此,在某些(但不是全部)情况下,法律对案件的个性化适用可以在公民采取行动之前进行传达。

㊱　See Eric A. Posner, "Standards, Rules, and Social Norms", 21 *Harv J L & Pub Pol* 101, 101–03 (1997); Kaplow, 42 *Duke L J* at 585–86 (注释③).

㊲　See Sunstein, 83 *Cal L Rev* at 974–77 (注释④); Kaplow, 42 *Duke L J* at 569, 575 n 42, 587–88 (注释③); Duncan Kennedy, "Form and Substance in Private Law Adjudication", 89 *Harv L Rev* 1685, 1689–1701 (1976). See also Richard Craswell, John E. Calfee, "Deterrence and Uncertain Legal Standards", 2 *J L Econ & Organization* 279, 285–88 (1986).

㊳　See Saul Levmore, "Double Blind Lawmaking and Other Comments on Formalism in the Tax Law", 66 *U Chi L Rev* 915, 919 (1999); Posner, 21 *Harv J L & Pub Pol* at 113 (注释㊱); Sunstein, 83 *Cal L Rev* at 974–76 (注释④).

㊴　See Levmore, 66 *U Chi L Rev* at 919 (注释㊳).

㊵　See Posner, 21 *Harv J L & Pub Pol* at 113 (注释㊱).

㊶　See Antonin Scalia, "The Rule of Law as a Law of Rules", 56 *U Chi L Rev* 1175, 1179 (1989).

㊷　See Posner, 21 *Harv J L & Pub Pol* at 101–03 (注释㊱); Kaplow, 42 *Duke L J* at 585–86 (注释③).

㊸　当法律个性化时,制定内容的时机也会发生变化。一项法律越是个人化,相关因素就越有可能只在晚些时候才出现,正好在法律适用之前。但它仍然可以在行为需要之前得到适用。关于事前规则如何促进确定性的话题,参见 Yehonatan Givati, "Resolving Legal Uncertainty: The Unfulfilled Promise of Advance Tax Rulings", 29 *Va Tax Rev* 137, 144–49 (2009)。See also Carlo Romano, *Advance Tax Rulings and Principles of Law: Towards a European Tax Rulings System?* 320–32 (IBFD, 2002).

重要的是,技术还可以将个性化法律转化为一种简化的传达形式。例如,考虑智能交通信号灯,它使用数据输入来个性化交通指示。在原始形式下,个性化的微指令对司机来说是难以理解的。它将包含一个完整的随机指令目录,包括交通模式、天气、一天中的时间、与其他车辆的距离等等。目前的技术将这些信息转化为红灯或绿灯的简单形式,并传达给司机。㊹

现在考虑一下政府不当行为的问题。即使一个算法微指令可以被编程为考虑法律颁布时不知道的因素,政府也可以预先承诺法律的目标。事实上,立法者可以依靠一种算法,在公民采取行动后防止人为干预,但仍会考虑所有相关的个人情境。这样,即使法律是个性化的且考虑到法律颁布后才知道的因素,政府也会约束自己不滥用事后自由裁量权。㊺ 因此,使用自动的个性化算法可以防止立法者基于非法的事后因素改变法律的内容或指令。㊻

然而,对于传统法律来说,政府预先承诺要付出额外的代价。在某些情况下,预先承诺促进了法律规避。在许多规制领域,存在立法者与被规制公民之间的策略性博弈。用税法中逃税规制就是一个突出的例子。如果你事先透露了法律的内容,纳税人就可以塑造自己的行为来逃避法律的精神。㊼ 但反过来说,如果你有一个像"合理行为"这样的标准,政府就可以在事后改变游戏规则,并利用那些出于善意而合理行事的人。㊽

可以通过推迟法律指令的披露,直到公民承诺采取行动之后,这个问题才能得到解决。这种延迟内容披露㊾的想法为逃避—承诺问题提供了部分解决方案。政府事先承诺遵守法律(所以它像规则一样发挥作用)。但是纳税人不知道内容,因此必须遵守法律,如同它是一个标准一样。这阻止了预先宣布规则所引起的(纳税人)寻找技术细节和漏洞。法律仍然是个性化的,这是传统的预先承诺所不允许的。也就是说,纳税人的不确定性依然存在。因此,使用延迟披露将是个性化法律范围的最佳选

㊹ 这体现了新个性化法律的另一个关键点。它最有可能首先发生在这些法律领域,在这些领域中有关情境因素的复杂信息可以很容易地被收集起来,在相关的时间框架内进行处理,然后转化为对公民的简单传达。因此,我们应该期待个性化在食品和药品安全监管、证券法、税法、工作场所安全监管、消费者法和警察问责制等领域蓬勃发展。

㊺ For a more detailed exploration of this idea, see Casey, *Short Happy Life* at 30:07(注释⑥).

㊻ 从某种意义上说,这就像李·芬内尔(Lee Fennell)教授对个人预先承诺分析的政府版本。See generally Lee Anne Fennell, "Personalizing Precommitment", 86 *U Chi L Rev* 433 (2019). 就像个人可能希望在未来约束自己一样,政府可能也想做同样的事情。

㊼ See David A. Weisbach, "Formalism in the Tax Law", 66 *U Chi L Rev* 860, 869-72 (1999).

㊽ See id at 860; Levmore, 66 *U Chi L Rev* at 920(注释㊳); Scalia, 56 *U Chi L Rev* at 1180-82(注释㊶).

㊾ 索尔·列夫莫尔(Saul Levmore)教授在1999年探索了延迟披露的想法,作为打击逃避的一种手段。See Levmore, 66 *U Chi L Rev* at 919-20(注释㊳).

择,在这些领域的不确定性比逃避更不令人担忧。

所有这一切都是说,法律的传达和适用的时机可以量身定制,以最佳地适应特定情况下特定法律的情境。法律可以传达个性化的指令,一旦它得知了这些指令,在它与公民相关的时候,无论是公民提出要求时,或者甚至是公民采取行动之后,[50]并且它可以有多种形式(简单的或复杂的)。

这个情境揭露问题对于所有的个性化法律都是很重要的。公民有时会有动机改变他们的个人特征,以利用个性化,这在某些情况下是可取的。公民往往渴望遵循法律精神,关于如何遵守法律的实时信息会有助于做到这一点。设计巧妙的交通信号灯就有这个特点,大多数司机都想遵守交通信号灯以防止事故发生。人们甚至可以想象自动化的交通规则,为选择更安全(驾驶)行为或其他受鼓励特征的司机提供开放车道或绿灯的奖励。[51] 其他法律领域如税收,则不同,因为公民有更大的动机试图逃避法律精神。[52]

这里的重要收获是,除了设定明确的目标外,立法者还必须了解每个法律领域的因素,这些因素决定了个性化法律的适用和传达的最佳时机和形式。

三、具体的挑战

在这一部分中,我们将讨论另外五个挑战,每个挑战都与我们上面探讨的基本问题有关:(1)数据的来源和质量;(2)歧视和偏见;(3)人为干预;(4)数据透明度;(5)对个性化法律提供者的规制。在识别个性化法律和考虑相关目标的数据获取成本中,数据来源的选择与防止偏见和歧视的任务是基本项目。同样,人为干预和透明度的问题也提出了关于如何识别和处理目标设定中的错误,以及如何利用时机预先对法律指令做出承诺。而个性化法律提供者的选择与规制则涉及法律目标的设定,法律内容及指令向公民传达的问题。

(一) 数据

算法能否实现法律目标的问题取决于立法者所依赖的数据质量。这里需要关心的是这些数据是否真正衡量了相关因素,并充分预测了法律的中心目标。这引起了

---

[50] 对时间的另一个限制是算法收集有关公民个人特征证据的能力。这表明,个性化法律,至少在事前披露很重要的情况下,在相关特征和因素的证据容易获得的领域会取得成功。
[51] 我们已经在共乘车道上看到了这种技术的早期形式。
[52] 当涉及这种类型的逃避时,司法复制(的算法)从来就不是合适的机制。

明显的程序问题。有多少可用的相关数据？谁收集了这些数据——它们是不偏不倚的吗？它们带来了什么偏见？他们如何以及为什么收集数据？数据中潜藏着哪些偏见，这些偏见能被纠正吗？㊳

数据的目标和形式是内在联系的。如果测量期望或社会目标，人们可能会求助于调查数据，试图提取信息。如果要复制人类决策者的决定，可以参考判例法或规制决定的数据源。事实上，人们可能会认为司法判决是对过去裁决者的调查，我们从中提取更加广泛的原则。如果要尽量减少结果的误差，那么目标中的结果必须是可测量的。在保释的例子中，㊴如果目标需要一种算法来评估被告逃跑或犯罪的风险，那么就需要精确描述过去获得保释的被告行为的数据。但是，观测数据可能反映出偏见，不仅是那些收集数据的人的偏见，而且是那些影响行动者的偏见，这些偏见与涉及利益的特定变量相关。㊵例如，关于被告在保释期间是否犯罪的数据可能反映了那些巡逻和起诉犯罪的人的偏见和资源。

从根本上说，数据必须很好地符合目标。研究人员必须考虑误差测量中潜在的不对称性。保释的例子再次被证明是有用的。在这个例子中，研究人员能够测量两种类型的误差。首先，他们通过测量结果来观察准予保释是否犯了错误。㊶也就是说，一些被告被获准保释，然后犯罪或逃跑。但是为了衡量另一种类型的错误——拒绝风险较小的人保释的错误——研究人员利用了法官判决案件方式的差异。㊷有些法官比其他法官更宽容，只有通过这种司法差异，研究者才能观察到拒绝保释的错误。算法的创造者必须意识到对这种不对称性，但通过算法个性化的法则有可能忽视这种差异。因此，有关拒绝保释的新信息将无法获得，解决这个问题可能需要人工随机化，以便进化算法"了解"不同类型的错误。㊸

其次，对大量数据的需求引发了隐私问题。收集的数据可能会侵犯个人的隐私

㊳ See generally Cathy O'Neil, *Weapons of Math Destruction: How Big Data Increases Inequality and Threatens Democracy* (Crown, 2016)(探讨了大数据在就业、保险和刑事法律等多种情境下所固有的偏见)。

㊴ 注释㉕㉖㉗和所附文献。

㊵ See, for example, Danielle Keats Citron, Frank Pasquale, "The Scored Society: Due Process for Automated Predictions", 89 *Wash L Rev* 1, 13-14 (2014)("系统开发人员和软件程序员的偏见和价值观嵌入了[信用评分软件]开发的每一步。"); Danielle Keats Citron, "Technological Due Process", 85 *Wash U L Rev* 1249, 1262 (2008)(描述了程序员的个人偏见，比如对二进制问题的偏好，可以被嵌入到他们创建的算法中的可能性)。

㊶ See Kleinberg, et al., 133 *Q J Econ* at 247 (注释㉕)。

㊷ See id at 261-62。

㊸ 类似地，在消费者情境中对人进行分类的个性化可能会降低将来数据的可用性。考量一下本-沙哈尔(Ben-Shahar)教授和波拉特(Porat)教授提出的个性化强制性合同规则。Ben-Shahar and Porat, 86 *U Chi L Rev* at 265 (注释⑲)。如果所有 A 类消费者都受制于某种强制性合同规则，我们可能会失去在法律实施后有关他们的偏好如何变化，以及他们在没有强制性规则的世界中如何行动的信息。See id at 255。

期待,他们可能不知道他们的信息在哪里以及如何被使用。⑤⑨ 在规制使用大数据进行个性化产品的私营企业时,这经常引起人们的关注。⑥⓪ 但是,这当然也是要求政府访问个人数据的任何公法都要面临的问题。⑥① 这就提出了关于公民同意的必要性——和限制——的额外问题,即政府是否应该对使用公民的数据进行补偿,⑥② 以及谁应该代表政府收集数据。⑥③

这些类型的问题已经引起了法律学者的关注。值得注意的是,尼沃·埃尔金科(Niva Elkin-Koren)和米卡尔·盖尔(Michal Gal)教授在他们这次研讨会的文章中,讨论了私人公司为了商业利益而收集数据和政府为了完善法律而收集数据所产生的根本紧张关系。⑥④

(二)歧视和偏见

与数据质量问题相关的问题是算法是否表现出歧视性行为和偏见。新个性化法律强调算法决策,可以减少或加剧法律中现有的偏见。

裁决者目前表现出的某些偏见可以通过使用大数据和算法来缓和。最明显的是,当一个预先编写好的算法决定了一个案件的法律适用时,就不会有事后的偏见。同样,法官个人偏见的影响应该通过对数据的依赖而不是情感直觉来减少。人类经常有意识或无意识地假设不存在的相关性,在编写或适用基于因素的规则时,人们可能对哪些因素重要存在偏见。也就是说,他们假设某些因素与法律审查相关,而实际上并非如此,使用大数据来预测结果将有助于减少这些偏见。

---

⑤⑨ See Kate Crawford, Jason Schultz, "Big Data and Due Process: Toward a Framework to Redress Predictive Privacy Harms", 55 *BC L Rev* 93, 96–109 (2014); Omer Tene, Jules Polonetsky, "Big Data for All: Privacy and User Control in the Age of Analytics", 11 *Nw J Tech & Intell Prop* 239, 251–52 (2013). See also Craig Konnoth, "Health Information Equity", 165 *Penn L Rev* 1317, 1333–46 (2017)(探讨了在医疗保健中使用大数据所固有的各种隐私权衡).对于消费者法中的个性化项目而言,谁提供算法和隐私问题尤为重要。See Ben-Shahar and Porat, 86 *U Chi L Rev* at 281–82 (注释⑲).

⑥⓪ See, for example, Mark Scott, Laurens Cerulus, "Facebook Data Scandal Opens New Era in Global Privacy Enforcement" (Politico, Mar. 26, 2018), archived at http://perma.cc/9MMU-6YAA(讨论了全球隐私规制机构对2016年剑桥分析—脸书丑闻的反应).

⑥① See Porat, Strahilevitz, 112 *Mich L Rev* at 1467–69 (注释⑭).

⑥② See Niva Elkin-Koren, Michal S. Gal, "The Chilling Effect of Governance-byData on Data Markets", 86 *U Chi L Rev* 403, 414 (2019)(解释了当政府使用数据时,数据收集者感到向数据主体支付费用的压力减轻); Eduardo Porter, "Your Data Is Crucial to a Robotic Age. Shouldn't You Be Paid for It?" (NY Times, Mar 6, 2018), archived at http://perma.cc/RS3S-QGR8. See also Michael Pollack, "Taking Data", 86 *U Chi L Rev* 77, 99–106 (2019)(认为征收条款应适用于政府使用的个人信息).

⑥③ 这是关于谁提供算法的更广泛问题的一部分,见二(五)。

⑥④ See generally Elkin-Koren, Gal, 86 *U Chi L Rev* 403 (注释⑥②).

在保释的例子中,⑥作者说明了机器学习算法如何通过指示算法关注非种族因素来减少决策中的种族偏见。⑥ 重要的是,他们的结果表明,与法官相比,该算法减少了种族差异,更能实现法律目标。⑥ 更为基本的是,他们的研究表明了一个关键点:我们可以通过审计大数据的个性化结果来审计其有效性,就像法学界审计人类法官的旧个性化法律一样。⑧ 而且,一旦发现算法偏见,纠正它可能比纠正人类偏见更容易。

另一方面,如上所述,数据本身可能存在偏见。⑥ 或者,由于其他系统性问题,社会中存在的代理变量和相关性,也可能产生歧视。⑦ 个性化为法律增加了情境因素。识别和增加相关的情境因素,去除不相关的因素,可以提高准确性和减少有害的偏见。但数据中可能存在相关性,表明相关因素——从某种意义上说,它们与特定结果相关——具有歧视性影响。关于考虑这些因素是否合适的棘手问题出现了。即使法律不直接考虑它们,差异也可能通过间接关系和代理变量出现在结果中。接下来的问题是,法律是否应该采取积极措施来扭转这些差异。

起先,这似乎是在实现法律目标的准确性和减少歧视之间的权衡,⑦但这是错误的框架。这里真正的问题在于首先确定合适的目标,法律很少在一个维度上起作用。大多数法律都有动态目标,对于个性化的法律,必须了解其不同的维度。为了另一个方面的成功而牺牲一个方面的成功常常带来争论。例如,一种算法在减少犯罪的同时加剧了社会不平等,这就提出了关于目标设置的政策难题。如果立法者不愿意回

---

⑥ 参见注释㉕㉖㉗及所附文献。
⑥ Kleinberg, *et al.*, 133 *Q J Econ* at 275-78 (注释㉕)。
⑥ Id.
⑧ See, for example, Jeffrey A. Segal, "Judicial Behavior", in Robert E. Goodin (eds.), *The Oxford Handbook of Political Science* 275, 280-83 (Oxford, 2009)(讨论了法官的个人意识形态会影响他们的判决); Thomas J. Miles, Cass R. Sunstein, "The New Legal Realism", 75 *U Chi L Rev* 831, 835-41 (2008)(发现政治偏好、种族、性别和其他人口特征有时会对司法判决产生影响)。
⑥ 参见注释㊾及所附文献。See also Barocas and Selbst, 104 *Cal L Rev* at 684 (注释⑯)("从不正确的、部分的或不具代表性的数据中得出的结论可能存在歧视。")。
⑦ 例如,由于系统性不平等,雇主可能会选择在受保护群体中不太常见的能力标准。雇主根据这些标准制定的雇佣实践将对群体成员产生差异影响。See Barocas and Selbst, 104 *Cal L Rev* at 691 (注释⑯)(指出当"做出理性和充分知情决定的真正相关标准也恰好是阶级成员的可靠代理"时,可能会发生系统性歧视)。
⑦ See Ya'acov Ritov, Yuekai Sun, Ruofei Zhao, "On Conditional Parity as a Notion of Non-discrimination in Machine Learning", 16-19 (arXiv.org, June 26, 2017), archived at http://perma.cc/NLK9-GXGX(分析少数族裔社区是否支付更高的保险费);Jon Kleinberg, Sendhil Mullainathan, Manish Raghavan, "Inherent Trade-offs in the Fair Determination of Risk Scores", 17 (arXiv.org, Nov. 17, 2016), archived at http://perma.cc/WWY7-7X7Q(总结没有任何一种风险分配模型能够满足所有的公平目标)。

答这些问题,法律的个性化就会停滞不前。[72]

(三) 人为干预

算法决策并不意味着人类被排除在决策过程之外。即使设定了目标,仍有许多人力工作要做。事实上,人类参与了建立、训练、编码和评估算法优势的所有阶段。如果算法的目标和法律的目标在事前阶段是完全一致的,人们必须追问:在何种情况下,一个人应该无视算法的建议,在算法已经作出决定后进行干预?

为了了解人类应该如何以及何时进行干预,我们考虑立法者使用算法来使法律个性化的不同方式。算法只能为人类决策者提供有关决策情境的更多信息。或者,算法可以向人类提供决策建议,或者在最极端的情况下,它们可以直接翻译成自动的法律指令。对于给人类的建议,问题将是:人类对这个建议需要给予多大的尊重? 对于自动指令,问题则是:人类何时应该干预并有能力推翻该指令?

虽然算法可以减少错误,但它们不能完全根除错误。错误总是存在的,必须要问的问题是,如何最好地容忍这些错误。但算法和人类犯的错误可能是不同的,一些算法错误将是明显的,人们只需要看看识别图片中物体的算法所产生的错误,就可以确定目标是否不匹配。[73] 因此,在错误类型明确的情况下,人类可以进行干预。但在其他情况下,错误将难以识别。算法通常会识别出违反直觉的联系,即使这些联系是准确的,对人类来说也可能是错误的。在这种情况下,人类应该小心,而不要破坏算法识别这些联系的能力所带来的价值,当算法的好处在于它减少了人类的偏见和行为错误时,这点尤其正确。

此外,当可预测性至关重要时,我们可能不希望人类干扰算法,给法律体系注入不一致性。同样,当立法者对结果的预先承诺非常重要时,限制人为干预的可能性将是重要的。[74] 当预先承诺或克服人为偏见是重要的时候,人为干预应保持在最低限度。[75]

---

[72] 塞尔布斯特和巴罗卡斯教授在略有不同的背景下提出了类似的观点。See Andrew D. Selbst, Solon Barocas, "The Intuitive Appeal of Explainable Machines", 87 *Fordham L Rev* 1085, 1133 (2018), archived at http://perma.cc/7T3M-D7LU ("关于证明模型合理性的问题通常只是伪装下的政策问题。")。

[73] 塞尔布斯特和巴罗卡斯列举了实验算法所犯的一些有趣的错误——有些明显,有些不那么明显。Id at 1122-26.

[74] 见注释[45][46]所附文本。

[75] 在私人情境中,正如芬内尔教授指出的那样,个人通常希望阻止他们自己去干涉将来的指令,以解决行为自控问题。See Fennell, 86 *U Chi L Rev* at 434-47 (注释[46]).同样,当政府使用微观指令来预先做出承诺时,人为干预将适得其反。

(四) 透明度

与人为干预问题密切相关的是透明度问题。一些人认为,算法推理必须是透明的,这样我们才能负责任地使用它们。支持透明度的原因之一是,它为有关人为干预的决策提供了信息。虽然传统的统计技术使用户能够理解决策中不同变量的权重和相互作用,但更复杂的机器学习算法不允许这样的解释。这在一定程度上是正确的,因为算法正在识别人类直觉无法识别的非直觉联系。正如安德鲁·塞尔布斯特(Andrew Selbst)和索伦·巴罗卡斯(Solon Barocas)教授指出的那样,透明度问题"在机器学习的情况下是一个特别明显的问题,因为它的价值主要在于发现机制,这种机制远远超出了人类直觉"。[76]

评论家认为,立法者将责任委托给推理和决策不透明的算法是不负责任的。然而,这些担忧是错误的。[77] 首先,它建立在错误的比较上。算法决策的批评者经常强调人类法官为他们的意见提供理由的重要性,[78]但是人脑比机器学习算法更像是一个黑箱。法官的书面意见可能只是为实际上由其他因素得出的意见提供事后证明。[79]

其次,解决的方法在别处。算法个性化需要人类过程的透明度,而不是计算机推理的透明度。测试算法有效性的相关信息将是给定的目标是什么(以及该目标是如何发展的),算法如何编程以实现该目标,如何选择数据以及审计算法性能的数据。[80]

(五) 规制提供者

最后,通过大数据实现个性化法律最重要的后备问题之一是谁提供(以及谁掌握)个性化(的能力),这在我们讨论过的各种方法中都是如此。我们在其他地方也

---

[76] Selbst and Barocas, 87 *Fordham L Rev* at 1129 (注释⑫);id at 1094(指出一个算法有能力学习"人类可能忽略或无法识别的东西……用机器学习开发的模型非常复杂,因此人类无法解析")。

[77] 塞尔布斯特和巴罗卡斯对透明度论点中的各种缺陷进行了深入分析。See id at 1089-93.

[78] 这一批评揭示了对法官工作的一种特别的学术偏见。虽然法学院教学的上诉判决有书面意见支持,但下级法院的法官经常在没有事后可以审查的书面意见的情况下,对动议和反对意见进行裁定,并下达命令。

[79] 事实上,司法意见中说理原因与实际原因之间的脱节是主要驱动力,这种现象在司法行为领域普遍存在。学者们早就意识到,许多没有在意见中说明的因素可能会推动结果。See generally, for example, Nicola Gennaioli and Andrei Shleifer, "Judicial Fact Discretion", 37 *J Legal Stud* 1 (2008)(模拟法官如何发现事实,并讨论书面意见中的事实摘要不可信);Jerome Frank, "Are Judges Human? Part One: The Effect on Legal Thinking of the Assumption That Judges Behave Like Human Beings", 80 *U Pa L Rev* 17, 33-38 (1931)(解释说即使是最诚实的法官也会受到法外因素的影响,比如他们自己的成见)。

[80] 塞尔布斯特和巴罗卡斯在他们的文章中也提出了类似的建议。Selbst and Barocas, 87 *Fordham L Rev* at 1130-33 (注释⑫)(指出个性化将"需要流程、文档和对这些文档的访问",并提出算法影响声明的想法)。

指出过这一点。[81]正如吉莉安·哈德菲尔德(Gillian Hadfield)教授所说,她认为这将是所有法律中最重要的变化之一。[82]此外,安德鲁·弗斯坦(Andrew Verstein)教授在这次研讨会上也对这个问题作了深入的分析。[83]所以我们对这个话题只简单说几句。

自动化算法的方式需要公共或私人软件提供商,一种调查数据的方法需要一个公共或私人的调查过程。对私人供应商的担忧是它可能操纵或玩弄系统,它可能与其他私人行为体结盟。了解底层代码、进行超前调查或提前访问数据可能会给某些团体带来不对称的优势。

同样,关键是对算法目标的分析。私人创建的算法可能只用于纠正一种错误。例如,丹·伯克(Dan Burk)教授在研讨会上指出,版权的私人执行者可能只关注减少侵权。[84]如果利益相关方正在创建的算法定义了法律边界,法律如何才能最好地实现反映立法者目标的结果呢?

即使算法的提供者是中立的一方,提供者也可能不愿意披露算法是如何创建的。[85]当私人供应商为了提高竞争壁垒而有经济动机去掩盖产生特定结果的原因,或者由于常客(repeat-player)问题而有理由偏袒一方时,情况尤其如此。[86]

在这些情况下,法律应要求政府提供者或实施对这些第三方提供者的规制。[87]在这一点上,法律必须积极主动。法律的个性化很可能以不同的方式和各种各样的来源进行发展,在立法机关采取任何行动很早之前就会成为一种普遍现象。[88]

四、结论

这篇文章的关键主题是,个性化的一切都要回到目标。如果有人通过使用算法

---

[81] See Casey and Niblett, 43 *J Corp L* at 30-32(注释⑫)。
[82] Hadfield, *Rules for a Flat World* at 323-45(注释⑫)(描述第三方提供法律基础设施的潜在缺陷和好处)。
[83] See generally Verstein, 86 *U Chi L Rev* 551(注释⑫)。丽贝卡·韦克斯勒(Rebecca Wexler)还对私有的量刑算法所固有的问题进行了深思熟虑的分析。See generally Rebecca Wexler, "Life, Liberty, and Trade Secrets: Intellectual Property in the Criminal Justice System", 70 *Stan L Rev* 1343 (2018)。
[84] Dan L. Burk, "Algorithmic Fair Use", 86 *U Chi L Rev* 283, 284 (2019)。
[85] See Wexler, 70 *Stan L Rev* at 1364-68(注释[83])(举例说明了在审前排除非法证据听证的情况下,"第三方开发者将试图利用知识产权法作为对抗司法审查的盾牌")。
[86] See Casey and Niblett, 43 *J Corp L* at 28-29(注释⑫)
[87] See Verstein, 86 *U Chi L Rev* at 567-72(注释⑫)(讨论法律何时应该私人化);Gillian Hadfield, *Producing Law for Innovation*, in *Rules for Growth: Promoting Innovation and Growth through Legal Reform* 23, 39-44 (Kauffman, 2011)(建议允许第三方在规制市场中竞争)。
[88] See Hadfield, *Producing Law* at 52-53(注释[87])。

提出个性化法律的好处,他必须回答算法是否正在达到法律的目标。这将是三种选择的比较分析:(1)大数据的个性化,(2)人类法官的个性化,(3)没有个性化。只要大数据比人类提供更好的结果,比生硬的事前规则提供更好的结果,那么人们就不应该仅仅因为它们不完美而拒绝它们。人们想要确保法律正实现它被期待的结果(没有昂贵的意外后果),这比次优的选择更好。但前提是立法者已经能够确定一个可衡量的目标。"更好"的法律是什么意思?我们能就一个"更好的"的结果达成规范内容上的一致吗?我们想要一个基于结果主义的法律还是一个更多反映义务论方法的法律呢?

因此,新个性化的趋势给立法者提出了一个挑战,这个挑战迄今为止相对容易搁置到未来:我们到底想要法律实现什么?当这一切都结束时,它不会是因为技术上的不可行或缺乏数据阻碍个性化法律,而是人类不可能在法律被设计去做什么上达成一致。

第二部分

区块链技术的财产权保障指南

李雅琪[*]　葛江虬[**]

一、区块链技术及其财产权侵害风险

(一) 区块链技术概述

区块链(Block Chain)这一概念于2008年由中本聪在论文《比特币:一种点对点的电子现金系统》中被首次提出,其本质是一种去中心化的分布式数据库,也是一种集分布式存储、P2P传输、共识机制、非对称加密算法、数字签名等技术于一身的创新应用模式。

从信息组织结构上而言,区块链可以视为一个链状结构,由存有交易信息的各个区块按照交易发生的时间先后顺序连接而成。区块作为构成区块链的基本单位,由负责与前一区块链接的区块头和包含详细交易信息的区块主体两部分组成,可以看作用于记录交易信息的一个个数据容器。其中,区块头又包含当前区块哈希值、父节点的哈希值、时间戳、用于工作量证明的Nonce随机数、用于验证当前区块交易完整性的Merkle根等数据。由于每个区块具有唯一的哈希值,因此区块头中父节点的哈希值使其指向其唯一的父区块,从而使各区块衔接成链。区块链组织结构示意图如图1所示。

区块链独特的构造使得其具备一系列技术特性,主要包括:(1)区块链的去中心化特性保证安全可信。区块链的本质是一个去中心化的分布式账本数据库,其核心思想是单点发起、全网广播、交叉验证、共同记账,[①]为数据在多主体间的互联互通提

---

[*] 李雅琪,复旦大学法学院硕士研究生。
[**] 葛江虬,法学博士,复旦大学法学院副教授。
[①] 陈纯:"院士科普'区块链'",《中国中小企业》2019年第12期。

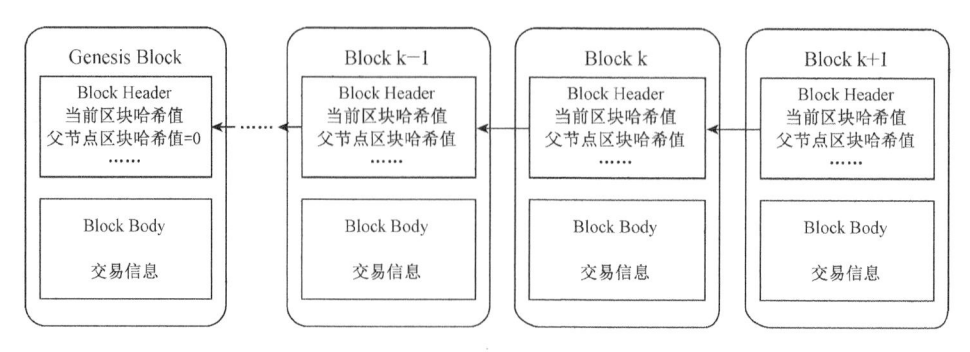

图 1　区块链组织结构示意图

供了安全可信的环境。(2)区块链的不可篡改性保证数据权威、抗抵赖。在区块链的结构中,除非攻击者拥有超过51%的算力,能够同时控制区块链系统中51%以上的用户节点,否则无法对于区块链上的数据进行篡改或删除。

正如一篇于2015年刊登于《经济学人》的文章所称,区块链使得彼此之间缺乏信任感的人们无须通过中立的中央机构即可进行协作,是一台创造信任的机器。[②]

(二) 区块链技术的财产权侵害风险

1. 侵犯以区块链为底层技术的虚拟财产

区块链这一概念提出的初衷,便是针对比特币设计的密码解决方案。可以说,区块链因比特币而诞生。直至现在,区块链技术应用最为成熟的领域仍是以比特币为代表的数字货币。

关于比特币等虚拟货币的法律属性,我国民法界尚未达成一致意见。一种观点认为,包括比特币在内的网络虚拟财产,是虚拟的、假设的,不是客观存在的,不符合作为物权客体的条件。但该种虚拟财产可以作为"民事利益"受侵权责任法或者合同法的保护。[③] 该种观点以梁慧星提出的意见作为代表。另一种观点则认为,包括比特币在内的网络虚拟财产是虚拟物,可以建立物权,因而网络虚拟财产是物权的客体。[④] 该种观点以杨立新提出的意见作为代表。

《民法典》第127条规定:"法律对数据、网络虚拟财产的保护有规定的,依照其规定。"该规定位于《民法典》第5章,即民事权利部分。可见,虽然关于比特币等虚拟货币的法律属性存在争议,但毋庸置疑的是,比特币等虚拟货币属于我国民法所承

[②] "The Trust Machine", *The Economist*, 31 October 2015, https://www.economist.com/leaders/2015/10/31/the-trust-machine, last visited on 2022-10-14.
[③] 梁慧星:《民法总论(第5版)》,法律出版社2017年版,第155页。
[④] 杨立新:"民法总则规定网络虚拟财产的含义及重要价值",《东方法学》2017年第3期。

认的财产权客体,对于虚拟货币的侵犯意味着对于权利主体财产权的侵害。

具体而言,侵犯以区块链为底层技术的虚拟财产又可分为以下4种常见样态,在此主要以比特币为例进行展开:

(1) 传播勒索病毒索取比特币

行为人以非法获取比特币为目的,在互联网上广泛传播勒索病毒。该种病毒利用各种加密算法对互联网用户计算机信息系统所存储的文件进行加密,使得被害人电脑上的文件无法打开,只能通过交付赎金的方式获取密码后解密,被勒索的赎金一般仅限于比特币。⑤ 勒索者利用比特币去中心化、匿名性以及全球化的特点,以匿名的方式设立比特币账户收取被害人交付的赎金,使得监管者难以查明其真实身份。一度肆虐全球的WannaCry、Petya、Bad Rabbit等比特币勒索病毒均属此类。

(2) 利用智能合约漏洞窃取资产

智能合约和其他软件代码一样,或多或少地存在安全漏洞与技术错误。区块链基于共识机制运行,这意味着其代码必须开源、透明,任何用户都可以下载使用,这便给黑客提供了钻营代码漏洞的机会。

2016年6月17日,当时区块链业界最大的众筹项目The DAO遭到黑客攻击。黑客利用The DAO代码中的一个递归漏洞,利用自己的DAO资产不断从The DAO项目的资金池中分离资产,致使约360万以太币(现价超过90亿美元)被转移出该项目的资产池。⑥

区别于一般的软件代码漏洞,基于区块链不可篡改的特性,代码一旦被发布到区块链上就无法通过打补丁等方式进行修改,其漏洞很可能带来难以挽回的损失。The DAO事件中,为追回被黑客盗取的以太币,以太坊不得不对其区块链进行硬分叉将被盗走的以太币回滚。然而,2017年5月,加拿大最大的加密货币交易所QuadrigaCX宣布,因以太坊的硬分叉后用于分离以太坊和以太坊经典的余额的代码出现了错误,该交易所永久损失了价值超过1 400万美元的以太币。⑦ 此外,这一举措也引起了巨大争议:区块链的硬分叉违背了其去中心化、不可篡改的特性,而这样的特性正是此类基于区块链的虚拟货币的价值所在。

---

⑤ 张庆立:"区块链应用的不法风险与刑事法应对",《东方法学》2019年第3期。
⑥ Emily Nicolle, "Attacker Behind Record 2016 Crypto Hack Might Have Been Found", Bloomberg, 22 Feb. 2022, https://www.bloomberg.com/news/articles/2022-02-22/attacker-behind-record-2016-crypto-hack-might-have-been-found, last visited on 2023-10-24.
⑦ Stan Higgins, "Ethereum Client Update Issue Costs Cryptocurrency Exchange $14 Million", CoinDesk, 2 June 2017, https://www.coindesk.com/markets/2017/06/02/ethereum-client-update-issue-costs-cryptocurrency-exchange-14-million/, last visited on 2022-10-17.

(3) 比特币账户唯一私钥遗失或损毁

由于区块链具有去中心化的特性,以其为底层技术的比特币等虚拟货币没有特定的中心发行机构,因此,比特币不具备Q币、游戏账号等传统虚拟财产的可复原性。一旦比特币持有者唯一的比特币账户私钥被遗失或损毁(包括将他人唯一私钥备份删除、加密等方式),无法通过挂失等方式找回私钥。加之比特币具有匿名性,私钥是比特币持有者证明其所有权的唯一凭证,一旦私钥遗失或损毁将意味着原持有者永久丧失对相应比特币的支配力,[8]甚至意味着相应比特币从此不具有任何价值。

(4) 比特币外围平台安全性堪忧

理论上,任何用户均可以下载比特币、以太坊等虚拟货币所在的区块链代码,通过运行一个节点来获取或者与他人交换比特币,成为一名"矿工"。但在实践中,对于技术和硬件的严苛要求导致大多数比特币用户并非"矿工",转而通过比特币交易所进行法定货币与比特币的交易,并借助比特币钱包服务管理自己的比特币账户私钥,使用通常的用户名和密码管理其所持有的比特币。大部分比特币持有者通过比特币钱包与比特币交易所间接管理其所有的比特币,这样的模式使得比特币的安全性严重依赖此类比特币外围平台的安全性,用户必须像信任银行一样信任比特币钱包与比特币交易所。

遗憾的是,正如密码学家尼克·萨博(Nick Szabo)在其推特中所言,"比特币本是世上安全性最高的金融网络,但其中心化的外围平台却非常不安全"。[9]比特币市场的全球性也导致政府难以对比特币交易所进行有效的监管,比特币交易所与比特币钱包因受到黑客攻击而导致用户虚拟财产遭受损失的事件时有发生。譬如2011年,日本最负盛名的Mt. Gox比特币交易所的85万个比特币(当时价值约4亿美元)被黑客洗劫一空,Mt. Gox也因此破产倒闭。[10] 2017年7月,以太坊钱包Parity遭到攻击,黑客利用一个多重签名智能合约中的漏洞盗取了15万个ETH数字货币,价值约3 000万美元。

2. 区块链自身技术特性暗藏财产损害风险

(1) 共识机制下的算力垄断风险

在区块链的结构中,区块的确认遵从少数服从多数原则,一旦行为人掌握了

---

[8] 王熠珏:"'区块链+'时代比特币侵财犯罪研究",《东方法学》2019年第3期。
[9] 〔美〕凯文·沃巴赫:"信任,但需要验证:论区块链为何需要法律",林少伟译,《东方法学》2018年第4期。
[10] "MtGox赔付将近 安全警钟长鸣",载微信公众号"蜂巢Tech",2021年11月18日。

51%以上的算力,便可以随意篡改和伪造区块链数据。如果某一区块链尚处于起步阶段,节点较少,掌握半数以上节点对其实现控制便相对容易;如果某一区块链已臻于完善,拥有大量的节点,此时高昂的激励也诱惑着不法分子挑战高难的技术对其进行"51%的攻击"。[11] Bitcoin Gold 比特币交易所就曾遭受此类攻击,黑客大量部署服务器通过"51%的攻击"控制 Bitcoin Gold 超过一半的网络哈希率,从而修改区块链交易数据,进而实现"双花(double-spending)攻击",即使得同一笔钱被交易两次,牟利超过 1 800 万美元。[12]

另外,据报道,目前比特币算力呈现被头部企业垄断的趋势,超过90%的比特币算力集中在不到20家企业手中,其中比特大陆(Bitmain)的算力占有率达53%,已然构成51%攻击的潜在风险。[13]

(2) 区块链公链存在"不可能三角"

区块链公链的共识机制决定了"不可能三角"的存在,即无法兼顾去中心化、安全与效率,只能三者取其二。

目前主流的区块链公链项目都在其中某一方面作出了牺牲。譬如 EOS 选择了安全与效率,直接采用 DPOS 共识,通过设置 21 个超级节点,降低去中心化程度以保证效率,交易效率可达每秒 2 000 笔以上[14],但反对者认为超级节点的存在已然背叛了区块链去中心化的根本特质。比特币则为了满足去中心化与安全两大要求,牺牲了效率,平均每 10 分钟产生一个区块链,平均每秒可完成 7 笔到 10 笔交易,如工商银行原行长杨凯生所说,"这个速度是银行难以承受的,更是广大客户无法承受的"。[15] 在这样的选择下,采用区块链进行记录的交易频率不能过高,否则就会因为确认速度跟不上交易速度而产生风险。[16]

(3) 利用他人设备算力挖矿

以区块链为底层技术的虚拟货币通常给予每个成功创建区块的矿工一定数量的虚拟货币作为奖励,因此,矿工们积极地从事挖矿工作。生成新的区块需要满足工作量证明(Proof-of-work),矿工必须不断选取不同的随机数(Nonce)进行尝试,直至新的区块头的哈希值满足系统规定的难度值要求(前 N 位均为 0)。这一机制对于矿工

---

[11] 崔志伟:"区块链金融:创新、风险及其法律规制",《东方法学》2019 年第 3 期。
[12] "黑客使用51%算力攻击热门比特币交易所,牟利 1 800 万美元",载"安全内参"网,https://www.secrss.com/articles/2981,最后访问时间:2022 年 10 月 3 日。
[13] "Bitmain Mining Monopoly: Dancing with the Devil", Bitcoinist, https://bitcoinist.com/bitmain-bitcoin-mining-dominance/, last visited on 2022-10-27.
[14] "区块链'不可能三角'的下一个突破口",载微信公众号"元宇宙见闻",2021 年 11 月 15 日。
[15] 张歆:"监管应跟随区块链技术演进同步加强",《证券日报》2018 年 4 月 28 日。
[16] 汤媛媛:"区块链风险治理:困境与规制",《税务与经济》2020 年第 5 期。

所用设备的计算能力提出了很高的要求,计算能力越高,最先满足工作量证明要求生成新区块的可能性越高,得到的收益也就相应提高。然而,高算力往往意味着昂贵硬件设备与电费的支出。于是,一些贪婪的矿工在部分常用的网站或软件中嵌入用于挖矿的代码,用户一旦访问相应网站或下载相应软件,挖矿病毒便会感染用户的电脑,利用其设备的算力进行挖矿。这样的攻击被称作加密劫持(Cryptojacking),在用户不知情的情况下,使得其电力资源与设备的计算资源遭到大量损耗。

二、比较视野下的区块链技术规制

(一)中国

1. 监管规范

(1)部门规章

《区块链信息服务管理规定》由国家互联网信息办公室于2019年1月10日发布,于2019年2月15日正式施行。这是我国第一部有关区块链技术应用的部门规章,该规定的出台标志着我国对于区块链在金融领域应用的监管逐渐成熟。该规定对于区块链信息服务、区块链信息服务提供者进行了定义,同时确立了区块链信息服务提供者的内容安全管理责任、区块链使用者身份实名制要求、区块链信息服务提供者的安全评估义务、安全隐患整改义务以及区块链信息服务备案管理要求。该规定旨在明确区块链信息服务提供者的信息安全管理责任,规范和促进区块链技术及相关服务健康发展,规避区块链信息服务安全风险,为区块链信息服务的提供、使用、管理等提供有效的法律依据。[17]

(2)规范性文件

纵观我国现有区块链监管规范,可以发现有关部门"将比特币与支撑其应用的区块链技术区分的态度",即"去币取链":一方面,针对以比特币为代表的虚拟货币高风险的特质,我国采取了严厉、审慎的管制型监管态度;另一方面,我国政府高度重视区块链技术在重点行业数字化转型、数字产业化、数据要素市场化流通等方面的积极作用,出台了一系列政策鼓励、推动区块链技术在加密货币以外领域的应用。[18]

---

[17] "国家互联网信息办公室发布《区块链信息服务管理规定》",载中国网信网,http://www.cac.gov.cn/2019-01/10/c_1123971138.htm,最后访问时间:2022年10月27日。
[18] 郑戈:"区块链与未来法治",《东方法学》2018年第3期。

目前我国关于虚拟货币的主要监管规范如下表所示：

表1　近年国家层面涉及"区块链技术"的规范性文件汇总

发布时间	发布部门	规范性文件名称	具体内容
2013.12	中国人民银行、工信部、银监会、证监会、保监会	《关于防范比特币风险的通知》	明确比特币是一种特殊的虚拟商品而非货币；禁止金融、支付机构从事比特币业务。
2017.9	中国人民银行、中央网信办、工信部、工商总局、银监会、证监会、保监会	《关于防范代币发行融资风险的公告》	全面取缔我国境内代币发行融资(ICO)和场内交易业务。
2018.8	银保监会、中央网信办、公安部、人民银行、市场监管总局	《关于防范"虚拟货币""区块链"名义进行非法集资的风险提示》	打击凭借炒作区块链概念行非法集资、传销、诈骗等侵害公众合法权益的活动。
2021.9	中国人民银行、中央网信办、最高人民法院、最高人民检察院、工业和信息化部、公安部、市场监管总局、银保监会、证监会、外汇局	《关于进一步防范和处置虚拟货币交易炒作风险的通知》	虚拟货币相关业务活动属于非法金融活动，境外虚拟货币交易所通过互联网向我国境内居民提供服务同样属于非法金融活动。金融机构和非银行支付机构不得为虚拟货币相关业务活动提供服务；加强对虚拟货币相关的互联网信息内容和接入管理；加强对虚拟货币相关的市场主体登记和广告管理；严厉打击虚拟货币相关非法金融活动；严厉打击涉虚拟货币犯罪活动。

同时，我国中央与地方均出台了一系列政策规范性文件，推动区块链在虚拟货币以外领域应用。例如，2021年5月27日，工业和信息化部、中央网信办发布《关于加快推动区块链技术应用和产业发展的指导意见》，提出了加快推动区块链技术应用和产业发展的总体要求、重点任务与保障措施。2021年12月12日，国务院发布《"十四五"数字经济发展规划》，强调区块链等技术在数据要素市场化流通、重点行业数字化转型提升、数字产业化、数字经济治理、数字经济国际合作等方面的积极作用。2022年1月30日，中央网信办等十六部门联合公布国家区块链创新应用试点名单，在"区块链+制造""区块链+能源""区块链+政府服务""区块链+政务数据共享""区块链+法治""区块链+税费服务""区块链+审判""区块链+检察""区块链+版权""区块链+民政""区块链+人社""区块链+教育""区块链+卫生健康""区块链+贸易

金融""区块链+风控管理""区块链+股权市场""区块链+跨境金融"等特色领域开展试点建设工作,旨在充分发挥区块链在促进数据共享、优化业务流程、降低运营成本、提升协同效率、建设可信体系等方面的作用。[19]

2. 司法实践

(1) 民事

我国司法审判实践中,涉区块链民事案件主要涉及虚拟货币的合同纠纷。在该类纠纷中,涉虚拟货币交易合同的效力往往存在争议,导致守约方受到的财产权侵害难获救济。

近年来,中国人民银行、中央网信办、最高人民法院等部门单独或联合发布了《关于进一步防范和处置虚拟货币交易炒作风险的通知》等一系列部门规范性文件,通过行政手段对虚拟货币交易、投资等行为进行规制。然而,该些规范的效力位阶虽不属于《民法典》第143条所规定的法律或行政法规,但案涉合同所提供的虚拟货币服务可能被法院认定系为了规避国内金融监管而进行的非法金融服务,由此产生的相应损失不受法律保护。[20]

另外,即使合同被认定为有效,由于我国目前仅承认虚拟货币的场外交易合法,且包括《关于进一步防范和处置虚拟货币交易炒作风险的通知》在内的部门规范性文件已多次释明虚拟货币相关投资交易活动存在法律风险,因此一旦案涉合同被判定存在投资性质,法院往往会适用"自甘风险"规则,拒绝支持当事人的赔偿请求。[21]

(2) 刑事

我国目前司法实践中,涉区块链刑事案件可分为两类:其一,借区块链的名义实施非法集资、传销、诈骗等犯罪行为;其二,滥用区块链技术导致落入刑法规制范围。在具体罪名方面,主要可能构成财产类犯罪、信息网络犯罪和经济犯罪。

首先,以区块链为底层技术的虚拟货币可构成财产类犯罪的对象。虽然虚拟货币交易行为在民法上可能因具有投资性质而被认定为合同无效,但在刑法语境下,虚拟货币具有的稀缺性、价值性和移转可能性等财产属性已得到司法实践的确认,属于刑法意义上的"财物"。

其次,如果行为人明知他人利用虚拟货币交易平台实施犯罪,为其犯罪提供互联网接入、服务器托管、网络存储、通讯传输等技术支持,或者提供广告推广、支付结算

---

[19] "中央网信办等十六部门联合公布国家区块链创新应用试点名单",载中国网信网,http://www.cac.gov.cn/2022-01/29/c_1645059212139691.htm,最后访问时间:2022年10月27日。
[20] 刘思宇与盛林林委托合同纠纷案,北京市第三中级人民法院(2021)京03民终14106号民事判决书。
[21] 中国投资协会新基建投资专业委员会、泰和泰(上海)律师事务所:《2022全球区块链产业规范与治理分析报告》,第31页。

等帮助的,可能构成共同犯罪的同时构成帮助信息网络犯罪活动罪。[22] 例如在"仲某某非法获取计算机信息系统数据"一案中,被告人仲某某通过软件远程控制其在比特大陆公司工位上的电脑,使用权限进入公司租用的阿里云服务器,在比特币钱包程序中插入代码转移了 100 个比特币至其在互联网的个人钱包中,造成比特大陆公司经济损失 3.6 万元。案发后仲某某退还公司 90 个比特币,另 10 个比特币无法找回。法院认为,被告人仲某某采用技术手段非法获取计算机信息系统数据,造成经济损失 1 万元以上,情节严重,其行为已构成非法获取计算机信息系统数据罪。[23]

最后,由于区块链交易具有去中心化、匿名性、跨界性等特质,一些不法分子通过区块链数字货币进行集资诈骗、逃税、组织领导传销活动以及非法经营等违法犯罪活动,导致涉区块链刑事案件中包含大量的集资诈骗罪、洗钱罪、逃税罪、传销罪等经济类犯罪。[24] 特别地,由于数字货币"低投入、高回报"的特点,容易吸引投资者盲目投资。实践中,一些不法分子以投资数字货币作为诱导,通过编造、发行白皮书来完成市场交易的程序,同时给予投资者巨额投资回报收益的承诺,吸引他人投资,最后携款潜逃,构成非法集资罪。[25]

3. 小结

整体而言,我国对于区块链技术的法律规制仍处于摸索阶段,尚未形成体系化的区块链治理规则。具体体现为:缺少专门性法律法规,现有立法无法实现有效治理;现有规范性文件内容缺乏准确性和可操作性;区块链司法治理初现雏形,但尚未形成体系。[26] 对此,学者建议将区块链治理上升到体系化立法层面,而非仅限于"针对个别突出问题的修修补补"。具体而言,应当加强刑法修订与国际合作,严格惩治违法犯罪;弥补民事合同法缺陷,提升智能合约技术;建立私钥法律体系,完善消费者权益保障机制;加强法律创新与移植,完善区块链的前沿法律设计。[27]

(二) 欧盟

2018 年出台的欧盟《通用数据保护条例》(General Data Protection Regulation,简

---

[22] 中国投资协会新基建投资专业委员会、泰和泰(上海)律师事务所:《2022 全球区块链产业规范与治理分析报告》,第 32—33 页。
[23] 仲崇杰非法获取计算机信息系统数据案,北京市海淀区人民法院(2018)京 0108 刑初 1410 号刑事判决书。
[24] 曾昕、刘滔:"规制与惩责:区块链金融交易的刑事犯罪分析",《上海法学研究》2020 年第 18 卷。
[25] 曾昕、刘滔:"规制与惩责:区块链金融交易的刑事犯罪分析",《上海法学研究》2020 年第 18 卷。
[26] 马治国、刘慧:"中国区块链法律治理规则体系化研究",《西安交通大学学报(社会科学版)》2020 年第 3 期。
[27] 程雪军:"区块链技术规制的国际经验与中国策略",《中国流通经济》2021 年第 3 期。

称 GDPR)中规定了数据主体享有"被遗忘权",即数据主体有权要求数据控制者删除其个人数据。显然,这一规定与区块链不可篡改的特性存在冲突。针对这一问题,2019 年 12 月,欧盟议会发布《区块链与通用数据保护条例》(Blockchain and the General Data Protection Regulation),提出了具体的协调思路。[28]

为追求欧盟域内的区块链体系化治理,加速欧盟内部的区块链创新和区块链生态系统的发展,欧盟委员会推动成立了"欧盟区块链瞭望台与论坛"(EU Blockchain Observatory and Forum,简称 EBOF)。2019 年,EBOF 发布《关于区块链和智能合约的法律和监管框架》,针对各国监管部门应当如何治理区块链技术提出了具体建议。具体包括:制订简要而确切的技术术语;尽可能广泛传播其法律解释;选择正确的监管方法;统一法律及其解释。最重要的是,应在整个欧盟范围内最大程度地统一区块链和智能合约监管;帮助决策者深入了解该技术;优先处理高影响力的用例;密切监视不成熟用例的发展,并鼓励自我调节;利用区块链辅助监管;等等。[29]

此外,欧盟积极参与区块链治理规则全球化进程。2018 年 12 月,欧盟立法机构通过了一项名为《区块链:前瞻性贸易政策》的决议,决议中阐述了应如何利用这一新兴技术改善欧盟贸易政策,其中包括自由贸易和互认协议。决议认为,需制定全球范围可交互操作的标准来促进区块链的跨境贸易,从而实现更为流畅的供应链流程,同时呼吁欧盟委员会追踪全球的区块链试点项目,起草相关应用的规则草案。[30]

在加密货币方面,《加密资产市场监管法案》(MiCA)有望于 2024 年生效。MiCA 旨在在欧盟域内通过为加密资产及相关活动和服务建立一套统一的规则,以弥补欧盟现有区块链金融服务立法中的空白。MiCA 在效力层级上属于欧盟法规,对全体欧盟成员国产生效力,将取代各成员国内部原有的加密资产监管框架。欧盟境内的加密资产服务运营主体只需要遵守一个监管框架的要求,就能在 27 个欧盟成员国国内运营,经营者的合规成本将大大降低。具体而言,MiCA 明确了稳定币等加密资产和加密资产服务商的监管规则,为市场主体提供明确指引,使得整个行业规范化发展,利于保护消费者,增强市场信心。需要注意的是,MiCA 可能起到示范法的作用,对全球区块链立法产生影响。[31]

---

[28] 王禄生:"区块链与个人信息保护法律规范的内生冲突及其调和",《法学论坛》2022 年第 3 期。
[29] 马治国、刘慧:"中国区块链法律治理规则体系化研究"。
[30] 马治国、刘慧:"中国区块链法律治理规则体系化研究"。
[31] 刘磊、郑雨奇:"解读:欧盟《加密资产市场监管法案(草案)》(MiCA)(上)",载微信公众号"律动币圈",2022 年 11 月 9 日。

(三) 美国

美国对于区块链技术的监管立法分为联邦政府立法与州立法两个层级。总体而言,美国对区块链技术的规制"以促进区块链技术应用为基本原则,为区块链技术发展提供宽松的法律环境"。[32]

1. 联邦层面

根据美国国会在2018年3月发布的《联合经济报告》,美国联邦政府承认区块链技术的应用潜能,将密切跟踪技术发展,减少事先判断和干预。但是,美国联邦政府对于区块链可能带来的国家安全风险予以高度重视。2017年12月,美国总统特朗普签署通过《2018年国防授权法案》,该法要求在其实施后的180天内,由国防部部长牵头对区块链技术进行安全评估,评估维度包括:区块链技术和其他分布式数据库技术潜在的进攻和防御型网络应用;外国势力、极端组织和刑事犯罪网络对该技术的利用;联邦政府和基础设施网络对该技术的使用或计划使用情况;关键基础设施网络对网络攻击的脆弱性。[33]

在以区块链为底层技术的虚拟财产方面,美国采用了分类监管模式,即根据虚拟财产的功能与属性分类并分别纳入不同的监管框架。对于加密"货币"是否应当被视为证券进行监管,美国证券交易委员会(SEC)和美国商品期货交易委员会(CFTC)存在争议。美国证券交易委员会主张加密"货币"属于特殊的证券,应由其进行监管。美国对某项商品是否属于证券采实质性判断——"豪威测试"(Howey Test)。"豪威测试"将符合以下条件的数字通证均定义为证券:(1)向普通企业投资;(2)利润基于企业经营者的努力;(3)对于投资回报有合理期待。SEC已经明确其对加密货币交易的立场,即使在ICO中发行的代币属于功能型代币,但如果满足豪威测试,该代币仍将被视为受《证券法》监管的证券,发行人必须向SEC履行注册程序,或根据豁免注册要求提供该证券。[34] 相反,美国商品期货交易委员会则认为加密"货币"应该被视为大宗商品,且像比特币等加密"货币"更像虚拟黄金,不是理想的交换媒介。[35] 此外,美国国家税务局将加密"货币"定性为财产,主张个人需对加密"货币"投

---

[32] 马治国、刘慧:"中国区块链法律治理规则体系化研究"。
[33] 杨筱敏、伦一:"区块链监管的美国探索",《中国电信业》2019年第12期。
[34] 中国投资协会新基建投资专业委员会、泰和泰(上海)律师事务所:《2022全球区块链产业规范与治理分析报告》,第44页。
[35] J. Christopher Giancarlo, "Remarks of Chairman J. Christopher Giancarlo to the ABA Derivatives and Futures Section Conference, Naples, Florida", CFTC, 9 Jan. 2018, https://www.cftc.gov/PressRoom/Speeches Testimony/opagiancarlo 34, last visited on 2023-10-29.

资盈利部分纳税。㊱

此外,为促进区块链技术创新和保持美国高新技术在全球的领先地位,2019年7月,美国国会批准了《区块链促进法案》,要求在联邦政府层面成立区块链工作组,推动区块链技术定义及标准的统一,以及区块链在非金融领域更大范围的应用。㊲

2. 州层面

纽约是美国第一个正式推出数字货币监管的州,2015年纽约金融服务局发布"BitLicense监管框架",明确了虚拟货币的货币价值。美国亚利桑那州签署《HB2603法案》(又称《公司区块链技术法案》),承认了区块链存储和交易数据的法律地位,允许企业持有并共享分布式账簿上的数据,并将该法案正式写入州法律。特拉华州的《普通公司法》明确允许企业利用区块链数据库进行记账,包括股票分类账。俄亥俄州则在《SB300提案》中明确了区块链签名和智能合约的法律地位,此提案对现行的俄亥俄州法规做出五项重大修改,在其中的一项修改中,规定区块链存证具备与其他存证同等(相较于通过公证处等第三方权威机构)的法律效力。怀俄明州推出"金融技术沙箱"法案,允许区块链初创公司在监管"沙箱"中运营,为金融产品和服务开发商营造良好的商业环境进而吸引金融科技人才。内华达州通过制定《第398号条例》承认居民使用区块链的权利,同时豁免区块链和智能合约的赋税。㊳

三、监管政策建议与经营者合规提示

(一)监管政策建议

随着区块链技术的快速发展,其对于财产权及金融秩序的风险逐渐显现,如何在保障区块链创新与风险规制之间觅得平衡成为了各国共同的难题。在虚拟货币领域,我国全面取缔的监管方式在学界更是引起了抑制金融科技创新的质疑。有鉴于此,学术界与实务界人士提出如下改进建议。

1. 监管沙盒

监管沙盒是指创建一个"安全空间"供金融科技企业对其可能存在风险的金融

㊱ 姚倩倩:"基于区块链技术的加密"货币"法律问题研究",《经济法学评论》2019年第1期。
㊲ 李广乾:"区块链已成为中美竞争新赛道",载搜狐网,https://www.sohu.com/a/361697136-120138614,最后访问时间:2023年10月29日。
㊳ 马治国、刘慧:"中国区块链法律治理规则体系化研究"。

产品与服务进行测试,为技术创新提供相对稳定的容错环境。这概念最初由英国政府提出,随后在英国、新加坡、日本、加拿大等国家推广试验。[39] 该制度实质上是将金融产品创新的测试机制、消费者保护机制和激励机制结合在一起。具体的运作过程包括三个主要流程:申请、评估和测试。在监管沙盒制度下,企业首先需要申请进入沙盒,通过评估后再进行监管沙盒测试。这种测试是在市场隔离的条件下进行小范围的推广。然而,通过测试并不意味着产品或服务可以直接进入市场。如果企业想要全面推广其产品或服务,仍然需要获得监管许可并且符合各种监管标准。[40]

目前,我国已在北京、上海、深圳、重庆、杭州、苏州、雄安、广州、成都等地区率先开展了金融科技创新监管试点,将区块链技术创新应用纳入"监管沙箱测试",但并未包含虚拟货币相关应用。[41] 2021年10月,我国金融科技创新监管试点首批项目"出箱",包括"基于物联网的物品溯源认证管理与供应链金融""基于区块链的产业金融服务""AIBank Inside 产品""百行征信信用普惠服务"四个项目,标志着中国版"监管沙盒"在机制构建方面形成了完整闭环。[42]

此外,随着跨国区块链网络的发展,有学者建议各国监管机构联合构建多边"监管沙盒"以及相关的区块链风险管理工具,防范数字经济领域的风险溢出。[43]

2. 分类监管

分类监管是指针对不同形式的区块链应用,针对其不同的业务属性确定并建立相应的监督体系。区块链底层技术在各行各业均有相应的应用场景,通过与数字认证等其他技术相结合,衍生出丰富的产品应用,有关部门应当针对各类应用在各行业领域内可能存在的安全风险采取相应的监管措施。[44] 对于以区块链为底层技术的新型数字资产,可区分为货币、商品与证券,应当通过不同的立法分类监管,并在法律完善的前提下再逐步向市场进行开放。[45]

瑞士、新加坡和美国均采用了分类监管制度,并构建了层次化的区块链监管体系。例如,瑞士和新加坡的代币管理规定将代币划分为三类:支付用途的代币、实用类型的代币和证券属性的代币。实用类代币旨在提供数字获取应用或服务的途径,

---

[39] 魏书音:"区块链监管问题研究",《网络空间安全》2018年第10期。
[40] 中伦律师事务所:《中伦区块链法律实务报告2.0版》,第85页。
[41] 马治国、刘慧:"中国区块链法律治理规则体系化研究"。
[42] 余继超:"中国版'监管沙盒'跑完'最后一公里'",《国际金融报》2021年10月11日。
[43] 赵越强:"公共和私有部门数字货币的发展趋势、或有风险与监管考量",《经济学家》2020年第8期。
[44] 魏书音:"区块链监管问题研究",《网络空间安全》2018年第10期。
[45] 王青兰、王喆、曲强:"基于区块链的新型数字资产应用:一种面向监管的弱中心化理论",《西南金融》2020年第4期。

如不构成投资行为,则不需要特别监管;支付类代币用作货物或服务的支付手段,作为货币或价值转移的方式,需要受到《反洗钱法》的监管;资产类代币则受到最严格的监管,因为它们代表了发行方的债券或股权,受到《证券法》的监管。[46]

但是,有学者主张,虽然分类监管模式符合区块链复杂多样的应用形态,但容易导致监管界限不清晰乃至"监管真空"。对此,学者建议可以在对于不同监管对象分类监管的基础上,在监管主体方面进行统一,譬如设置统筹协调小组以协调监管。[47]

3. 准入资质管理

准入资质管理是指监管部门要求加密货币项目在满足准入门槛并获得经营资格后,方可进入市场流通。这一制度在美国、日本等国发展较为成熟。其中,美国由宽松转向严格管理最突出的变化,就是对市场主体的准入资格提高了要求:区块链项目发行首先要通过证监会的测定,若被认定为证券性质的区块链项目需要在证券交易委员会(SEC)进行注册并接受监管。日本国会的《资金结算法》修正案也限定了严格的市场准入条件:任何主体未经监管当局注册登记,不得开展加密货币交易服务,否则将受到罚金或有期徒刑的刑事处罚。采取行业准入资质管理的国家,通过立法明确了加密货币合法的业务范围和经营资格,进一步规范了行业生态。这一制度相较于监管沙盒更为严格,更适用于市场创新涌现、亟须增强监管的国家。[48]

有学者主张,在具备较为完善的监管规则的前提下,我国监管部门可以考虑对证券类区块链数字资产的发行采取备案制,辅以严格的信息披露规则。相较于过于严苛的许可制度,备案制能够更好地顺应新型数字资产发行的初衷,有利于我国数字经济发展。[49]

(二) 经营者合规提示

对于在我国境内提供区块链信息服务的经营者,应当明确我国监管部门"去币取链"的整体态度,遵守我国有关虚拟货币相关禁止性规定,在区块链技术的其他多元化应用场景之下开展业务。在此过程中,区块链信息服务提供者须遵循《网络安全法》《区块链信息服务管理规定》等规定。

---

[46] 中伦律师事务所:《中伦区块链法律实务报告 2.0 版》,第 85 页。
[47] 姚倩倩:"基于区块链技术的加密'货币'法律问题研究"。
[48] 中伦律师事务所:《中伦区块链法律实务报告 2.0 版》,第 84—85 页。
[49] 王青兰、王喆、曲强:"基于区块链的新型数字资产应用:一种面向监管的弱中心化理论"。

1. 遵守我国网络安全一般立法

根据《网络安全法》规定,网络是指由计算机或者其他信息终端及相关设备组成的按照一定的规则和程序对信息进行收集、存储、传输、交换、处理的系统。区块链信息服务符合这一定义,受到《网络安全法》及其他网络安全立法的规制。《网络安全法》对网络安全支持与促进、网络运行安全、网络信息安全、监测预警与应急处置等做了规定,确立了网络安全的基本法律规则。[50]

2. 遵守《区块链信息服务管理规定》

2019年1月10日,国家互联网信息办公室发布了《区块链信息服务管理规定》(自2019年2月15日起施行)。《区块链信息服务管理规定》旨在明确区块链信息服务提供者的信息安全管理责任,规范和促进区块链技术及相关服务健康发展,规避区块链信息服务安全风险,为区块链信息服务的提供、使用、管理等提供有效的法律依据。其中,区块链信息服务提供者须特别注意履行如下合规义务:(1)制定并落实内控管理制度。落实信息内容安全管理责任,建立健全用户注册、信息审核、应急处置、安全防护等管理制度;(2)落实技术要求。区块链信息服务提供者应当具备与其服务相适应的技术条件,对于法律、行政法规禁止的信息内容,应当具备对其发布、记录、存储、传播的即时和应急处置能力,技术方案应当符合国家相关标准规范;(3)制定平台规则和服务协议。区块链信息服务提供者应当制定并公开管理规则和平台公约,与区块链信息服务使用者签订服务协议,明确双方权利义务,要求其承诺遵守法律规定和平台公约;(4)真实身份信息认证。区块链信息服务提供者应当按照《网络安全法》的规定,对区块链信息服务使用者进行基于组织机构代码、身份证件号码或者移动电话号码等方式的真实身份信息认证;(5)安全评估。区块链信息服务提供者开发上线新产品、新应用、新功能的,应当按照有关规定报国家和省、自治区、直辖市互联网信息办公室进行安全评估;(6)合规经营。区块链信息服务提供者和使用者不得利用区块链信息服务从事危害国家安全、扰乱社会秩序、侵犯他人合法权益等法律、行政法规禁止的活动,不得利用区块链信息服务制作、复制、发布、传播法律、行政法规禁止的信息内容;(7)技术安全。区块链信息服务提供者提供的区块链信息服务存在信息安全隐患的,应当进行整改,符合法律、行政法规等相关规定和国家相关标准规范后方可继续提供信息服务;(8)对违法违规行为妥善处置并报告。区块链信息服务提供者应当对违反法律、行政法规规定和服务协议的区块链信息服务使用者,依法依约采取警示、限制功能、关闭账号等处置措施,对违法信息内容及时采取

---

[50] 孙占利:"区块链的网络安全法观察",《重庆邮电大学学报(社会科学版)》2021年第1期。

相应的处理措施,防止信息扩散,保存有关记录,并向有关主管部门报告;(9)备份记录。记录区块链信息服务使用者发布内容和日志等信息,记录备份应当保存不少于六个月,并在相关执法部门依法查询时予以提供;(10)设置投诉举报入口。区块链信息服务提供者应当接受社会监督,设置便捷的投诉举报入口,及时处理公众投诉举报。[51]

---

[51] 《区块链信息服务管理规定》第5—18条。

虚拟现实、增强现实技术的财产权保障指南

毛闻杰[*] 葛江虬[**]

一、虚拟现实、增强现实技术及其财产权侵害风险

（一）虚拟现实、增强现实技术概述

1. 虚拟现实技术概述

虚拟现实技术（Virtual Reality）本质上是一种以计算机技术为核心，并结合电子信息、仿真技术等相关科学技术的现代信息技术。一般而言，虚拟现实的技术原理是生成与一定范围内的真实环境在视、听、触感等方面高度近似的数字化环境，通过用户借助必要的装备的形式，使得用户与数字化环境中的对象进行交互作用、相互影响，从而可以产生亲临对应真实环境的感受和体验。[①] 简言之，虚拟现实技术采用了以计算机技术为核心的现代科技手段与特殊输入/输出设备的共同模拟，以此产生了一个逼真的虚拟世界供用户感受和体验。[②]

追溯虚拟现实技术的发展历史，其经历了自1935年出版的科幻小说《皮格马利翁的眼睛》中第一次提出"虚拟现实"的概念至20世纪60年代伊万·萨瑟兰发明了世界上第一套头盔式虚拟现实设备，再到2016年微软、索尼等科技巨头纷纷推出各自消费级虚拟现实设备的"VR元年"。在近九十年的发展时间内，虚拟现实技术已

---

[*] 毛闻杰，复旦大学法学院硕士研究生。
[**] 葛江虬，法学博士，复旦大学法学院副教授。
[①] 参见赵沁平："虚拟现实综述"，《中国科学（信息科学）》2019年第1期。
[②] 参见田小楚、任岩："论虚拟现实的知识产权保护"，《重庆邮电大学学报（社会科学版）》2021年第3期。

逐步实现了从设想到现实,再到在大众消费者中逐步普及的过程。[3]

当前,虚拟现实技术在教育、医疗、游戏等领域已展现出可被应用的巨大潜力。以游戏领域为例,曾于2003年发布过现象级网络虚拟游戏"第二人生"(Second Life)的 Linden Lab 公司于2017年年初公布了VR版本的模拟人生类游戏"Sensar"。在"Sensar"这款游戏中,游戏用户将在运用虚拟现实技术所构建的高度仿真实世界的数字化环境中进行模拟现实的社交生活。游戏用户甚至可以通过将自我设计的游戏服装、道具和配饰等在游戏的数字商品市场中予以售卖从而在现实世界中有所获利。在法律层面上,此种在虚拟现实技术所营造的仿真世界中产生的数字交易形式也势必会引起如同在真实世界中发生的侵犯知识产权等财产权的现象,因而十分值得关注。

2. 增强现实技术概述

增强现实技术(Augmented Reality)是指通过视觉采集设备或可穿戴显示装置的实时连续标定,将三维虚拟对象稳定一致地投影到用户的视野中,从而达到"实中有虚"的表现效果,即将真实世界信息与虚拟世界信息进行综合的一项新型信息技术。[4] 因此,不同于虚拟现实技术所创造出的一个完全数字化的虚拟环境,增强现实技术将电子数据信息叠加至现有的真实世界环境之上从而使得用户获得真实的体验。

现今,如同虚拟现实技术一般,增强现实技术也在娱乐、医疗、工业设计等领域有着快速的发展与巨大潜力。以2016年发布的一款运用了增强现实技术的手机游戏《宝可梦 Go》(Pokemon Go)为例,游戏用户通过智能手机设备运行该软件后,手机屏幕之上会显示各种各样的宝可梦在用户所处城市的真实地图中的不同位置,游戏用户需要跟随着真实地图的导航在各场景捕捉其心仪的宝可梦并与好友进行对战。在《宝可梦 Go》这款 AR 手机游戏之中,真实世界的地图场景与虚拟世界中通过数字内容所塑造的宝可梦形象相融合,使得游戏用户通过使用智能手机设备的方式,获得一种虚拟的宝可梦形象在真实世界中存在于自己身边的感受。[5]

事实上,《宝可梦 Go》作为一款 AR 手机游戏的代表作,其在全球的影响力是令人惊叹的。自2016年发布的一年时间内,其全球月活跃用户数最高曾达到6 500万

---

[3] 参见高红波:"中国虚拟现实(VR)产业发展现状、问题与趋势",《现代传播(中国传媒大学学报)》2017年第2期。
[4] 参见周忠、周颐、肖江剑:"虚拟现实增强技术综述",《中国科学:信息科学》2015年第2期。
[5] Elizabeth F. Judge, Tenille E. Brown, "Pokemorials: Placing Norms in Augmented Reality", 50 *UBC Law Review* 972, 2017.

人次。以《宝可梦 Go》为典型的增强现实技术在游戏领域中的应用在获得巨大成功的同时,也不时引发了法律层面上民事侵权的风险。诸如游戏用户因捕捉宝可梦而未经许可侵入他人私人住宅的侵权事件在法律上如何归责,以及责任主体的分配等问题,可谓是增强现实技术被广泛应用后在法律层面面临的首要难题。

(二) 虚拟现实、增强现实技术的财产权侵害风险

1. 知识产权侵害风险

虚拟现实技术的广泛应用使得其针对著作权、专利权以及商标权的侵害存在着一定的可能性。

首先,就侵犯著作权的风险而言,可通过"Eros 公司诉托马斯·西蒙"案以及"Eros 公司诉莱瑟伍德"案这两个案件初见端倪。在"Eros 公司诉托马斯·西蒙"案中,原告作为"第二人生"这一款虚拟现实游戏的内容创作者,声称被告通过利用游戏中所存在的漏洞,从而窃取计算机代码后将原告在游戏中所创作的衣服、家具等作品进行售卖并以此牟利。[6] 在"Eros 公司诉莱瑟伍德"案一案中,同样是在"第二人生"这一款虚拟现实游戏中,原告声称被告在未经过其授权的情况下将其在游戏中自主创作的虚拟床以原价的三分之一的价格予以出售并牟利。[7] 综合上述两个案例可见,在虚拟现实技术应用于游戏领域时,由于在一定程度上开放了游戏用户也可参与到游戏内容本身的创作之中且用户的自主创作行为具有一定的获利的可能性,这也势必会引发游戏用户之间关于侵犯自主创作的"虚拟现实"作品著作权的风险。

具体而言,根据我国《著作权法》第 10 条第 2 项、第 6 项的规定"著作权包括下列人身权和财产权:(二)署名权,即表明作者身份,在作品上署名的权利;(六)发行权,即以出售或者赠与方式向公众提供作品的原件或者复制件的权利",若虚拟现实领域用户自主创作的"作品"符合《著作权法》有关作品之认定标准,如前述两个案例中被告冒名作为"作品"创作者并进行售卖予不特定第三人的情形发生在我国,被告之行为即构成针对原告所享有著作权中署名权、发行权的侵害。

从我国现行司法实践的角度,当前已存在"基于他人美术作品运用虚拟现实技术以 VR 作品的形式予以复现"的现实案例。在北京华彩光影传媒文化有限责任公司与北京时光梦幻科技有限公司著作权侵权纠纷一案中,被告公司将原告公司享有著作权的雕塑作品运用虚拟现实技术后形成"VR 作品"并予以公开展示。[8] 该案的

---

[6] See *Eros, LLC v. Thomas Simon*, No. 07-cv-04447-SLT-JMA (E.D.N.Y. 2007).
[7] See *Eros, LLC v. Leatherwood*, No. 8:07-cv-01158 (M.D. Fla. 2008).
[8] 参见北京市朝阳区人民法院(2016)京 0105 民初 51305 号民事判决书。

争议即在于被告运用虚拟现实技术将原先的雕塑作品以"VR 作品"的形式呈现究竟属于针对原告所享有的著作权中的复制权之侵犯,抑或是改编权之侵害。法院在判决中对此问题予以了详细的论证,即针对被告之行为是属于对涉案作品的改编还是复制,应当对 VR 场景显示的效果与涉案作品进行比对,判断该 VR 场景是形成了不同于涉案作品的新作品,还是仅是对涉案作品的原样复制或者不具有独创性地稍加改动后进行复制而仅形成了复制件,而不应当从该 VR 场景产生的技术上进行判断,不能因为该 VR 场景是利用了三维技术形成的,且应用于虚拟现实设备中即当然地认为其属于对案涉作品的改编。一种使用作品的行为是属于复制还是属于改编与使用作品的技术条件无关。基于上述之判定标准,涉案 VR 作品之场景并未形成一个不同于涉案作品的新作品,因此应当认定本案被告时光梦幻公司未经许可在虚拟现实场景的小样中以及展会上播出的宣传片显示的 VR 场景中使用华彩光影公司的涉案作品侵犯了原告华彩光影公司对涉案作品享有的复制权,而非改编权。就本案的争议焦点来说,可发现在涉及运用虚拟现实技术的侵权案件中亦存在着诸多尚待厘清和解决的疑难问题。据此而言,在我国法语境下探讨虚拟现实技术的知识产权侵权风险已具备了相当的现实意义。

其次,有关运用虚拟现实技术侵犯专利权的风险则在"基尼迪克斯公司诉 Meta 公司"一案中有所体现。在该案中,原告控诉被告侵犯了其用于三维空间中实现图像操作和用户输入技术的头显设备专利。[9] 值得一提的是,被告公司于 2017 年 6 月时也曾因其前员工窃取公司专利,并基于此专利开发了一款与其原公司产品极其相似的头显而产生法律纠纷。[10] 因此,在当今虚拟现实技术快速发展以及其拥有着在广泛大众之中普遍应用的潜力的大背景下,作为虚拟现实技术为导向的科技公司若不注重对其所拥有专利进行保护,该技术所具备的易模仿的交互性特性将迅速导致侵权损失的蔓延及维护成本的增加。[11]

由于前述"基尼迪克斯公司诉 Meta 公司"一案是企业间针对虚拟现实技术硬件的专利侵权,侵权行为与一般的专利侵权案件一样都发生于现实世界,这与前述著作权侵权中侵权行为发生于虚拟现实技术所创造的数字化环境的情形相比有所不同,在案件的处理一般情况下遵循现行法针对设备专利侵权的处理方式即可。事实上,通过应用虚拟现实技术侵犯专利权在法律上的难点在于,当专利侵权横跨于现实世界与数字化环境时,究竟该如何处理。在"PS. Prods 公司等诉动视暴雪公司"一案

---

[9] See *Genedics, LLC v. Meta Co.*, No. 17-1062-CJB (D. Del. 2018).
[10] 参见田小楚、任岩:"论虚拟现实的知识产权保护"。
[11] 参见田小楚、任岩:"论虚拟现实的知识产权保护"。

中,原告在真实世界中对电击枪的整体外观注册了外观设计,被告作为一家游戏公司在其虚拟现实游戏《决胜时刻:黑色行动 II》中使用了类似于该电击枪的影像,基于此事实,原告指控被告侵犯了其外观设计。[12] 虽然法院最终依据"一般消费者的判断标准"认定消费者从被告处购买相关物品的行为不会使其认为与原告具有联系,从而判决驳回了原告的诉讼请求。[13] 然而,从外观设计专利的保护范围而言,其仅规制与外观设计专利产品相同或近似种类产品上采用与授权外观设计相同或近似外观设计的情形。[14] 因此,该案事实上并没有揭示在虚拟现实技术所创造的数字化环境与真实世界中物品的外观设计上若近似或相同时,该如何界定横跨于数字化环境与真实世界的外观设计专利是否属于相同或近似产品的问题。换言之,就本案而言,现实世界中的"电击枪"与数字化环境中被应用于游戏中、相类似的"电击枪"二者是否属于近似产品,法院并未给予直接回应。因此,当专利侵权发生的环境横跨于真实世界与数字化环境时,在法律层面上如何认定侵权的成立与否依然存在着一些难点。

最后,针对虚拟现实技术侵犯商标权的情形在一定程度上类似于前述侵犯外观设计专利的案件,即侵权行为发生的环境横跨于真实世界与数字化环境。在"明斯基诉林登实验室"一案中,由于原告注册了名为"SLART"的商标后,一位虚拟现实游戏"第二人生"中的用户在虚拟现实技术所创造的数字化游戏环境中开设了艺术画廊并未经授权使用了"SLART"标识,因此原告试图通过游戏的开发商林登实验室将其违规事件通知该用户,并通知林登实验室要求其删除该侵权内容。但林登实验室拒绝提供这名违规用户的联系方式。于是原告对林登实验室和该名违法用户提起了诉讼,指控被告共同构成了商标侵权。[15] 最终法院的判决支持了原告的诉讼请求,且颁布了一项禁止游戏用户在"第二人生"这一款虚拟现实游戏中侵害"SLART"商标的限制令。[16]

另外值得一提的一点在于,在虚拟现实技术开发的过程中,当前亦存在诸如侵犯商业秘密的现实案例。举例而言,在被喻为"全球虚拟现实第一案"的"ZeniMax Media 公司诉 Oculus 公司"一案中,被告 Oculus 一方的首席技术官约翰·卡马克原系 ZeniMax Media 收购的一家名为"Software ID"公司的联合创始人和技术负责人,而 Oculus 公司的创始人帕尔默则曾与 ZeniMax Media 签署过一份保密协议。具体就本案的争议而言,原告方指控被告 Oculus 公司通过其创始人帕尔默和技术负责人卡马

---

[12] See *P. S. Prods. v. Activision Blizzard*, No. 4:13-cv-00342-KGB (D. Ark. 2014).
[13] 参见王丽颖、刁舜:"我国虚拟现实空间中的知识产权保护规则论纲",《知识产权》2019 年第 10 期。
[14] 参见王迁:《知识产权法教程(第 7 版)》,中国人民大学出版社 2021 年版,第 480 页。
[15] See *Minsky v. Linden Research, Inc.*, No. 1:08 cv 819 (N.D.N.Y. 2009).
[16] 参见王丽颖、刁舜:"我国虚拟现实空间中的知识产权保护规则论纲"。

克不当地获得了己方的一些保密信息及相关技术。例如,卡马克承认自己在加入Oculus之前,从ZeniMax Media处的电脑中拷贝了文件。[17] 虽然最后该案以原被告双方达成和解告终,但本案从技术开发的角度体现了虚拟现实技术相关公司在其技术开发的过程中就其所存在的侵犯他方商业秘密之风险应当予以注意。

2. 物权侵害风险

如前所述,增强现实技术的特性在于其将电子数据信息叠加至现有的真实世界的环境之上从而使得用户获得真实的体验。因此,增强现实区别于虚拟现实技术最大的特点在于其所创造的电子数据需要依附于真实环境,而并非独立存在,也正因此特性使得该技术存在侵犯物权的风险。

以《宝可梦Go》这一款AR手游为例,在其发布之初即有不少关于游戏用户为捕捉稀有的宝可梦从而蜂涌而至他人私有房屋的新闻报道。[18] 更有极端的案例如:在危地马拉曾发生过两名男孩为捕捉位于他人私人房屋内的虚拟宝可梦从而被枪杀。[19] 在未经私人房屋的主人的同意之下,踏入其房屋为捕捉稀有宝可梦的行为在民法层面上是否能够视作为侵害房屋所有权的侵权行为是一个十分值得探讨的问题。以我国现行《民法典》为例,其中第240条是关于所有权的定义,即"所有权人对自己的不动产或者动产,依法享有占有、使用、收益和处分的权利",而第236条至第238条规定了物权遭到损害后物权人所享有的相应请求权。在前述情形中,第三人未经许可侵入他人的私人房屋,在一定程度上不可避免地会使得所有权人对其不动产的"使用"权能产生一定的影响,其若可被定义作为侵害物权的侵权行为,则作为私人房屋的所有权人即享有排除妨害请求权;而当第三人未经许可侵入他人房屋且造成不动产相应毁损的情况下,所有权人则享有恢复原状请求权以及物权损害赔偿请求权。

事实上,在此种侵权行为情况下,游戏开发商是否应承担一定的责任也应当被纳入讨论的范围内。上述诸如游戏用户为捕捉宝可梦而侵入他人私家房屋等类似事件的频频发生在一定程度上也可归结于游戏开发商在游戏系统中有意的设计抑或是存在着漏洞,因而有学者提出了基于此原因,被侵权人可要求游戏开发商作为共同侵权人承担相应的侵权责任。[20]

---

[17] 参见李俊慧:"历时3年,全球'虚拟现实第一案'初步判赔5亿美元!",载微信公众号"中国知识产权报",2017年2月16日。

[18] See Abby Ohlheiser, "What Happens When Pokémon Go Turns Your Home into a Gym", *The Washington Post*, 11 July 2016.

[19] See Andrew Griffin, "Pokemon Go: Teenager Shot Dead While Hunting Creatures", *Independent*, 20 July 2016.

[20] See Mark A. Lemley, Eugene Volokh, "Law, Virtual Reality, and Augmented Reality", 166 *University of Pennsylvania Law Review* 1051, 2018.

二、比较视野下的虚拟现实、增强现实技术规制

(一) 中国

当前,中国针对虚拟现实、增强现实技术并未进行专门立法,且在行政法规、部门规章以及规范性文件中所涉及"虚拟现实""增强现实"技术时一般以原则性规定为主,即鼓励上述两项技术的未来发展,没有针对其作专门规制。

举例而言,在国务院办公厅于2020年10月颁布的《国务院办公厅关于推进对外贸易创新发展的实施意见》中提及了"充分运用第五代移动通信(5G)、虚拟现实(VR)、增强现实(AR)、大数据等现代信息技术,支持企业利用线上展会、电商平台等渠道开展线上推介、在线洽谈和线上签约等"。2022年11月,工业和信息化部、教育部、文化和旅游部、国家广播电视总局、国家体育总局等五部门联合印发了《虚拟现实与行业应用融合发展行动计划(2022—2026年)》,该计划确立了虚拟现实(含增强现实、混合现实)作为新一代信息技术重要前沿和数字经济重大前瞻领域的定位,并提出虚拟现实产业的发展目标是:到2026年,我国虚拟现实产业总体规模超过3 500亿元,虚拟现实终端销量超过2 500万台,培育100家具有较强创新能力和行业影响力的骨干企业,打造10个具有区域影响力、引领虚拟现实生态发展的集聚区,建成10个产业公共服务平台。[21] 同时,该计划亦明确了虚拟现实、增强现实的多场景应用之前景,即在工业生产、文化旅游、体育健康、演艺娱乐、智慧城市等多领域深化虚拟现实、增强现实技术与行业领域之间的有机融合。

表1 近两年(2021、2022)国家层面涉及"虚拟现实、增强现实技术"的规范性文件汇总

发布时间	发布部门	规范性文件名称	具体内容
2022.12	文化和旅游部、国家文物局	《支持贵州文化和旅游高质量发展的实施方案》	推动数字技术的应用与创新。推动5G、大数据、云计算、物联网、区块链、虚拟现实、增强现实等新技术在贵州文化和旅游领域的应用。支持贵州征集遴选一批数字文化、智慧旅游创新项目,培育打造一批数字文化和智慧旅游示范项目。支持贵州打造"一码游贵州"智慧文旅品牌,建设贵州智慧旅游枢纽平台,开展智慧旅游标准体系建设,推动4A级以上旅游景区智慧化转型升级。

---

[21] 参见赵芸芸、陈苏:"虚拟现实与行业应用融合的法律展望",载微信公众号"北京植德律师事务所",2022年11月23日。

(续表)

发布时间	发布部门	规范性文件名称	具体内容
2022.12	国家互联网信息办公室、工业和信息化部、公安部	《互联网信息服务深度合成管理规定》	深度合成技术,是指利用深度学习、虚拟现实等生成合成类算法制作文本、图像、音频、视频、虚拟场景等网络信息的技术。
2022.11	工业和信息化部	《虚拟现实与行业应用融合发展行动计划(2022—2026年)》解读	《行动计划》提出五大重点任务。 任务一:推进关键技术融合创新。提升"虚拟现实+"内生能力与赋能能力,加快近眼显示、渲染处理、感知交互、网络传输、内容生产、压缩编码、安全可信等关键细分领域技术突破,强化与5G、人工智能等新一代信息技术的深度融合。 任务二:提升全产业链条供给能力。面向大众消费与行业领域的需求定位,全面提升虚拟现实关键器件、终端外设、业务运营平台、内容生产工具、专用信息基础设施的产业化供给能力。提升终端产品的舒适度、易用性与安全性。 任务三:加速多行业多场景应用落地。面向规模化与特色化的融合应用发展目标,在工业生产、文化旅游、融合媒体、教育培训、体育健康、商贸创意、演艺娱乐、安全应急、残障辅助、智慧城市等领域,深化虚拟现实与行业有机融合。 任务四:加强产业公共服务平台建设。面向行业共性需求,依托行业优势资源,重点建设共性应用技术支撑平台、沉浸式内容集成开发平台、融合应用孵化培育平台,持续优化虚拟现实产业发展支撑环境。 任务五:构建融合应用标准体系。加强标准顶层设计,构建覆盖全产业链的虚拟现实综合标准体系。加快健康舒适度、内容制作流程等重点标准的制定推广,推动虚拟现实应用标准研究。
2022.10	工业和信息化部、教育部、文化和旅游部、国家广播电视总局、国家体育总局	《虚拟现实与行业应用融合发展行动计划(2022—2026年)》	虚拟现实(含增强现实、混合现实)是新一代信息技术的重要前沿方向,是数字经济的重大前瞻领域,将深刻改变人类的生产生活方式,产业发展战略窗口期已然形成。为深入贯彻《中华人民共和国国民经济和社会发展第十四个五年规划和2035年远景目标纲要》相关部署,提升我国虚拟现实产业核心技术创新能力,激发产业服务体系创新活力,加快虚拟现实与行业应用融合发展,构建完善虚拟现实产业创新发展生态,制订本行动计划。

(续表)

发布时间	发布部门	规范性文件名称	具体内容
2022.05	国务院办公厅	《关于推动外贸保稳提质的意见》	积极应用虚拟现实(VR)、增强现实(AR)、大数据等技术,优化云上展厅、虚拟展台等展览新模式,智能对接供采,便利企业成交。
2022.04	国务院办公厅	《关于进一步释放消费潜力促进消费持续恢复的意见》	推进第五代移动通信(5G)、物联网、云计算、人工智能、区块链、大数据等领域标准研制,加快超高清视频、互动视频、沉浸式视频、云游戏、虚拟现实、增强现实、可穿戴等技术标准预研,加强与相关应用标准的衔接配套。
2022.01	教育部、国家发展改革委、民政部、财政部、人力资源社会保障部、国家卫生健康委、中国残疾人联合会	《"十四五"特殊教育发展提升行动计划》	鼓励有条件的地方充分应用互联网、云计算、大数据、虚拟现实和人工智能等新技术,推进特殊教育智慧校园、智慧课堂建设。
2022.01	国务院	《"十四五"旅游业发展规划的通知》	加快推动大数据、云计算、物联网、区块链及5G、北斗系统、虚拟现实、增强现实等新技术在旅游领域的应用普及,以科技创新提升旅游业发展水平。
2022.01	国务院	《"十四五"数字经济发展规划》	创新发展"云生活"服务,深化人工智能、虚拟现实、8K高清视频等技术的融合,拓展社交、购物、娱乐、展览等领域的应用,促进生活消费品质升级。
2021.11	国家发展和改革委员会	《关于推动生活性服务业补短板上水平提高人民生活品质若干意见的通知》	促进"服务+制造"融合创新,加强物联网、人工智能、大数据、虚拟现实等在健康、养老、育幼、文化、旅游、体育等领域应用,发展健康设备、活动装备、健身器材、文创产品、康复辅助器械设计制造,实现服务需求和产品创新相互促进。
2021.10	国家发展和改革委员会	《关于推广"十三五"时期产业转型升级示范区典型经验做法的通知》	加快培育发展数字经济,促进产业数字化和数字产业化:北京市石景山区利用区域资源禀赋,培育发展虚拟现实产业,成立工业互联网产业园和北京城市大数据研究院,开展产业转型升级"十大"攻坚工程。
2021.07	工业和信息化部、中央网络安全和信息化委员会办公室、国家发展和改革委员会、教育部、财政部、住房和城乡建设部、文化和旅游部、国家卫生健康委员会、国务院国有资产监督管理委员会、国家能源局	《5G应用"扬帆"行动计划(2021—2023年)》	推动虚拟现实/增强现实等沉浸式设备工程化攻关,重点突破近眼显示、渲染处理、感知交互、内容制作等关键核心技术,着力降低产品功耗,提升产品供给水平。重点支持建设与5G结合的室外北斗高精度定位、室内5G蜂窝独立定位、人工智能、超高清视频、增强现实/虚拟现实(AR/VR)等共性技术平台,提供跨行业的5G应用基础能力。

(续表)

发布时间	发布部门	规范性文件名称	具体内容
2021.05	工业和信息化部	《"5G+工业互联网"十个典型应用场景和五个重点行业实践》	将利用5G及增强现实/虚拟现实(AR/VR)技术建设或升级企业研发实验系统的协同研发设计纳入"十个典型应用场景"。
2021.03	工业和信息化部	《"双千兆"网络协同发展行动计划（2021—2023年）》	增强现实/虚拟现实(AR/VR)、超高清视频等高带宽应用进一步融入生产生活，典型行业千兆应用模式形成示范。鼓励基础电信企业、互联网企业和行业单位合作创新，聚焦信息消费新需求、新期待，加快"双千兆"网络在超高清视频、AR/VR等消费领域的业务应用。
2021.02	网信办、全国"扫黄打非"工作小组办公室、工业和信息化部、公安部、文化和旅游部、市场监管总局、广电总局	《关于加强网络直播规范管理工作的指导意见》	筑牢信息安全屏障。利用基于深度学习、虚拟现实等技术制作、发布的非真实直播信息内容，应当以显著方式予以标识。

在我国语境下，针对前述第一部分中应用虚拟现实与增强现实技术所可能产生的侵害财产权的法律风险之问题目前尚无专门立法予以规制，只能遵循《民法典》《著作权法》《商标法》等现行的一般法予以救济。正如前述"北京华彩光影传媒文化有限责任公司与北京时光梦幻科技有限公司著作权侵权纠纷"一案的争议焦点，现行法针对虚拟现实技术、增强现实技术缺乏专门的规制即意味着在个案中法院需要在适用一般法裁决的同时，就案涉的虚拟现实技术/增强现实技术何以适用一般法条款予以规制，作出充分的说理和论证。但如此所引起的一大弊端在于，依赖于法院在个案中的裁判和说理并由此作出的决断可能会滋生所谓"同案不同判"的问题。因此，考虑到虚拟现实技术以及增强现实技术在我国各项发展规划中都被予以认可及强调，在法律法规层面对其作专门规制可能已成为未来可能的发展趋势。

由学理的角度观之，近两年来"元宇宙"议题大热，故针对元宇宙这一"虚拟世界"下所产生的问题应当如何在法律层面予以回应的探讨亦为学界所聚焦。由此，虚拟现实技术与增强现实技术这两者由于为连接现实世界与元宇宙这一虚拟世界所必需，故其法律规制问题毫无疑问也属于探究元宇宙所涉法律问题的基本范畴。基于对学界既有文献的归纳，可发现学者们当前的视角主要可划分为针对元宇宙法律规制的宏观性探讨以及基于部门法的角度针对元宇宙中所可能产生的法律问题的专门研究。

首先,就元宇宙世界法律规制的宏观性探讨而言,有学者总结,元宇宙世界本质是处在虚实相生、以虚强实的状况下,因而有关数字的关系秩序与模拟的法律秩序之间究竟如何互相影响,应属于法学,特别是法社会学以及新兴计算法学的一个重要的研究课题。[22] 此外,基于"元宇宙世界是一种具有现实性的数字虚拟社会"这一基本定义,有学者尝试提出了元宇宙法律治理所应遵循的三项原则,即建构治理元宇宙的"法律+技术"二元规则体系;确立元宇宙治理中"以现实物理世界为本"的"法律中立原则";以现实世界的刚性法律确认并保障元宇宙"去中心化治理"机制的实现。[23] 上述学者之价值立场实质上都与美国最高法院卡多佐大法官在1925年告诫美国法学院毕业生的所言相似,即"新一代人带来的新问题,需要新规则来解决。这些规则可用旧规则做蓝本,但必须要适应未来的需求,必须要适应未来的正义。"因而,有学者即认为。正如像对待人工智能和算法一样,法学和法律界需要对元宇宙现象及其背后所运用的虚拟现实技术、增强现实技术等技术应用所产生的法律问题进行积极回应。[24] 基于此,当前学者针对元宇宙法律治理的宏观层面之探讨亦体现了学界基于我国法语境下就虚拟现实、增强现实技术的规制问题应从立法角度予以完善的价值立场。

其次,就基于部门法的角度针对元宇宙中所可能产生的法律问题的专门研究而言,现有文献主要集中于刑法、知识产权法领域的探讨。基于刑法的研究视角,有学者认为在元宇宙空间中的犯罪呈出了其独有的特点,其中即包括了运用虚拟现实技术、增强现实技术所能产生的全真性这一特点。如此特点的出现无疑对传统刑法理论造成了一定程度的冲击,从而对元宇宙空间犯罪有专门研究的必要,绝对不是所谓"学术遐想"进而带来的"学术泡沫"。[25] 据此,无论是从立法论的角度抑或是基于实证法的解释论角度,探析运用虚拟现实技术、增强现实技术所营造的元宇宙空间中可能产生的犯罪及其规制问题,均具有相当高的现实意义。

就元宇宙空间中可能涉及的财产犯罪之问题,现有的专门研究则聚焦于元宇宙空间中非法获取虚拟财产的行为应如何定性,即应认定为构成财产犯罪抑或是诸如非法获取计算机信息系统数据罪、破坏计算机信息系统罪、侵犯公民个人信息罪等数据犯罪。有学者认为,针对前述问题应如何定性的争议,应基于法益侵害的角度予以具体分析,即在元宇宙空间中,行为人非法获取货币类、藏品类、服务类虚拟财产行

---

[22] 参见季卫东:"元宇宙的互动关系与法律",《东方法学》2022年第4期。
[23] 参见程金华:"元宇宙治理的法治原则",《东方法学》2022年第2期。
[24] 参见程金华:"元宇宙治理的法治原则"。
[25] 参见刘宪权:"元宇宙空间犯罪刑法规制的新思路",《比较法研究》2022年第3期。

为,因为只能对他人的财产法益造成侵害而不能对数据法益造成侵害,所以行为人的行为只可能构成财产犯罪而不可能构成数据犯罪;而针对行为人非法获取数据类虚拟财产行为,因为只能对社会管理秩序中的数据法益造成侵害而不能对他人的财产法益造成侵害,所以行为人的行为只可能构成数据犯罪而不可能构成财产犯罪。[26]

基于知识产权法的研究视角,有学者提及,由于元宇宙在本质上应是对现实世界的虚拟化、数字化,因而围绕文本和数据挖掘、网络短视频、网络游戏直播等产生的新型著作权纠纷可被认为是在元宇宙空间中数字化利用作品之行为,进而对我国法语境下传统著作权法制度造成了相当的冲击。[27] 据此,有学者认为传统著作权法中所确立的"合理使用"制度已无法满足当前的实践需要,亦无法跟上技术发展的步伐,对此应进行理论和制度更新。而借鉴域外法中有关合理使用一般性条款规定这一做法,可以为虚拟世界的后续创作自由、社会公众参与科技文化生活、降低交易成本、保护弱势群体以及保护公共利益等,预留宽广的自由空间。[28] 具言之,学者认为,对于深陷技术藩篱的合理使用制度而言,肇始于美国并在司法实践中日趋成熟的转换性使用理论,可以成为解决这些新型疑难问题的关键。因而,从解释论的路径而言,我国法院在司法实践中可以结合《著作权法》第24条第2项和第13项的规定,对转换性使用规则进行本土化适用,以有效解决前述元宇宙空间下所产生的著作权难题。[29]

总的来说,我国虽未针对虚拟现实技术、增强现实技术通过专门立法予以规制,但学界当前就元宇宙空间下运用虚拟现实、增强现实等技术所可能产生法律问题的讨论可谓热火朝天,其中一些观点和看法也在不断冲击着传统法律观念与既有的解释论结论。因此,实践与规范的互动与彼此增进很可能是未来一段时间虚拟现实与增强现实规制的主旋律。

(二) 欧盟

与前述我国法语境下针对虚拟现实、增强现实技术的专门规制之缺乏相似,欧盟当前亦未针对虚拟现实、增强现实技术通过专门立法来予以规制。然而,欧盟亦通过规范性文件中的倡导性规定以强调其促进发展虚拟现实、增强现实技术产

---

[26] 参见刘宪权:"元宇宙空间非法获取虚拟财产行为定性的刑法分析",《东方法学》2023年第1期。
[27] 参见袁锋:"元宇宙空间著作权合理使用制度的困境与出路",《东方法学》2022年第2期。
[28] 参见李晓宇:"'元宇宙'下虚拟数据作品的著作权扩张及限制",《法治研究》2022年第2期。
[29] 参见袁锋:"元宇宙空间著作权合理使用制度的困境与出路"。

业的决心。

具体而言,欧盟在其发布的《数字时代的欧洲媒体:支持复苏和转型的行动计划》(Europe's Media in the Digital Decade: An Action Plan to Support Recovery and Transformation)中,希望建立一个统一的虚拟现实/增强现实产业联盟以促进跨行业合作,从而确保欧洲在所述领域的领先地位。在上述文件所述的十项具体行动中,第五项行动即是建立一个欧洲虚拟现实和增强现实产业联盟,并启动虚拟现实媒体实验室项目,进而研究故事叙述与交互的新方式。欧盟在该行动计划中指出,XR 技术(虚拟现实、增强现实、混合现实技术的合称)在娱乐,文化,医疗,设计,建筑,旅游和零售等领域能够创建富有吸引力的沉浸式体验。到 2030 年,虚拟现实和增强现实有望为全球经济带来约 1.3 万亿欧元的产值,远高于 2019 年的 390 亿欧元。另外,"尽管目前大多数大型企业都在亚洲和美国,但欧洲同样有着巨大的潜力,并有可能成为这项技术的市场领导者"。为了实现这一目标,"欧洲的研究基金已经为超过 450 个致力于虚拟现实和增强现实的项目提供了支持,总金额超过 10 亿欧元"。然而,欧洲的虚拟现实/增强现实市场在不同玩家、不同行业之间存在着分化。所以,欧盟希望建立一个统一的虚拟现实/增强现实联盟以促进彼此之间的合作和发展,从而"确保欧洲在这个关键的、不断增长的市场中的领导地位"。[30]

由此可见,如同我国针对虚拟现实、增强现实技术发展的大力支持,欧盟当前在政策导向上亦是如此。然而,若从欧盟新近立法的角度探析其针对虚拟现实、增强现实技术的规制,有学者指出 2019 年颁布的《欧盟版权指令》中所采纳的改革举措未能有效地体现虚拟现实作品的跨行业、跨空间、跨规则等特性,在具体规则方面缺乏虚拟现实作品属性及全景自由条款的规制。[31] 具体而言,应数字经济发展而生的《欧盟版权指令》缺少对虚拟现实作品表达明确规制的条款,由此可能引发相应的法律风险,主要体现为:首先,从知识产权法律意识的层面,虚拟现实场景的制作者或者用户未意识到虚拟现实场景中的作品表达属于著作权法调整的对象,而在虚拟现实场景的制作过程中擅自使用他人的作品导致侵犯他人的著作权;其次,从权利主张层面,虚拟现实场景中的作品属性应如何界定存在争议,而这将影响到被侵权人的权利主张进而导致权利人在诉讼请求文书中由于客体属性的性质存在争议而无法确定性地主张民事权利。[32]

---

[30] 参见"欧盟发布 10 年行动计划,针对 VR/AR 行业开始行动了",知乎,https://zhuanlan.zhihu.com/p/341661767,最后访问时间:2022 年 2 月 27 日。

[31] 参见韩赤风、刁舜:"论《欧盟版权指令》的改革举措及其借鉴——基于虚拟现实新业态产业的分析",《电子知识产权》2019 年第 7 期。

[32] 参见韩赤风、刁舜:"论《欧盟版权指令》的改革举措及其借鉴——基于虚拟现实新业态产业的分析"。

此外，从专门立法规划的角度，虽然欧盟当前亦未针对虚拟现实、增强现实技术通过专门立法来予以规制，但欧盟委员会在 2023 年已计划出台针对元宇宙监管问题的具体立法建议以确保人们能拥有一个安全和公平的元宇宙空间。[33] 如此之立场与态度均充分地表现了当前欧盟在认识到虚拟现实、增强现实技术具有巨大的市场与发展潜力的同时，亦清楚地认识到，在鼓励虚拟现实、增强现实等技术发展的同时，亦有通过立法予以专门规范的必要。

（三）美国

与前述所介绍的我国、欧盟针对虚拟现实、增强现实技术的政策导向类似，美国当前亦就虚拟现实、增强现实技术未来的应用潜力抱有相当的期望。有相关研究指出，事实上早在克林顿政府时期宣布的"国家信息基础设施（NII）"计划即为日后分布式虚拟现实技术的研发和应用奠定了基础。而后美国国家工程院于 2008 年公布的一份题为"21 世纪工程学面临的 14 项重大挑战"的报告中，亦将虚拟现实技术列为其中之一，使之与新能源、洁净水、新药物等技术相并列，并提出这些技术挑战的任何一项一经克服，将可极大地改善人们的生活质量。[34] 然而，尽管美国相较于我国、欧盟更早地便注意到虚拟现实、增强现实技术所蕴含的巨大的应用前景，但在通过专门立法以规制虚拟现实、增强现实技术这一方面，美国似乎亦未踏出"第一步"——对于相关问题的处理，仅能从司法实践中窥见端倪。

三、监管政策建议与经营者合规提示

如前所述，运用虚拟现实、增强现实技术可能造成的财产权侵害之问题已在现实生活中出现实际案例。而且，基于学界当前针对虚拟现实、增强现实技术所产生的财产权之侵害的现有研究，亦可发现通过立法抑或解释论的方法重释现有规范以规制虚拟现实、增强现实技术已是一个具有重要现实意义的议题。

从遵循立法论抑或是解释论的保障角度出发，有学者认为，"法律应当专门规制元宇宙及其相应技术所存在的安全风险"的制度建构性主张实质上是模糊了法律基本功能的范畴。从早期的大数据、云计算安全监管，到当下的算法规制和数据安全保

---

[33] "欧盟委员会计划加强元宇宙监管，将于 2023 年出台立法建议；Optofidelity 推出 AR/VR 测试头骨"，载元宇宙网, http://www.yitb.com/article-32986，最后访问时间：2022 年 2 月 27 日。
[34] "美国虚拟现实技术发展现状、政策及对我国的启示"，载微信公众号"战略前沿技术"，2015 年 8 月 13 日。

护,再到未来元宇宙的治理体系,法律对技术创新的回应方式不应当是建立在纯粹假想风险的基础上,而是应当以权利义务内容是否发生真正变化为出发点。依据元宇宙现阶段的发展特征,可能存在的安全风险并没有超过现有的社会风险类型。元宇宙安全风险的规制思路依然应当遵循法律回应技术的一般立场,即以过程风险预防为核心,重新解释现有法律条款的基本概念和适用方式。[35] 据此,作为元宇宙空间的支撑技术的虚拟现实、增强现实技术的规制若采前述学者这一内含功能主义之立场,则亦是以其产生法律风险背后"权利义务"是否相较于实证法发生真正变化作为标准,从而遵循立法论与解释论的二元路径予以规制。

基于前文有关虚拟现实、增强现实技术的财产权侵害风险及规制路径的探讨,下文主要将从虚拟现实、增强现实技术的监管者及经营者这两个视角,分别就监管者何以规制技术以及经营者的合规方案提出相应的建议。

(一) 监管政策建议

针对如同虚拟现实、增强现实等科学技术对于法律提出的挑战,有学者将此划分为两种类型,即所谓"根本性挑战"和"对制度设计的挑战"。[36] 简言之,所谓"根本性挑战"是指某一种行为模式在法律体系中完全没有规定,并且也没有类似的制度可以予以借鉴,因此需要创造出新型的权利种类予以规制并突破现有法律框架内的权利义务关系;而如果一种技术的引进将会产生一种新的具体行为,但是其行为的性质,以及涉及的权利义务类型已经有法律所规制,那么,这种挑战只需要法律在具体的制度设计中予以调整,确定既有的权利义务(以及责任)的具体归属就得以应对。[37] 就上述学理之分类,基于监管者的视角,何以就前述所谓"根本性挑战"之风险予以制度保障显得尤为关键,因而在虚拟现实、增强现实技术的运用场景中何以保障财产权这一问题的核心实质在于确定作为虚拟现实、增强现实技术的设计者抑或是提供者在特定情形下所应承担的法律责任。

具体来说,如同当下有关自动驾驶、人工智能技术的法律规制问题的重心皆在于探讨技术提供者的法律责任问题,针对虚拟现实、增强现实技术的规制问题亦是如此。其中的原因在于,以虚拟现实、增强现实技术为例,无论是在前述国外《宝可梦 Go》的游戏用户为捕捉稀有的宝可梦从而蜂拥而至他人私有房屋之案例抑或是我国

---

[35] 参见赵精武:"'元宇宙'安全风险的法律规制路径:从假想式规制到过程风险预防",《上海大学学报(社会科学版)》2022年第5期。
[36] 参见骆意中:"法理学如何应对自动驾驶的根本性挑战?",《华东政法大学学报》2020年第6期。
[37] 参见骆意中:"法理学如何应对自动驾驶的根本性挑战?"。

司法实践中"基于他人美术作品运用虚拟现实技术以 VR 作品的形式予以复现"之案例,其规制路径皆在我国法语境下存在通过解释论的方法予以规制的可能性,即前述学者所谓通过"重新解释现有法律条款的基本概念和适用方式"之路径。然而,相较于此,针对虚拟现实、增强现实技术的设计者抑或提供者的法律责任应何以认定之问题则在当前我国法语境下显得较为空白,难以仅凭借法官在个案裁判中运用解释论的方法予以解决,因而亟须于通过监管者的视角在设立新规则抑或基于何一标准解释既有规则之问题予以明确,进而更好地实现针对虚拟现实、增强现实技术运用场景中关于财产权的保障问题。

本文认为,针对虚拟现实、增强现实技术的设计者/提供者的法律责任之认定在一定程度上亦是有关其注意义务在实践中应如何判断之问题。所谓注意义务,究其本质应是义务主体谨慎地为自己一切行为(包括作为和不作为)的法律义务,其核心内容包括行为致害后果预见义务和行为致害后果避免义务。[38] 至于何以判定在实践中特定主体所应承担的注意义务标准,有学者认为可以通过援引近邻性理论、信赖理论、可预见性理论和责任自愿承担理论来予以阐释和厘清。[39] 与当前学界所探讨的自动驾驶汽车生产者的注意义务主要不是分布在汽车驾驶过程中,而是集中于汽车生产和售后维护等阶段相类似,[40]虚拟现实、增强现实技术的设计者/提供者之注意义务亦应聚焦于技术的设计以及技术存在故障后的售后维护阶段。因而,何以在实践中确定虚拟现实、增强现实技术的设计者/提供者在技术的设计阶段以及技术存在故障后售后维护阶段的注意义务,应当是监管者视角下就虚拟现实、增强现实技术赋予财产权保障所面临的核心问题之一。综上,下文将尝试从虚拟现实、增强现实技术的设计者/提供者在实践中所应承担的注意义务之认定标准这一角度以期为监管者视角下有关虚拟现实、增强现实技术的财产权保障问题提供一个切入点。

首先,需要明确的一点在于,探讨法律归责的问题实质上即体现了技术的社会价值从道德意义向立法论抑或是法教义学意义上的转化。从法理的角度而言,这个转化过程将价值重塑中的道德原理以规范的形式表达出来,并通过部门法实践,划定相

---

[38] 参见屈茂辉:"论民法上的注意义务",《北方法学》2007 年第 1 期。
[39] 有关注意义务产生根据之理论源于英美法。具体而言,所谓近邻性理论即被告与原告之间在侵权损害发生之前所存在的某种类型的侵权关系;可预见性理论则意味着如果被告在行为时预见到他的行为会损害原告的利益那么就要对原告承担注意义务;信赖理论意指如果原告认为相信被告所作的陈述而遭受损害则被告就要对原告承担注意义务及损害赔偿责任。这一理论对于防止可预见性理论给被告课以较重的注意义务是有着积极意义的;责任的自愿承担理论被告出于自愿而对原告承诺承担某种职责、责任或者义务的情况而对于其他非自愿承担义务的场合,该理论便不具有可实用性。参见屈茂辉:"论民法上的注意义务"。
[40] 参见袁国何:"论自动驾驶情形中的刑事责任",《苏州大学学报(法学版)》2022 年第 4 期。

关实践主体的责任形态。对此,有学者列举了实践中转基因食品的法律规制问题作为例子,即如果采取美国式的宽松原则,那么转基因技术就获得了合法的地位,而转基因食品公司只需要在食品上标明,保障消费者知情权便可;而若采欧盟式的严格原则或者预防原则,则转基因食品就面临着合法性困境,转基因食品生产者需要面对更为严格的监管。[41] 据此,正如前述转基因技术在不同法域中所面临的归责原则之宽严不一而导致其所面临的监管强度亦截然不同,针对虚拟现实、增强现实技术的设计者/提供者之法律归责采宽松抑或是严格原则势必就与技术本身之发展与应用前景息息相关。因而,基于当下我国各类规范性文件中均已提及鼓励和支持虚拟现实、增强现实技术的发展这一政策导向,针对其归责原则若依然采严格的"强监管模式"以否认其合法性则显然不合适。相较而言,基于我国工信部在将来所发布的有关虚拟现实/增强现实之行业标准作为参照,要求虚拟现实、增强现实技术的设计者/提供者在满足一定条件下获取相应的行政许可不失为一种鼓励行业发展与法律规制相统一之举。

其次,针对虚拟现实、增强现实技术的设计者、提供者就其技术与产品的设计阶段所应负有的注意义务及可能承担的法律责任之归责标准,在原则上即应当以产品是否存在缺陷作为判断标准,法律依据即为《民法典》第1202条有关产品责任之规定,"因产品存在缺陷造成他人损害的,生产者应当承担侵权责任"。因此,当造成财产权侵害的原因是虚拟现实/增强现实技术抑或产品本身的缺陷,那么很显然,此时应当由技术的设计者/提供者来承担无过错责任。具体而言,与产品生产过程中生产者一直处于主动、积极的地位,且仅有生产者才能及时认识到产品存在的缺陷并能设法避免的情形相类似,虚拟现实、增强现实技术的使用者由于缺乏专业知识和对整个技术设计过程的了解,不可能及时发现技术抑或相关产品的缺陷并以自己的行为防止其造成的危险。[42] 因而,正是由于技术的开发者在技术、产品的研发过程中所处的这种特殊地位,将虚拟现实、增强现实技术的设计者、提供者在侵权法上所可能承担之责任归入"产品责任"之范畴或许最为适宜。[43]

基于此,何以判断虚拟现实、增强现实技术抑或产品所存在之缺陷进而导致技术

---

[41] 参见郑玉双:"破解技术中立难题——法律与科技之关系的法理学再思",《华东政法大学学报》2018年第1期。
[42] 参见程啸:《侵权责任法(第3版)》,法律出版社2021年版,第550页。
[43] 通说认为,我国法语境下"产品责任"中的"产品"限于有体物范畴中的"动产",而虚拟现实、增强现实技术配套的产品显然属于上述范畴(如VR眼镜、VR头盔等),但涉及虚拟现实、增强现实技术的相关软件(如前述《宝可梦Go》这一款增强现实游戏)不属于"产品"之范畴,因而本文认为将虚拟现实、增强现实技术的设计者、提供者在侵权法上所可能承担之责任归入"产品责任"之范畴应属于法律上的"类推适用"。参见程啸:《侵权责任法(第3版)》,第554页。

的使用者抑或第三人享有之财产权受到侵害这一问题,即成为了认定技术的设计者、提供者是否应承担相应的"产品责任"的重中之重。依据传统的侵权法理论,针对"缺陷"之判断应遵循"两步走"的判断层次,即在产品技术存在强制性标准的前提下先判断其是否符合强制性标准,再针对产品技术是否存在危及财产安全的不合理危险予以判定。㊹ 因而,就虚拟现实、增强现实技术所存在之"缺陷"的判断,在当下缺乏强制性国家标准的规制下,仅需就其技术以及产品本身是否存在危及他人财产安全之不合理的危险予以判断。具体而言,此处所谓"不合理的危险"可体现于技术抑或产品所存在的设计缺陷、制造缺陷与警示缺陷(技术、产品的设计者与提供者缺乏对于技术、产品使用的说明及对不合理使用产品所存在的危险之预防)。㊺ 具体而言,以前述《宝可梦 Go》这一款增强现实游戏的游戏用户因捕捉稀有的宝可梦从而蜂涌而至他人私有房屋造成财产权侵害之案例为例,游戏的设计者与运营者在设计这一款增强现实的游戏时就应当意识到在游戏设计中应用增强现实技术可能即会使得现实世界的非游戏用户之隐私权、财产权等权利受到侵害,因而在游戏设计中针对宝可梦出现的场景与地点亦应当避免出现在非公共场所从而避免前述所谓的"设计缺陷"之问题。同时,为避免潜在的技术故障,游戏的设计者与运营者亦应当在游戏中尽到提醒游戏用户避免前往非公共场所捕捉宝可梦之警示以避免前述所谓"警示缺陷"之问题。

　　最后,针对虚拟现实、增强现实技术的设计者、提供者就其技术与产品的"售后维修"阶段所应负有的注意义务及可能承担的法律责任之归责标准亦可参照前述类推适用产品责任之路径。具体而言,当用户所使用的相关虚拟现实、增强现实技术的软件抑或产品出现非因用户个人而导致的故障时,技术的设计者与提供者对此应当承担相应的"维修义务",而相关主体若此时怠于修复前述技术产品存在的故障进而导致第三人之财产权受有损失的,此时即应当由其对此承担相应的法律责任。同时,有关虚拟现实、增强现实技术的设计者、提供者之免责事由亦可参照当前我国《产品质量法》第 41 条第 2 款之规定㊻,即划分为三类:(1)产品、技术尚未投入流通的;

㊹　参见程啸:《侵权责任法(第 3 版)》,第 562 页。
㊺　所谓制作缺陷是指产品在生产制作过程中因使用的原材料、零部件等存在缺陷或者因生产流程不安全可靠等原因而使产品存在危及人身、财产安全的不合理危险。而设计缺陷则指产品因其设计上存在的欠缺而带来的危及他人人身、财产安全的不合理危险。警示缺陷意指因产品的标识、标注、使用说明中未全面、妥当地说明或警告,而使产品存在危及人身、财产安全的不合理危险。参见程啸:《侵权责任法(第 3 版)》,第 566—567 页。
㊻　《产品质量法》第 41 条第 2 款规定:"生产者能够证明有下列情形之一的,不承担赔偿责任:(一)未将产品投入流通的;(二)产品投入流通时,引起损害的缺陷尚不存在的;(三)将产品投入流通时的科学技术水平尚不能发现缺陷的存在的。"

(2)产品投入流通时,引起损害的缺陷尚不存在的,且缺陷完全是由受害人自身的原因所造成;(3)将产品、技术投入流通时的科学技术水平尚不能发现缺陷的存在。

(二) 经营者合规提示

现实地说,在当下数字化的环境中,要求执法者和监管者去监督技术应用的全过程是完全不可能的,而依赖于使用技术的个人通过诉讼或寻求行政救济的方式来维护自己的权利也仅能起到个案纠错的作用,而无法成为常态。基于此,有学者认为,传统的权利本位的法律模式和命令以及控制本位的规制模式都无法有效地发挥权利保障和风险控制的作用。因此,在此背景下,由法律来确定框架性和底线性的基本原则,以平台责任的形式将遵循这些原则的责任落实到技术的设计者和提供者身上,使之内化为它们的运营准则和经营成本,而政府作为监管者从外部监督其合规行为,在出现可观察到的疏于履行责任的事件时强力介入、严厉处罚,这一做法无疑是最为务实的一种制度设计方案。这种模式将权利本位和风险规制本位的因素融合到一起,强调监管者与被监管者之间的合作而非对抗。企业一方面需要向政府和公众表明自己在产品和服务设计中体现了保护法定权益和伦理价值的原则,另一方面需要提出一套标准来规范设计者的行为,以确保规模化的产出不至于埋下出现严重后果引发舆情或导致监管者介入的隐患。这两方面的需求都使得企业基于经营者的身份,本身也有动力去参与伦理原则的提出和公共讨论。[47] 基于前述之背景,以经营者作为视角,何以在虚拟现实、增强现实技术的运用场景下达成财产权之保障进而实现合规之探讨亦具有很高的现实意义。

其一,由于当前我国法尚未颁布针对虚拟现实、增强现实技术的强制性国家标准抑或是行业标准,从经营者的视角而言,其作为掌握并了解相关技术的主体,应当积极地参与前述标准的制定之中,并向相关部门建言献策,进而在保证虚拟现实、增强现实这一技术行业在"鼓励发展"的政策导向之下亦能尽快地产生行业标准与强制性国家标准予以参照。

其二,基于经营者之身份,从合规的层面而言,其针对技术应用场景下的财产权之保障更贴近于学者所谓"日常性合规管理模式",即企业在没有违法、违规或者犯罪的情况下,根据常态化的合规风险评估结果,进而防范企业潜在的合规风险,并开展相应的合规管理体系建设。[48] 据此而言,经营者在虚拟现实、增强现实技术的开

---

[47] 参见郑戈:"电车难题与自动驾驶系统算法设计中的伦理考量",《浙江社会科学》2022年第12期。
[48] 参见陈瑞华:"有效合规管理的两种模式",《法制与社会发展》2022年第2期。

发、设计、运营等多阶段都应当充分评估技术应用所可能产生的针对他人财产权侵害之风险,并尽可能地在技术、相关产品投入流通前减少前述之风险,进而达成在技术应用的场景下对第三人之财产权亦予以保障。

综上,基于虚拟现实、增强现实技术的经营者这一身份,在当下倾向于监管者与被监管者之间通过合作予以技术规制这一模式下,其应当在积极设计相关标准、规则以规范技术发展及运用的同时,亦应当从合规的角度充分地重视并尽可能避免因技术之应用所可能产生的针对他人财产权侵害之风险。

合成生物技术的财产权保障指南

单佳琪[*]　葛江虬[**]

一、合成生物技术及其财产权侵害风险

(一) 合成生物技术概述

人类基因组计划的完成推动生命科学进入组学和系统生物学时代,而系统生物学与基因技术、工程科学、合成化学、计算机科学等众多学科交叉融合,又催生和振兴了合成生物学(Synthetic Biology)。合成生物学作为一门典型的新兴和汇聚科学领域,其影响力在21世纪迅速上升,被喻为认识生命的钥匙、改变未来的颠覆性技术。[①] 合成生物学的内涵已与原初概念大相径庭,百年前的合成生物学,是指利用物理和化学方法合成类生物体系来模拟生命过程,了解生命机制,而现代版定义则是利用基因技术和工程学概念重新设计和合成新的生物体系或者改造已有的生物体系。[②]

合成生物学涉及的行业十分庞杂,技术与产业落地高度多元化,开发链条漫长,合成生物学领域具有上中下三层分工。上游为底层工具层,即使能技术及产品(enabling technologies and products),包括用于实现生物制造的各种底层技术、工具和原料,如DNA/RNA合成技术、测序与组学等。上游的使能技术并无严格定义,其内涵受到技术创新的目标决定。从技术创新链的角度,使能技术处于基础研究和产品研发之间,属于应用研究的范畴,其使命是通过使能技术的创新,推动创新链下游的产

---

[*] 单佳琪,复旦大学法学院硕士研究生。
[**] 葛江虬,法学博士,复旦大学法学院副教授。
[①] 张先恩:"中国合成生物学发展回顾与展望",《中国科学:生命科学》2019年第12期。
[②] 张先恩:"中国合成生物学发展回顾与展望"。

品开发和产业化等环节的实现。代表性技术包括基因测序技术与基因组编辑技术。如今的第二代基因测序法经过持续优化,效率大幅度提升并且成本快速下降。基因组编辑技术,则是对目标基因进行编辑或者修饰,定向修改基因组。合成生物学对于DNA等遗传技术的合成、组装和编辑均有关键需求,因此基因编辑技术是合成生物行业整体发展的重要前提。

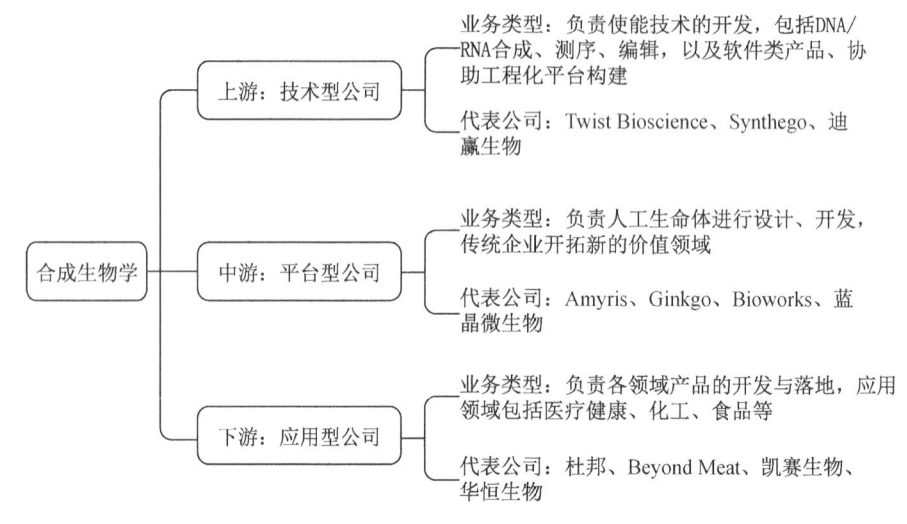

```
                          ┌─ 上游：技术型公司 ─┬─ 业务类型：负责使能技术的开发，包括DNA/
                          │                      │             RNA合成、测序、编辑，以及软件类产品、协
                          │                      │             助工程化平台构建
                          │                      └─ 代表公司：Twist Bioscience、Synthego、迪
                          │                                    赢生物
                          │
            合成生物学 ───┼─ 中游：平台型公司 ─┬─ 业务类型：负责人工生命体进行设计、开发，
                          │                      │             传统企业开拓新的价值领域
                          │                      └─ 代表公司：Amyris、Ginkgo、Bioworks、蓝
                          │                                    晶微生物
                          │
                          └─ 下游：应用型公司 ─┬─ 业务类型：负责各领域产品的开发与落地，应用
                                                 │             领域包括医疗健康、化工、食品等
                                                 └─ 代表公司：杜邦、Beyond Meat、凯赛生物、
                                                               华恒生物
```

图 1 合成生物学产业链[③]

中游为核心技术层,即核心技术与产品,辅助生物制造得以实现和规模化的各类软件和硬件服务,包括 DNA 元件设计软件、生物制造等。下游为应用层,也即智能技术及产品,指利用合成生物学技术生产各领域所需的目标产品,以及相关产品的落地应用,是真正的行业参与者。[④] 也有观点直接将产业链分为上下游两类,并认为下游可以分为平台型与产品型两大类。平台型公司致力于模块化与通用化,产品型公司则关注规模化生产,以及解决后续的销售渠道,确立商业模式等更具体的问题。此外,这两类公司并无绝对界限,可以相互转化。

(二) 合成生物技术的财产权侵害风险

合成生物学的产业链较长,涉及上游的使能技术开发到下游的产品生产的全过程,因此也涉及诸多的合规问题。在合成生物学技术开发利用的全过程中,经营者可

[③] 参见 DNA:"合成生物学行业深度:市场潜力分析、政策资本动向、产业链及相关公司深度梳理",载微信公众号"慧博财经",2022 年 10 月 24 日。

[④] 蔡航、京若阳、王菲:"合成生物学合规及投融资法律指南(一)——概览",载微信公众号"安杰世泽律师事务所",2022 年 8 月 3 日。

合成生物技术的财产权保障指南　125

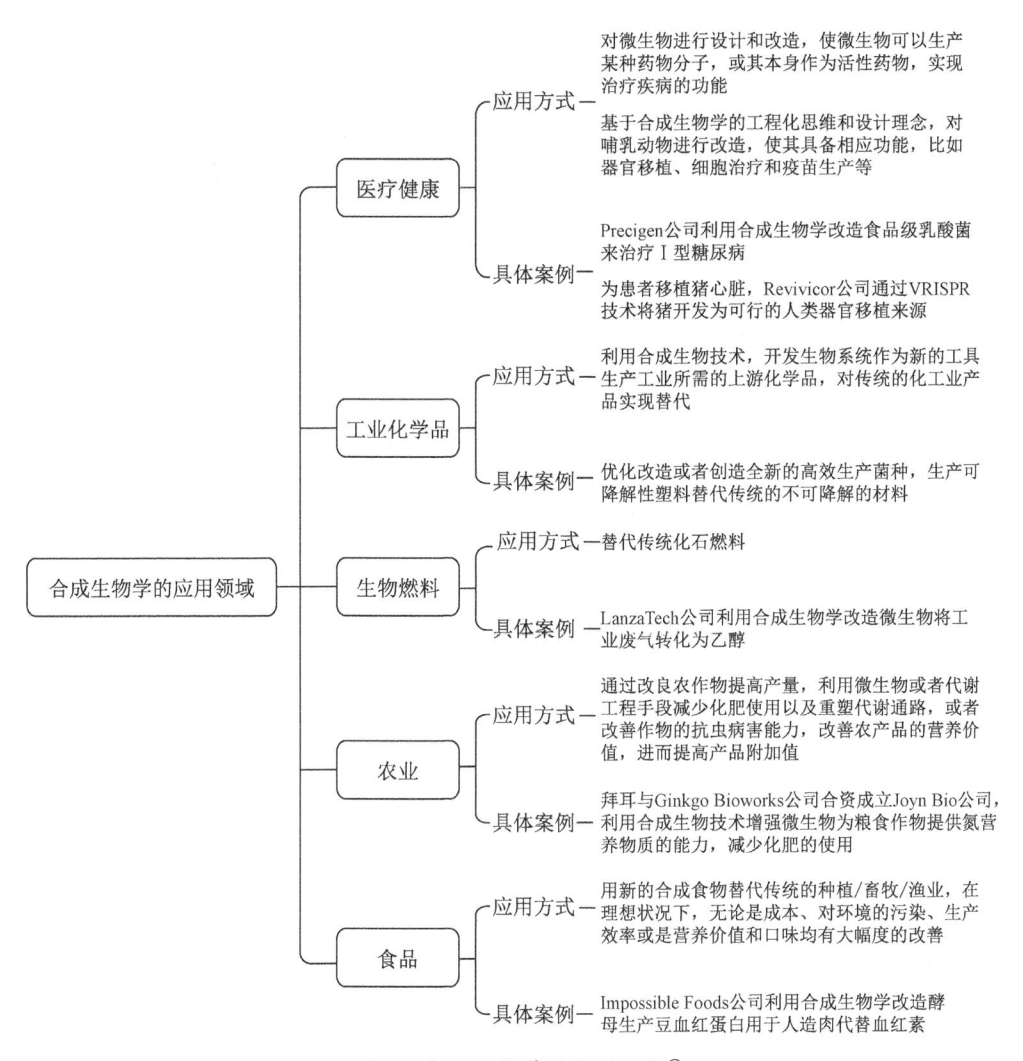

```
合成生物学的应用领域
├─ 医疗健康
│   ├─ 应用方式
│   │   ├─ 对微生物进行设计和改造，使微生物可以生产某种药物分子，或其本身作为活性药物，实现治疗疾病的功能
│   │   └─ 基于合成生物学的工程化思维和设计理念，对哺乳动物进行改造，使其具备相应功能，比如器官移植、细胞治疗和疫苗生产等
│   └─ 具体案例
│       ├─ Precigen公司利用合成生物学改造食品级乳酸菌来治疗Ⅰ型糖尿病
│       └─ 为患者移植猪心脏，Revivicor公司通过VRISPR技术将猪开发为可行的人类器官移植来源
├─ 工业化学品
│   ├─ 应用方式——利用合成生物技术，开发生物系统作为新的工具生产工业所需的上游化学品，对传统的化工业产品实现替代
│   └─ 具体案例——优化改造或者创造全新的高效生产菌种，生产可降解性塑料替代传统的不可降解的材料
├─ 生物燃料
│   ├─ 应用方式——替代传统化石燃料
│   └─ 具体案例——LanzaTech公司利用合成生物学改造微生物将工业废气转化为乙醇
├─ 农业
│   ├─ 应用方式——通过改良农作物提高产量，利用微生物或者代谢工程手段减少化肥使用以及重塑代谢通路，或者改善作物的抗虫病害能力，改善农产品的营养价值，进而提高产品附加值
│   └─ 具体案例——拜耳与Ginkgo Bioworks公司合资成立Joyn Bio公司，利用合成生物技术增强微生物为粮食作物提供氮营养物质的能力，减少化肥的使用
└─ 食品
    ├─ 应用方式——用新的合成食物替代传统的种植/畜牧/渔业，在理想状况下，无论是成本、对环境的污染、生产效率或是营养价值和口味均有大幅度的改善
    └─ 具体案例——Impossible Foods公司利用合成生物学改造酵母生产豆血蛋白用于人造肉代替血红素
```

图2　合成生物学的应用领域[⑤]

能面临如下几方面的合规风险。

1. 生物安全、安保问题

合成生物学的潜在生物安全风险主要分为两方面，生物安全与生物安保。生物安全（biosafety）主要是指合成生物与环境或者其他有机体之间意外的相互作用对环境生态和公众健康带来的风险，而生物安保（biosecurity）则主要指利用人工合成致命病原体进行恐怖主义袭击或者恶意使用而引起的严重安全问题。[⑥] 因此，生物科技企业对内可能面临财产受损风险，对外可能面临监管部门处罚、民事和刑事法律风

[⑤] 陈冈雷：“成为造物主：如何利用合成生物学的神力”，载微信公众号"果壳"，2022年3月25日。
[⑥] 马诗雯：《合成生物学的伦理学反思》，大连理工大学2020年博士学位论文，第52—53页。

险,间接受到财产损害。

(1) 生物安全

合成生物并不是自然界中原有存在的物质,与化学物质的污染不同,所以可能会和其他生物相互影响,进而对公众健康和自然环境产生不确定的风险。在合成生物学领域,生物安全风险主要是指某些被设计为可以自主繁殖的合成生物带来的风险,如超级细菌,从宿主细胞中逃逸并进入环境,由于这些实体能够自我复制,它们可以进入其他细菌并在其中存活甚至不断复制,脱靶效应使得这种合成有机体在环境中不受控制扩散,破坏生态系统的平衡与稳定。逃离实验室的合成有机体可能会与另一种环境物质相互作用,如合成生物实体与天然生物实体之间进行遗传物质交换,这将导致天然基因组库具有被污染的风险。[7] 此外,生物安全风险还包括意外暴露时对从事合成生物工作的研究人员以及对研究区域周围人类生命健康的潜在破坏。[8]

(2) 生物安保

生物安保是指针对不当、有意或者恶意使用合成生物学生产具有潜在危险的生物制剂,包括开发、生产、储存或者使用生物武器,以及暴发新的流行疾病等。[9] 合成生物学具有双重用途,一方面具有有益用途,另一方面有可能具有存在恶意的潜在用途。具体而言,合成生物学领域的突破提高了人类进行 DNA 合成和组装的能力,为恢复和构建危险细菌或者疾病提供了技术支持,[10]譬如 2002 年美国科学家在实验环境中首次合成"脊髓灰质病毒"。[11]《生物安全法》首次在法律层面规定相关主体的生物安保义务。此外,随着合成生物学的数字信息和计算越来越依靠服务器和网络,生物实验室设备则由物联网控制,操作将更易受到网络威胁,未经授权的访问、盗窃、操纵和恶意使用,容易引发网络生物安保问题。如恶意行为体可能通过网络篡改合成生物公司或者生物实验室的数据,扰乱或者改变制造过程造成危害,[12]从而对生物公司的财产权造成侵害。

2. 伦理问题

合成生物学的伦理道德风险主要是指人工设计、合成、制造生命的行为对尊重生命、遵循自然发展规律的传统伦理原则带来的冲击和挑战。[13] 合成生物学的伦理问

---

[7] 转引自刘旭霞、秦宇:"欧美合成生物学应用的风险治理经验及启示",《华中农业大学学报(社会科学版)》2022 年第 2 期。
[8] 刘旭霞、秦宇:"欧美合成生物学应用的风险治理经验及启示"。
[9] 彭耀进:"合成生物学时代:生物安全、生物安保与治理",《国际安全研究》2020 年第 5 期。
[10] 刘旭霞、秦宇:"欧美合成生物学应用的风险治理经验及启示"。
[11] 刘旭霞、秦宇:"欧美合成生物学应用的风险治理经验及启示"。
[12] 彭耀进:"合成生物学时代:生物安全、生物安保与治理"。
[13] 刘晓、熊燕、王方等:"合成生物学伦理、法律与社会问题探讨",《生命科学》2012 年第 11 期。

题主要表现在哲学、宗教、技术、社会和治理五个纬度。[14] 2018年,在基因编辑婴儿事件中,贺建奎被判决为非法行医罪,以治愈疾病、缓解痛苦为目的的医疗与以改善和增强为目的的实验之间的界限愈加模糊,为科技伦理治理带来了严峻挑战。[15]

3. 环境污染问题

合成生物技术在研究开发、应用的过程中,可能具有环境污染风险。譬如,合成生物技术应用中的生物材料、废物、排放物、化学物质等可能被释放到环境过程中,对生态环境造成不利影响。此外,合成生物技术的研究应用可能需要大量的能源,也可能对环境造成一定的负面影响。随着环境保护政策日益严格,企业在此方面的环境合规成本进一步提升,包括但不限于污染控制设施建设,废物处理、能源利用。

4. 核心技术人员与知识产权问题

合成生物学的产业链较为漫长,多学科交叉,需要大量的研发技术人才,行业竞争激烈,企业面临技术人才流失风险。此外,相关专利技术为合成生物企业的核心竞争力。一方面,相关从业企业在研发和商业化应用合成生物技术的过程中,可能会面临侵犯他人知识产权的风险;另一方面,企业内部的相关知识或者技术可能无法得到有效保护,导致知识产权损失或者商业机密泄漏,在外部技术或者资本合作的过程中亦可能面临知识产权的冲突,对企业的生产经营造成不利影响。[16]

值得注意的是,合成生物学涉及较多的基础生物工程技术以及基因元件,大量的已授权专利反而会限制合成生物学的发展。譬如基因编辑工具CRISPR-Cas9,目前该专利权并未明确,一旦明确,势必会有企业受到损失。此外,在合成生物学的技术市场化或者产品化的过程中,企业还需要通过技术授权或者转让等方式实现研发技术的转换落地,在此过程中,同样涉及知识产权的纠纷风险。而合成生物学的成果是否应当申请专利,抑或是成果共享,所涉及的伦理或者安全隐患也存在争议。[17]

5. 产品市场化问题

合成生物学领域的企业分为两类,一类是产品型商业模式,即借助合成生物学手段生产面向市场各领域的合成生物产品;第二类是平台型商业模式,旨在提供生物体

---

[14] 张慧、李秋甫、李正风:"合成生物学的伦理争论:根源、维度与走向",《科学学研究》2022年第4期。
[15] 李秋甫、张慧、李正风:"科技伦理治理的新型发展观探析",《中国行政管理》2022年第3期。
[16] 郭敬、戴卿颖:"合成生物——打破生命的界限,开启颠覆性变化的未来",载微信公众号"安杰世泽律师事务所",2022年7月22日。
[17] 合成生物学领域有两个阵营,一个是开放源码社区,专注于披露、共享和免费获取合成生物学工程部件以及信息,一个则是赞成为合成生物产品申请专利,因为研究需要财政投资,通过实施专利可以获取回报。参见郭敬、戴卿颖:"合成生物——打破生命的界限,开启颠覆性变化的未来"。

设计与软件开发等平台化的集成系统。产品型企业相较于平台型企业,打通从生物改造、发酵纯化到产品改性的全产业链,近年来得到快速发展,盈利水平提升,部分平台型企业演化出向产品型企业转变的趋势。对于生物技术类企业而言,90%以上在实验室有效的技术难以在产业端放大,并且项目验证周期漫长,不确定性较大。企业可能需要委托加工,若受托方丧失必要的资质,或者生产能力不足、产品质量不符合要求,则可能会对企业的供应和经营产生较大影响。[18]

此外,合成生物的下游应用广泛,需要关注企业生产产品的市场准入。企业需确保其产品符合特定领域的法律规范与市场准入条件,否则可能面临法律诉讼与行政处罚。在市场化的过程中,企业亦需关注产品质量、广告营销相关的消费者权益保护问题,若产品存在缺陷或者在宣传过程中使用虚假或者误导性的表述,导致消费者的权益受损,企业须承担相关法律责任。

二、比较视野下的合成生物技术规制

(一) 中国

1. 生物安全与生物安保规制

《生物安全法》的颁布为生物技术监管提供了有效指引,从立法定位上看,《生物安全法》是上位法、基本法,规制范围广、原则性强,主要包括一般性和原则性的条款,针对生物技术研究、开发与应用安全、病原微生物实验室安全等均未做出完整和详尽的规定,所以需要制定专门法辅助《生物安全法》实施。[19]

表 1 我国生物安全和安保相关规范[20]

规范文件/方法	时间	相关内容
《生物安全法》	2021 年	根据对公众健康、工业农业、生态环境等造成危害的风险程度,将生物技术研究、开发活动分为高风险、中风险和低风险三类。高、中风险活动仅可由境内法人进行,并实施批准或者备案管理。

---

[18] 郭敬、戴卿颖:"合成生物——打破生命的界限,开启颠覆性变化的未来"。
[19] 生物安全法的规范体系应当以《生物安全法》为基本法,以《生物技术安全法》(未来需要增加的配套法律)以及《野生动物保护法》《动物防疫法》等专门法为主要内容,并通过行政法规、部门规章予以完善。(参见刘旭霞:"《生物安全法》应突出生物技术安全防范问题",《北京航空航天大学学报(社会科学版)》2019 年第 5 期。)
[20] 相关内容引自蔡长航、京若阳等:"合成生物学合规及投融资法律指南(二)——一般性合规",载微信公众号"安杰世泽律师事务所",2022 年 8 月 11 日。

（续表）

规范文件/方法	时间	相关内容
《生物技术研究开发安全管理办法》	2017年	高风险等级：导致人或者动物出现非常严重或者严重疾病，对重要农林作物、中药材以及环境造成严重危害。 较高风险等级：导致人或者动物疾病，但一般情况下对人、动物、重要农林作物、中药材或者环境不构成严重危害。 一般风险等级：指通常情况下对人、动物、重要农林作物、中药材或者环境不构成危害。
《生物技术研究开发安全管理条例（征求意见稿）》	2019年	高风险：对人类健康、工农业及生态环境造成严重负面影响，威胁国家生物安全，违反伦理道德的潜在风险。 一般风险：对人类健康、工农业及生态环境等造成一定负面影响的潜在风险。 低风险：对人类健康、工农业及生态环境等不造成或者造成较小负面影响。
《基因工程安全管理办法》	1993年	根据相关基因工程作业对人类健康和生态环境的潜在危险程度，分为安全等级四个等级，分别对应"尚不存在危险""低度危险""中度危险""高度危险"。
《农业转基因生物安全管理条例》	2017年修订	农业转基因生物按照其对人类、动植物、微生物和生态环境的危险程度，分为四个等级。
《农业转基因生物安全评价管理办法》	2022年修订	

为规范生物技术研究，防止病原微生物逃逸和扩散，确保实验室工作人员和公众身体健康，维护国家生物安全，有关部门陆续发布了如下表所示相关文件。其中2008年的《实验室生物安全通用要求》，规定了实验室生物安全管理和实验室建设原则、生物安全分级、实验室设施设备的配置、个人防护和实验室安全行为等。[21] 2017年的《生物技术研究开发安全管理办法》则规定按照生物技术研发活动潜在风险，将生物技术研发活动分为高风险等级、较高风险等级和一般风险等级，国家实行分级管理。[22] 2018年修订的《病原微生物实验室生物安全管理条例》将实验室分为四个等级。一级、二级实验室不得从事高致病性病原微生物实验活动。实验室申报或者接受与高致病性微生物有关的科研项目，应当符合科研需要和生物安全要求，具有相应的生物安全防护水平。[23]

---

[21] 王庆梅："生物安全实验室的个体防护装备"，《中国医学装备》2010年第2期。
[22] 王小理："生物安全时代：新生物科技变革与国家安全治理"，《国际安全研究》2020年第4期。
[23] 薛杨、何悦："中国合成生物技术研究立法完善——与美国和澳大利亚立法比较"，《中国发展》2018年第2期。

表 2　我国生物研究实验相关规范

规范文件/方法	时间
《高致病性动物病原微生物实验室生物安全管理审批办法》	2005 年
《病原微生物实验室生物安全环境管理办法》	2006 年
《人间传染的高致病性病原微生物实验室和实验活动生物安全审批管理办法》	2006 年
《实验室生物安全通用要求》	2008 年
《植物检疫性有害生物实验室生物安全操作规范》	2013 年
《临床实验室生物安全指南》	2014 年
《移动式实验室生物安全要求》	2015 年
《生物技术研究开发安全管理办法》	2017 年
《病原微生物实验室生物安全管理条例》	2018 年修订

2. 科技伦理规制

在科技伦理方面，近年来我国针对医学科研伦理的相关政策文件已在逐步完善，陆续出台了《涉及人的生物医学研究伦理审查办法》《医疗技术临床应用管理办法》《涉及人的临床研究伦理审查委员会建设指南（2020 版）》。[24] 此外，也有如《人类辅助生殖技术管理办法》《人类精子库管理办法》《人胚胎干细胞研究伦理指导原则》等相关法律规范，对涉及人的医疗、药物及胚胎领域的伦理作出了规制。违反此类伦理管制的后果较为严重，如"贺建奎基因编辑婴儿事件"中，贺建奎本人因为非法行医罪被判处有期徒刑。

在涉及实验动物的伦理审查方面，代表性文件如《实验动物管理条例（修订草案征求意见稿）》。《实验动物管理条例（修订草案征求意见稿）》首次以部门规章形式提出了设立实验动物的福利伦理审查制度。在推荐性国标《实验动物福利伦理审查指南》的指导下，机构建立了自身适用的动物福利伦理审查制度，但是一般多为机构内部规则，违反后果一般为机构内部处罚。而对于其他科技领域的伦理审查，《科学技术进步法》和《生物安全法》做出了原则性的规定。[25]

3. 基因技术规制

在基因技术方面，我国 1998 年的《人类遗传资源管理暂行办法》规定办理涉

---

[24] 何光喜、张新庆、赵延东等："我国医学科研人员对科研伦理的认知和态度——基于一项全国性抽样调查结果"，《中国医学伦理学》2022 年第 1 期。
[25] 《科学技术进步法》规定，禁止危害国家安全、损害社会公共利益、危害人体健康、违背科研诚信和科学伦理的科学技术研究开发活动和应用活动；《生物安全法》规定，从事生物技术研究、开发与应用活动，应当符合伦理原则。

我国人类遗传资源的国家合伙项目的报批手续,须填写申请书,并提交提供者及其家属的知情同意证明材料。《促进科技成果转化法》规定,科技成果转化需要维护国家利益,不得损害社会公共利益和他人合法权益。《基因工程安全管理办法》对于基因工程技术的管理实施安全等级控制、分类归口审批制度,但是就基因编辑技术的具体规制而言,《基因工程安全管理办法》不能提供有针对性的措施。其他相关法律规定如下表所示,归纳而言,目前我国针对基因编辑这一项技术的法律规范层级较低,上位法主要进行了原则性规定,在实践中的可操作性不强。[26]

表3 我国基因技术相关规范

规范文件/方法	时间
《基因工程安全管理办法》	1993年
《人类遗传资源管理暂行办法》	1998年
《人类辅助生殖技术管理办法》	2001年
《人类辅助生殖技术规范》	2003年
《人类辅助生殖技术和人类精子库伦理原则》	2003年
《人胚胎干细胞研究伦理指导原则》	2003年
《干细胞临床研究管理办法(试行)》	2015年
《干细胞制剂质量控制及临床前研究指导原则(试行)》	2015年
《涉及人的生物医学研究伦理审查办法》	2016年
《生物技术研究开发安全管理办法》	2017年
《医疗技术临床应用管理办法》	2018年
《人类遗传资源管理条例》	2019年
《民法典》	2020年
《刑法修正案(十一)》[27]	2020年

4. 转基因食品、合成生物学食品规制

我国目前并未形成针对细胞培养肉等合成生物学食品的明确监管与指导意见,

---

[26] 万思敏:"基因编辑的法律规制",《中国卫生法制》2019年第4期。
[27] 《刑法》第334条规定:违反国家有关规定,非法采集我国人类遗传资源或者非法运送、邮寄、携带我国人类遗传资源材料出境,危害公众健康或者社会公共利益,情节严重的,处三年以下有期徒刑、拘役或者管制,并处或者单处罚金;情节特别严重的,处三年以上七年以下有期徒刑,并处罚金。《刑法》第336条规定:将基因编辑、克隆的人类胚胎植入人体或者动物体内,或者将基因编辑、克隆的动物胚胎植入人体内,情节严重的,处三年以下有期徒刑或者拘役,并处罚金;情节特别严重的,处三年以上七年以下有期徒刑,并处罚金。

法律监管框架有待进一步完备。[28] 以细胞监管肉为例,就目前的监管框架而言,根据2017年修正的《新食品原料安全性审查管理办法》,新食品原料是指在我国无传统食用习惯的以下物品:动物、植物和微生物;从动物、植物和微生物中分离的成分……细胞培养肉系该法规定的新食品原料,其应当经过国家卫生健康委员会进行安全性审查后,方可用于上市生产。根据《食品添加剂新品种管理办法》,若细胞肉的生产过程涉及新食品添加剂的使用,须提请国家卫生健康委员会对该食品添加剂的新品种进行安全审查,获得许可后方可使用。此外,根据《转基因动物安全评价指南》[29],若用于生产细胞培养肉的细胞体系经过基因编辑,则细胞培养肉将被视为转基因产品,需参照相关的转基因产品管理条例进行管理。[30] 在行业层面,2020年中国食品科学技术协会发布《植物基肉制品团体标准》,为植物基肉制品制定了团体标准。

2021年11月,我国农业农村部发布了关于修改《农业转基因生物安全评价管理办法》的决定(征求意见稿)公开征求意见的通知,此次修订主要是针对转基因植物的评估调整。然而,如何对经过基因修饰的细胞培养肉进行安全评估,申请者需要提供哪些材料以满足评估要求等问题,目前尚未有明确的指南与标准。[31]

(二)欧盟与欧洲各国

1. 生物安全与生物安保规制

欧盟相关委员会指出,尽管合成生物学是一个相对较新的领域,但现有的适用于生物、化学或基因修饰研究和产品的法规也适用于合成生物学研究、应用和产品。[32] 欧盟颁布的相关指令在欧盟一级形成统一的监管体系,涵盖合成生物学的研发注册、环境释放、运输、使用等各个环节。[33]

欧盟颁布了《关于封闭使用转基因微生物的90/219号指令》(Council Directive 90/219/EEC)以及《转基因生物释放指令》(Directive 2001/18/EC)。前者指出,应当

---

[28] 王守伟、孙宝国、李石磊等:"生物培育肉发展现状及战略思考",《食品科学》2021年第15期。
[29] 中华人民共和国农业农村部:《农业转基因生物(植物、动物、动物用微生物)安全评价指南》(2017年)。
[30] 李玉娟、傅雄飞、杜立:"细胞培养肉商业化的法律规范与监管:外国经验及对我国启示",《合成生物学》2022年第1期。
[31] 李玉娟、傅雄飞、杜立:"细胞培养肉商业化的法律规范与监管:外国经验及对我国启示"。
[32] Scientific Committee on Health and Environmental Risks (SCHER), Scientific Committee on Emerging and Newly Identified Health Risks (SCENIHR), Scientific Committee on Consumer Safety (SCCS), *Opinion on Synthetic Biology I: Definition*, 2014, https://ec.europa.eu/health/scientific_committees/emerging/docs/scenihr_o_044.pdf.
[33] 刘旭霞、秦宇:"欧美合成生物学应用的风险治理经验及启示"。

根据转基因微生物对人类健康及环境可能造成的风险程度将其利用方式划分为四类,并对其进行不同标准的生物安全监管;后者指出,经营者需关注转基因微生物的安全问题,对于转基因微生物体的释放、运输或作为产品投放市场而导致对环境的损害负有相当的赔偿责任。具体适用到利用合成生物学技术制造食品领域,经营者也必须考虑到合成生物食品投放产出环节可能会对环境造成的影响。[34] 在欧盟转基因产品投放市场的过程中,两部指令经过多次修订,不断补充和更新生物安全风险评估的具体技术方法,逐渐形成了针对转基因食品较为完备的生物安全监管框架。[35]

就软法而言,英国发布了《2016年英国合成生物学战略计划》,更加注重以负责任的态度用商业方式交付具有公共利益的新产品和服务,强调进行负责任的研究和创新,指出了针对意外或者故意滥用的监管流程,采取适应性监管以实现公共利益最大化和风险最小化。[36]

2. 基因技术规制

在基因技术方面,欧盟 1995 年的《个人信息处理与自动流动中的保护指令》以及 1997 年的《欧洲人权和生物医学公约》都将基因信息作为广义的个人信息,纳入隐私权的保护范围。此外,德国、挪威以及荷兰等都制定了专门的基因信息法案,[37]区分个人信息和个人基因信息,内容包括禁止非法的基因检测,禁止保险业利用个人基因信息提供差别待遇。

在干细胞方面,德国、法国、英国都分别出台了相关法律,围绕基因编辑的适用范围、基因权利、克隆技术等进行规制。

表 4 欧洲各国基因技术相关规范

规范文件/方法	时间	国家	相关内容
《胚胎保护法》	1991 年	德国	对基因编辑的适用范围进行了规范,对胚胎进行的基因编辑完全禁止,也不得人为干预,基因编辑只能用于对疾病的治疗领域。
《胚胎干细胞法》	2002 年	德国	
《基因诊断法》	2009 年	德国	
《胚胎植入前诊断法》	2011 年	德国	

---

[34] 杜立、王萌:"合成生物学技术制造食品的商业化法律规范",《合成生物学》2020 年第 5 期。
[35] 杜立、王萌:"合成生物学技术制造食品的商业化法律规范"。
[36] 张慧、闫瑞峰、邱惠丽:"欧美合成生物学伦理治理比较及启示",《科学技术哲学研究》2023 年第 401 期。
[37] 刘长秋:"基因隐私权及其法律保护",《医学与法学》2012 年第 3 期。

(续表)

规范文件/方法	时间	国家	相关内容
《法国民法典》	1804年	法国	规定基因权利。
《法国刑法典》	1910年	法国	设置刑事责任。
《生物伦理法》	1944年	法国	允许胚胎植入前遗传学诊断或者筛查,禁止生殖性或者治疗型克隆。
《人类受精和胚胎法学》	1990年	英国	设置监管局,进行个案的审批。

3. 转基因食品、合成生物食品规制[38]

在欧盟现行监管体系下,应用基因编辑或者合成生物学生产的食品受到《新食品法规》(Regulation (EU) 2015/2283),以及其他转基因生物法规,如转基因生物指令、转基因食品和饲料的转基因生物法规(Regulation (EC) No. 1829/2003),以及GMO可追溯性和标签法规(Regulation (EC) No. 1830/2003)等的规制。此两种制度框架具有相似性,即新型食品和转基因食品都需要经过全面和长期的风险评估基础上的事先市场批准。[39]

以细胞培养肉为例,在欧盟现行监管体系下,根据所使用的细胞体系,细胞培养肉的监管在《新食品法规》或《转基因食品和饲料》等法规下适用。因此,若将诱导性多能干细胞用于细胞培养肉的生产,则其很大可能会被视为转基因产品而适用转基因物的相关法律。

2018年,欧洲法院(CJEU)在Case C-528/16案件中裁定,通过基因编辑获得的生物属于转基因生物,且原则上受到转基因生物管理条例规定的约束。在2021年,欧盟委员会发布使用新的基因组技术生产的产品的法律地位的研究报告(Study on the status of new genomic techniques under Union law and in light of the Court of Justice ruling in Case C-528/16)。根据该报告,所有使用新基因组技术的产品都将被视为转基因产品,适用现行有关转基因产品的法规。因此,在欧盟区域,经过基因编辑的细胞培养肉将按照转基因食品管理中的规定约束,并面临更复杂的流程。

---

[38] 本部分内容主要整理自李玉娟、傅雄飞、杜立:"细胞培养肉商业化的法律规范与监管:外国经验及对我国启示"。

[39] Emily Marden, Deepti Kulkarni, Eileen M. McMahon, Melanie Sharman Rowand, Karin Verzijden, *Regulatory frameworks applicable to food products of genome editing and synthetic biology in the United States, Canada, and the European Union*, Academic Press, 2023, pp. 255-285.

表 5 欧盟合成生物食品相关规范

规范文件/方法	时间	相关内容
《食品安全基本法》Regulation（EC）No. 178/2002	2002 年	欧盟的主要食品安全法规。应当建立科学的风险评估框架,对于那些对公众生命或者健康可能有危害的风险,尽管尚无科学确证,也应当暂停食品流通,最大程度确保公众健康。建立完整的食品溯源系统,帮助召回问题食品。
Regulation（EC）No. 1829/2003]	2003 年	涉及转基因食品、饲料的授权、标签和监控。专门针对转基因食品进入欧洲市场,发布相应的安全评估和技术审查准则。
Regulation（EC）No. 1830/2003	2003 年	补充了 1829/2003 的内容,设定了转基因食品入市后可溯源性、添加标签制度,并要求标签应具备客观性,避免误导消费者,以保障公众食品安全。
《消费者食品信息法规》Regulation（EU）No. 1869/2011	2011 年	关于向消费者提供食品信息的法规。新型食品需要特别标识以描述食品来源、成分或者预期食用条件等信息,以确保大众,尤其是年幼和易受伤害的消费者群体充分了解新食品的性质和安全。
《新食品法规》[40] Regulation （EU） 2015/2283	2018 年	规定了新食品在欧盟内投放市场的规则。扩大了新食品的类别,根据新的定义以及细胞培养肉的工艺流程,细胞培养肉可以归入此类。

（三）美国

1. 生物安全与生物安保规制

美国政府主要是从研究实验、环境释放、越境转移、制剂选择和研究机构管理等各方面对美国合成生物学研发、使用和运输进行监管,构建较完善的法律法规监管体系,如下表所示。[41]

表 6 美国生物安全与生物安保相关规范[42]

规范名称	时间	相关内容
《有毒物质控制法》(Toxic Substances Control Act)[43]	1976 年	分别从农业、动物以及动物产品、公共卫生三方面限制拥有、使用和转移可能对人类及动植物的健康和安全构成严重威胁的 67 种特定生物剂和毒素。
《美国政府对生命科学两用性研究监管政策》	2012 年	对两用性生命科学研究的监管原则和范围做出了规定,将马尔堡病毒等 15 种重点生物制剂和毒素以及 7 种两用性研究实验类型纳入监管范畴。

---

[40] 欧洲食品安全局(EFSA)还在新型食品法规(Regulation（EU）2015/2283)背景下,发布了《关于准备和提交新型食品授权申请的指南》。
[41] 刘旭霞、秦宇:"欧美合成生物学应用的风险治理经验及启示"。
[42] 表格内容整理自刘旭霞、秦宇:"欧美合成生物学应用的风险治理经验及启示"。
[43] 《美国联邦法规》(CFR)中的 CFR331、CFR121、CFR73。

（续表）

规范名称	时间	相关内容
《美国政府对生命科学两用性研究机构监管政策》	2014年	重点阐明了对两用性研究的组织机构监管框架、审查过程以及研究机构、研究人员的角色和责任,明确相关研究机构必须建立风险防范制度,开展研究人员风险教育和培训,履行内部监管职责。
《生物技术协调框架》[44]（Coordinated Framework for Regulation of Biotechnology）	2017年	规范合成生物技术产品研发应用的重要法律,包含各种生物技术产品及相关部门在法规监管体系中的职责。

此外,软法在美国的合成生物学治理中也得到了广泛应用。如美国国立卫生研究院（NIH）发布的《重组DNA分子研究准则》[45]（Guidelines for Research Involving Recombinant or Synthetic Nucleic Acid Molecules）第一次提出生物安全（biosafety）的概念,[46]为使病原微生物在实验室得到安全控制而采取一系列措施。美国疾病控制和预防中心（CDC）和国立卫生研究院（NIH）共同发布的一份手册《微生物和生物医学实验室的生物安全手册》（Biosafety in Microbiological and Biomedical Laboratories,BMBL）在一定程度上也规制合成生物技术研究和应用行为。《合成双链DNA供应商筛选框架指南》（Screening Framework Guidance for Providers of Synthetic Double-Stranded DNA）由美国卫生与公众服务部（Department of Health and Human Services）在2010年发布,该指南旨在为合成双链DNA供应商提供最佳实践框架,减少合成基因产品可能被恶意应用的风险。报告《合成生物学时代的生物防御》（Biodefense in the Age of Synthetic Biology）由美国国防科学委员会于2018年发布,从病原体重构、化学物质生产、人体免疫系统和基因组修饰、生物武器发展、生物预防措施五个方面对合成生物学滥用风险进行评估,并就美国加强合成生物学时代的生物防御措施提出具体建议。[47]

2. 基因技术规制

在基因技术规制方面,美国1974年的《隐私法》将基因信息作为广义的个人信

---

[44] 1986年首次发布,分别于1992年、2017年更新。
[45] 《重组DNA分子研究准则》将重组DNA分子定义为"在活细胞外将天然或合成的DNA片段与其他DNA分子组合,所构建的能在活细胞中复制的分子,以及由此产生的复制品"。就风险评估而言,《准则》规定,风险评估应考虑致病因素及其操作方法;再到确定物理控制等级时,应考察包括毒力、感染剂量、传染性等诸多要素。就实验类型而言,《准则》针对6种重组DNA实验规定了不同的管理办法。关于法律责任,《准则》分别规定了项目负责人等的职责和应当承担的法律责任。根据《准则》,任何涉及基因的生物实验必须经由美国国家卫生研究院的批准。针对高致病性、高致死性基因或毒素的基因重组性研究,国家卫生院出台《实验规制指南》予以规制。参见薛杨、何悦:"中国合成生物技术研究立法完善——与美国和澳大利亚立法比较"。
[46] 林祥明、朱洲:"美国转基因生物安全法规体系的形成与发展",《世界农业》2004年第5期。
[47] 刘旭霞、秦宇:"欧美合成生物学应用的风险治理经验及启示"。

息纳入了隐私权的保护范围。2008年的《基因信息反歧视法案》区分个人信息和个人基因信息,对基因信息进行专门立法保护,内容包括禁止非法的基因检测,禁止保险业利用个人基因信息提供差别待遇。此外,美国许多州承认基因信息财产权,规定基因信息属个人专属财产。[48]

在干细胞规制方面,美国1995年的《迪基·威客修正案》指出,禁止联邦资金资助制造或者破坏人类胚胎的研究活动。[49] 此外,美国国家科学院发布的《人类胚胎干细胞研究指导原则》以伦理准则的形式提供了若干规制措施,禁止生殖性克隆以及培养嵌合体胚胎。[50]

3. 转基因食品、合成生物食品规制

美国采用实质等同原则为基础的法律法规规范并监管新兴技术产品。[51] 仍以细胞培养肉为例,2018年开始,美国卫生及公共卫生服务部食品和药品管理局和美国农业部联合采取系列措施,通过举行联席会议,签订跨部门协议以及成立联合工作组等多种机制合作监管细胞培养肉的生产和商业化。[52] 具体而言,FDA负责前期工作,审查上市前USDA所需信息;USDA则审查细胞培养肉的细胞系来源、包装及标签,酌情制定额外标准,以确保细胞培养肉的食品安全与标签准确。[53] 具体规范内容如下表所示,此外,部分州正在推动立法,对细胞培养肉的标签进行管理。

表7 美国合成生物食品相关规范[54]

规范文件/方法	时间	相关内容
《联邦食品、药品与化妆品法》(FD&C Act)	2007年最后一次修正	负责监管除了肉类、家禽及蛋制品之外的其他食品的安全,包括食品添加剂等。赋予美国食品与药品管理局可以强制召回有危害食品的权利。
《联盟肉类检验检疫法案》《家禽产品检验法》等具体门类的食品法律规范	/	负责监督管理美国国产和进口的肉类、家禽和蛋制品的安全卫生以及正确标识和适当包装。相关的行政部门按照食品类别划分监管职责,以对食品生产企业进行专业及严格的监督和审查。

---

[48] 郭少飞:"论基因信息的二阶人格权形态",《江汉论坛》2023年第3期。
[49] 谭波、赵智:"对基因编辑婴儿行为的责任定性及其相关制度完善",《山东科技大学学报(社会科学版)》2019年第3期。
[50] 王康:"人类基因编辑多维风险的法律规制",《求索》2017年第11期。
[51] 肖鹏:"欧美转基因食品标识制度的趋同化及我国的应对——兼评美国S.764法",《法学杂志》2018年第10期。
[52] 李玉娟、傅雄飞、杜立:"细胞培养肉商业化的法律规范与监管:外国经验及我国启示"。
[53] 李玉娟、傅雄飞、杜立:"细胞培养肉商业化的法律规范与监管:外国经验及我国启示"。
[54] 表格内容主要整理自李玉娟、傅雄飞、杜立:"细胞培养肉商业化的法律规范与监管:外国经验及我国启示"。

（续表）

规范文件/方法	时间	相关内容
《食品安全现代法》(FSMA)	2011年	要求食品生产企业在食品入市之前,制定详细的食品安全风险预防计划。
《2019年细胞培养肉类和家禽法案》	2019年	该法案旨在进一步通过立法的方式将FDA和USDA联合监管细胞培养肉的分工规范化与合法化。

三、监管政策建议与经营者合规提示[55]

（一）监管政策建议

合成生物学技术发展迅速,无论是底层技术抑或是落地应用均已经在一定程度上突破了现有的监管框架。此外,合成生物学作为一门高度综合性的学科,涉及生物学、工程学等多个领域,由此对监管者提出了更高的挑战,要求监管者具有更广泛的知识背景。

合成生物学技术的发展一方面对生物医学、能源生产、环境保护等领域带来革命性的正面效益,但正如前文所述,合成生物学技术的潜在风险也不容忽视,监管者可注意就以下几方面对合成生物学技术进行重点管理：

1. 科研伦理

2019年,我国成立了国家科技伦理委员会,中共中央办公厅、国务院办公厅公布了《关于加强科技伦理治理的意见》,这是我国首个国家层面的技术伦理治理指导性文件,该意见指出,未来将"制定生命科学、医学、人工智能等重点领域的科技伦理规范、指南等",并"建立科技伦理审查和监管制度",且在未来立法中要"落实科技伦理要求"。此外,各高校、科研机构、医疗卫生机构等单位需要履行科技伦理管理主体责任,如果研究内容涉及科技伦理的敏感领域的,必须设立单位的科技伦理（审查）委员会。

一方面,监管部门可以在完善相关科研伦理基本规范的基础上,加强科研伦理教育,要求相关从业人员充分了解合成生物技术的可能的伦理风险,审慎研究、应用新技术。另一方面,进一步完善科技伦理审查的相关规定,如进一步细化科研伦理执法、评估、审查要求,以督促相关从业人员遵守伦理要求。

---

[55] 第三部分资料主要整理自蔡航、京若阳等："合成生物学合规及投融资法律指南（二）———一般性合规"。

2. 风险评估

合成生物学技术的应用过程中,可能具有生物安全、环境污染等方面的隐患。因此,有学者建议,可以成立研究和应用风险评估中心,以合成生物学家为主,加上生态、社会、伦理领域专家组成评估专家组,建立完善的合成生物学风险评估体系与框架。[56] 此外,监管部门可以制定相关的法规,明确合成生物学产业链的不同主体的责任,要求特定主体在研究或者应用合成生物学技术时自主进行风险评估或者影响评估,采取适当的措施保障研究或者应用的安全性,并将评估结果以及保障措施进行备案或者申报。

3. 知识产权保护

合成生物学技术具有重大潜力,监管者宜最大程度平衡技术创新与安全。在知识产权保护方面,合成生物学技术的某些特殊发展与应用,如合成生物实体,可能与现有的保护标准已经不相适应,有关部门可以结合学界、产业界的意见,根据合成生物学技术的发展,制定更加切合实际的保护标准。

4. 商业与市场监管

在合成生物技术的商业化应用方面。如前所述,合成生物学的落地应用涵盖多个领域,包括食品、药品、工业化学品等。监管部门可以在现有标准的基础上,根据合成生物技术的新特性设置更为精细、更有针对性的市场准入标准与安全评估体系,保障产品的安全与质量。此外,在合成生物产品进入市场流通的过程中,监管部门还可以对合成生物学产品的标签、包装以及说明书等设置更高的标准,以保障消费者对于合成生物产品的充分知情权与自主选择权。

5. 跨界合作与国际合作

合成生物学技术的复杂性、前沿性可能要求监管部门、学界以及产业界进一步加强合作,以建立动态、适宜的监管框架。此外,鉴于合成生物学技术可能具有一定的全球性风险(如某些环境影响跨越国家边界,引起全球生态系统变化),国际社会宜加强信息共享与交流,建立全球性的准则与标准,利用国际双边或者多边条约规范合成生物学的研究与应用,[57]促进技术的安全发展与应用。

(二) 经营者合规提示

1. 生物安全与生物安保合规

建议合成生物学从业者遵守《生物安全法》的各项规定。由于《生物安全法》是

---

[56] 王盼娣、熊小娟、付萍、吴刚、刘芳:"《生物安全法》实施背景下对合成生物学的监管",《华中农业大学学报》2021年第6期。

[57] 刘旭霞、秦宇:"欧美合成生物学应用的风险治理经验及启示"。

基本法、上位法，内容具有一般性与原则性，因此从业人员应当密切关注相关主管部门后续可能出台的其他配套法律以及软法规范。

就企业内部而言，提前建立生物安全管理体系，安排、部署标准操作规范，应急预案。在开展合成生物学技术研究、应用时，自行评估相关活动的风险等级。定期开展相关知识培训，确保相关人员对生物安全知识的必要了解。

就企业外部而言，严格筛选供应商、客户以及其他合作方，在订立商业合同时明确各方权利与义务，尤其是确保供应商符合生物安全的相关要求。对实验室等重要区域实行严格管理，限制未经授权人员进入，建立访问控制与定期的安全审查制度。

2. 科技伦理合规

遵守一般科技伦理原则，密切关注相关主管部门可能会制定的科技伦理规范与指南，严格按照其要求履行相关义务。在企业内部，根据相关要求，建立科技伦理审查委员会，制定人员伦理守则规范，定期开展知识培训。在开展研究或者应用活动时，配合生物安全风险评估进行伦理风险评估，进行伦理审查，确保遵守相关的伦理与道德准则。

3. 环境保护合规

评估企业在开展生产经营的过程中是否涉及环境污染，识别涉及环境污染的具体环节、具体的污染物与排放量，以及企业现有的污染处理能力。对于合成生物相关开发活动，确保生物材料的管理与实验室废物的释放符合环境监管的要求。

4. 知识产权保护

密切关注合成生物学相关知识产权规范的更新变动，确定企业现有的研究开发成果是否及时申请专利或者进行著作权登记，对于非专利技术是否采取了适当的保密措施。在委托开发以及合作开发活动中，关注是否在相关协议中明确约定了知识产权的归属，保密措施以及相关风险分担。识别企业目前现有开发活动中是否存在已授权的专利，评估法律风险并及时采取适当措施。

5. 数据与隐私合规

合成生物学可能涉及对个人基因信息、生物样本以及医疗数据的处理和分析，而这些数据具有高度的敏感性。建议企业对内部数据进行盘点，确定数据的敏感程度并进行恰当分类。确保数据来源的合法性，梳理数据内外部流动环节，包括但不限于与第三方进行数据交互的情况。采取适当措施保障数据的安全性，防止数据泄漏与丢失。

人工智能在健康医疗应用中的人身权保障指标

林暖暖*

2023年,中共中央、国务院印发《数字中国建设整体布局规划》,明确了"加快数字中国建设,对全面建设社会主义现代化国家、全面推进中华民族伟大复兴具有重要意义和深远影响",并要求"推动数字技术和实体经济深度融合,在农业、工业、金融、教育、医疗、交通、能源等重点领域,加快数字技术创新应用。"人工智能是数字技术创新应用的重要环节,就其与健康医疗领域的结合而言,人工智能正在深刻地改变着医疗服务体系:上至诸如人口健康与疾病防控、健康医疗系统运营、全民健康保险覆盖、健康医疗服务与药品供给、医学研究与药物开发、健康医疗技术创新等宏观领域,下至诸如疾病的筛查与预测、医疗诊断与临床决策、医学影像、[①]智能化医疗器械、基因测试、患者健康管理与自我护理等微观活动,无不受到人工智能以及包括大数据在内的数字技术创新应用的影响。我们可以断言,健康医疗领域人工智能将是数字中国建设中的重要领域,将在我国"打造具有国际竞争力的数字产业集群"的进程中发挥极其重要的作用。

一、健康医疗人工智能及其挑战

所谓人工智能系统(artificial intelligence systems),是指一种整合了模型和算法的

---

* 林暖暖,法学博士,复旦大学法学院讲师。
① 人工智能可通过对于医学影像的自动学习和处理,从医学图像中诊断出已知的各类疾病。有关人工智能学习功能在诊疗活动中的广泛应用,例如参见 Veronika Cheplygina et al., "Not-so-supervised: A Survey of Semi-supervised, Multi-instance, and Transfer Learning in Medical Image Analysis", *Medical Image Analysis*, Vol. 54, May 2019, pp. 280-296。一些研究者认为,健康医疗领域人工智能被证明在许多方面已与医学专家旗鼓相当,例如参见 Xiaoxuan Liu et al., "A Comparison of Deep Learning Performance Against Health-care Professionals in Detecting Diseases from Medical Imaging: A Systematic Review and Meta-analysis", *Lancet Digital Health*, 2019, 1: e271-297(这篇文章重点探讨了健康医疗领域人工智能可以从医学图像中诊断各种疾病,其准确性在诸多方面并不亚于专科医生的诊断)。

信息处理技术,它所整合的模型和算法能够生成学习能力和执行认知任务(cognitive tasks),并基于其学习和认知能力在物质和虚拟环境中作出预测和决策等结果。[2] 近年来,人工智能迅速地影响和改变着人类社会,并在许多方面深刻地影响和改变着健康医疗领域;特别是在过去数年所暴发的全球新冠疫情(COVID-19)中,诸如中国、美国、英国、加拿大等科技水平居于世界前列的国家以前所未有的规模和速度推进电子医疗(eHealth services)和远程医疗等人工智能医疗服务,并推动人工智能系统协助国家实施疾病监测、疫情防控等公共卫生干预措施。[3] 实践证明,健康医疗领域人工智能有助于缓解区域性健康医疗服务资源分配不均和供给不足等方面的问题:借助于人工智能系统,政府可以不必过多地增加经济和社会成本而为人口稀少的偏远地区提供健康医疗服务,也可以不必过多地增加经济和社会成本而向有特殊困难的人群提供健康医疗服务。健康医疗领域人工智能通过诸如机器人、辅助设备、内置环境应用(built-in environmental applications)等技术可以确保更多的弱势群体能够获得高效、个性化的诊疗和护理。[4]

也正是因为受困于持续数年的新冠疫情,各国普遍放松了此前对于人工智能的疑虑和管制,转而将包括人工智能系统在内的数字工具视为预防和控制传染病流行的解决方案,人工智能在健康医疗领域的发展就此呈现出一派欣欣向荣之势。包括IBM、谷歌、微软、苹果、华为、腾讯、百度、阿里巴巴等世界顶尖科技公司都在数据收集(包括健康医疗数据)、算法开发和人工智能应用等方面投入巨资,试图抢占人工智能技术的制高点。例如,较早进军健康医疗人工智能领域的 IBM 公司成立了 IBM Watson,通过与在美国享有盛誉的私立医疗机构——斯隆·凯特琳纪念癌症中心(Memorial Sloan Kettering Cancer Center)——合作获取了患者健康医疗信息,并以此

---

[2] United Nations Educational, Scientific and Cultural Organization, "Recommendation on the Ethics of Artificial Intelligence", 23 November 2021, p. 10.

[3] 人工智能对新型冠状病毒感染的防控、诊疗以及新毒株的检测和发现起到了重要作用。有关一些国家将人工智能运用于新冠疫情的防控,例如参见 Becky McCall, "COVID-19 and Artificial Intelligence: Protecting Health-care Workers and Curbing the Spread", *Lancet Digital Health*, April 2020, 2(4): e166-e167(这篇文章的作者梳理了疫情暴发初期中国、中国香港、英国、美国等不同国家和地区应用人工智能应对疫情的状况)。

[4] Annual report of the United Nations High Commissioner for Human Rights and reports of the Office of the High Commissioner and the Secretary-General, "Question of the Realization of Economic, Social and Cultural Rights in All Countries: The Role of New Technologies for the Realization of Economic, Social and Cultural Rights", 2020, available at https://www.ohchr.org/EN/HRBodies/HRC/RegularSessions/Session43/Documents/A_HRC_43_29.pdf, last visited on 2023-07-05.

研发了相应医疗领域的人工智能技术。⑤ 再如,苹果公司将其旗下产品Apple Watch打造成为一款可穿戴的健康监测设备,其心率监测器App每时每刻都在收集用户的心率数据,而苹果公司也正是利用其所收集的海量用户心率数据,并就此成立了苹果心脏研究中心(Apple Heart Study)进行相关领域的人工智能技术研究。⑥ 再以我国为例,华为科技公司如今也进军健康医疗人工智能领域,它与中国1800余家三级医院合作建设智慧医院,并正在参与国家医疗保障局、国家智慧医保实验室以及31个省份的医保信息平台建设。⑦

健康医疗领域人工智能与健康医疗系统的数字化已经成为影响未来科技、医疗、经济和社会发展的重要领域,但与此同时,我们也必须清醒地认识到,如果不随着科技发展而适时采取适当的监管措施,人工智能在健康医疗领域中的广泛应用也将在患者安全、健康隐私、医疗伦理等方面带来新的挑战。这些挑战包括但不限于以下五个方面。

第一,健康医疗领域人工智能可能对包括患者自主权、不受歧视的权利等基本权利构成挑战,并由此带来相应的法律和伦理问题。例如,人工智能是否有可能将原本应当由医疗机构和患者所作出的医疗决策,不当地转移为由机器作出生死攸关的决定,而由此所形成的法律责任关系又应当如何界定?

第二,健康医疗领域人工智能可能进一步维系和扩大既有健康医疗服务体系中的偏见和歧视性医学结论。算法是人工智能的基础,健康医疗领域人工智能主要基于深度学习框架学习以往的健康医疗数据并就此形成认知、进行推测和作出判断。⑧ 由于既有的数据是人工智能学习和运作的基础,因此,存在于现有健康医疗服务体系中的偏见和歧视性医学结论可能被复制、被编码成为数据集,⑨甚至被用于训

---

⑤ See, e. g., SP Somashekhar et al., "Early Experience with IBM Watson for Oncology (WFO) Cognitive Computing System for Lung and Colorectal Cancer Treatment", *Journal of Clinical Oncology*, Vol. 35, Issue 15, 2017.

⑥ Ariadna Garcia et al., "Lessons Learned in the Apple Heart Study and Implications for the Data Management of Future Digital Clinical Trials", *Journal of Biopharmaceutical Statistics*, Vol. 32, Issue 3 (Special issue on Emerging Clinical Initiatives in Pharmaceutical Development: Methodology and Regulatory Perspectives), 2022, pp. 496-500.

⑦ 该数据来源于华为公司官网:https://e. huawei. com/cn/industries/healthcare,最后访问时间:2023年7月5日。

⑧ 目前全球居于主流的深度学习框架包括:谷歌的TensorFlow、BVLC的Caffe、UdeM的Theano、微软的CNTK、百度的PaddlePaddle、Eclipse的Deeplearning4j、DMLC的MXNet,以及Facebook的PyTorch。

⑨ 参见A. Torralba, Alexei A. Efros, "Unbiased Look at Dataset Bias", *Computer Vision and Pattern Recognition*, 2011, available at: https://ieeexplore. ieee. org/document/5995347, last visited on 2023-07-05(这篇文章揭示了数据集的偏差问题)。

练算法。⑩ 以医学影像领域为例,数据集偏差(dataset bias)等问题已被证实存在于诸如胸部 X 线检查、⑪脑成像、⑫组织病理学,⑬以及其他领域。算法的偏见将进一步导致健康医疗领域人工智能偏离医学伦理和人权保障原则。

第三,健康医疗领域人工智能可能在医疗信息与决策的透明度等方面带来诸多问题。不同于传统的医患关系,人工智能是一个仅有输入和输出两端的"黑箱",其所输入的是冷冰冰的数据、所输出的是基于演算得出的概率,输入与输出之间是不为人知的决策过程。⑭ 甚至医生自己都不了解人工智能的医疗决策,遑论就此医疗决策向患者作出解释。特别是在人工智能推动新的医疗干预措施,使之更加精准但也更加复杂,或是更加前沿但也更加片面和缺乏准确性时,在增加诊疗活动对于患者的伤害风险的同时,⑮又令医疗机构无从把握可能存在的风险并就此向患者作出说明。

第四,健康医疗领域人工智能可能对患者隐私构成重大风险。正如前文所言,人工智能高度依赖于患者的健康医疗数据并基于这些数据建立算法,这也就意味着任何患者的个人信息甚至个人敏感信息都有可能在不为当事人所知悉和同意的情况下被作为共享信息而使用。尽管这种使用在大多数情况下是由机器自行完成,但由此隐藏的隐私风险依然不容小觑。

第五,健康医疗领域人工智能可能蕴含诸多医学和伦理争议。一些复杂的医学判断本身也涉及复杂的伦理判断,诸如何为"精神障碍"、何为"死亡"、何为"癌症"等看似"简单"的问题,其不仅在医学上颇具争议,在伦理上也面临挑战。机器

---

⑩ 例如参见 Gaël Varoquaux, Veronika Cheplygin, "Machine Learning for Medical Imaging: Methodological Failures and Recommendations for the Future", *NPJ Digital Medicine*, 5:48, 2022(这篇文章对现有文献和数据所提供的证据进行分析,从中发现机器学习具有潜在的偏见并可能蔓延于人工智能生命周期中的每一个阶段)。

⑪ 例如参见 John R Zech et al., "Variable Generalization Performance of a Deep Learning Model to Detect Pneumonia in Chest Radiographs: A Cross-sectional Study", *PLOS Medicine*, 15(11): e1002683, 2018。

⑫ 例如参见 Christian Wachinger et al., "Detect and Correct Bias in Multi-site Neuroimaging Datasets", *Medical Image Analysis*, Volume 67, 2021(这篇文章的作者对来自 17 项研究的 35 320 张大脑磁共振图像进行分析,发现人工智能的数据准确率只有 71.5%,由此证明了神经成像技术存在偏见)。

⑬ X. YU et al., "Classify Epithelium-stroma in Histopathological Images Based on Deep Transferable Network", *Journal of Microscopy*, Vol. 271, Issue 2, 2018。

⑭ 例如参见,郑志峰:"诊疗人工智能的医疗损害责任",《中国法学》2023 年第 1 期;杨军洁、周程:"医学人工智能的算法黑箱问题:伦理挑战与化解进路",《科学通报》2023 年第 13 期;皮勇:"论医疗人工智能的刑法问题",《法律科学》2021 年第 1 期。

⑮ See, e.g., Casey Ross, Ike Swetlitz, "IBM's Watson Supercomputer Recommended 'Unsafe and Incorrect' Cancer Treatments", *STAT*, 2018, available at: https://www.statnews.com/wp-content/uploads/2018/09/IBMs-Watson-recommended-unsafe-and-incorrect-cancer-treatments-STAT.pdf, last visited on 2023-07-05; See also, Eliza Strickland, "IBM Watson, Heal Thyself: How IBM Overpromised and Underdelivered on AI Health Care", *IEEE Spectrum*, Vol. 56, Issue 4, 2019, available at https://ieeexplore.ieee.org/abstract/document/8678513/, last visited on 2023-07-05.

无法取代人类对复杂的伦理问题作出解答,而对复杂的伦理问题作出判断的责任也不应当推诿并转交机器承担。此外,如果诸如类人机器人(human-like robots)和人工智能化身(AI-driven avatars)等人工智能技术被用来取代真正的人际接触,其应用也可能导致人的社会孤立感的急剧增加。[16] 具体就医疗领域而言,这些技术可能加剧患者的孤立和隔绝感,并可能损害患者(特别是老年人)的自主权和独立性。[17]

健康医疗领域人工智能所面临的上述挑战及其所衍生的种种问题,都与医疗服务、公共卫生以及健康医疗体系的标准和目标背道而驰。我们希望人工智能系统能够进一步提升以便帮助促进健康,但同时也承认,如果缺乏必要的法律监管,人工智能及其在健康医疗领域中的应用也可能破坏医疗服务、公共卫生以及健康医疗体系的标准及其所试图实现的目标。就此而言,如何确保科技在健康医疗应用中有助于维护人的健康、尊严和各项权利的问题,便成为一个极具紧迫性的理论和现实议题。当前的健康医疗领域人工智能是在其安全性和有效性尚且有待证实的情况下获得广泛应用的,而为了确保这项技术有助于增进医疗健康,有助于促进公共卫生,有助于医疗服务部门更好地了解患者在诊疗活动中不断变化的需求,有助于医务人员更好地为患者提供高质量的诊疗和护理,有助于医疗及其监管机构更好地管理诊疗、护理、康复等环节,以及有助于患者更好地管理自己的健康和维护自身的权益,我们就必须将包括人工智能在内的技术发展置于法律、伦理和人权保障的规范之下,必须建立适当的监管机制以约束健康医疗领域人工智能的设计、开发和应用,必须以相应机制促使科技公司、研究人员、程序员、工程师、数据科学家为符合人权保障的目标而发展健康医疗人工智能,必须确保所有涉及人权保障的科技政策、决策和运营实现透明。也就是说,人类必须基于人权保障的原则而完全掌控与人工智能相关的医疗决策过程和健康医疗体系。

---

[16] High-Level Expert Group on Artificial Intelligence, *Ethics Guidelines for Trustworthy AI* (2019), p. 34, available at: https://digital-strategy.ec.europa.eu/en/library/ethics-guidelines-trustworthy-ai, last visited on 2023-08-05.

[17] Annual report of the United Nations High Commissioner for Human Rights and reports of the Office of the High Commissioner and the Secretary-General, "Question of the Realization of Economic, Social and Cultural Rights in All Countries: The Role of New Technologies for the Realization of Economic, Social and Cultural Rights", 2020, available at https://www.ohchr.org/EN/HRBodies/HRC/RegularSessions/Session43/Documents/A_HRC_43_29.pdf, last visited on 2023-07-05.

二、人工智能与健康医疗领域人工智能相关规范

为了推动人工智能的良性发展并使之有助于促进人类健康,相关技术领域居于世界领先地位的国家普遍颁布了对人工智能的研发和应用予以规范的政策法规和伦理原则。例如,美国为推动人工智能在其国防军事、[18]政府治理、[19]医疗健康、[20]商业等不同行业和领域中的应用,已经建立了相对完整的人工智能监管框架。该监管框架主要由以下三份法律和政府文件构成:一是《2020年国家人工智能战略法》[21];二是《国家安全委员会有关人工智能的最终报告》[22];三是隶属于美国商务部的美国国家标准与技术研究院(National Institute of Standards and Technology)所颁布的《美国在人工智能领域的领导地位:促进联邦政府参与技术标准和工具制定的战略规划》。[23] 2021年,美国又连续出台了几部有关人工智能的重要规范:一是《国家战略算力储备蓝图》(National Strategic Computing Reserve: a Blueprint),着重强调算力(computing)在确保国民健康、国防能力和经济竞争力方面所具有的核心地位;[24]二是《人工智能机构影响法》[25],这部法律要求联邦政府各部门必须制定和实施人工智能战略,并设定相应的计划、目标和应当达到的指标;三是《算法正义和在线平台透明度法》,这部

---

[18] 例如,美国在2021年通过了《军事人工智能法》,该法旨在强化人工智能技术在军事领域中的应用,推动人工智能学习功能与军事训练的深度融合。
[19] 为了推动人工智能在政府部门的应用以及增强政府对于人工智能的监管,美国在2021年相继出台《政府对人工智能数据的所有权和监督法》和《美国人工智能促进法》。
[20] 2009年,美国在1996年《健康保险便携与责任法》的基础上颁布了《健康信息技术促进经济和临床健康法》。这部法律在多个方面进一步强化了《健康保险便携与责任法》有关监管的规定,其中最重要的一项改革是将《健康保险便携与责任法》的安全规则扩展适用至与健康保险相关的商业实体,即后者也必须遵守相关的隐私监管标准,必须在有可能违反隐私义务时履行触犯隐私通知规则。
[21] National Artificial Intelligence Initiative Act of 2020, Division E of Public Law 116-283.
[22] National Security Commission on Artificial Intelligence (NSCAI), *Final Report*, 2021, available at https://www.nscai.gov/wp-content/uploads/2021/03/Full-Report-Digital-1.pdf, last visited on 2023-07-05.
[23] National Institute of Standards and Technology, "U.S. Leadership in AI: A Plan for Federal Engagement in Developing Technical Standards and Related Tools", 2019, available at https://www.nist.gov/system/files/documents/2019/08/10/ai_standards_fedengagement_plan_9aug2019.pdf#:~:text=This%20plan%20provides%20guidance%20regarding%20important%20characteristics%20of, least-%20to%20most-engaged%3A%20monitoring%2C%20participation%2C%20influencing%2C%20and%20leading, last visited on 2023-07-05.
[24] NSTC, *National Strategic Computing Reserve: A Blueprint*, 2021, p.1, available at: https://www.whitehouse.gov/ostp/news-updates/2021/10/31/nstc-national-strategic-computing-reserve-a-blueprint/, last visited on 2023-07-05.
[25] 这部法律要求联邦政府机构明确其在监管人工智能应用等方面所应当承担的角色、职责和行政权,明确其在指导人工智能应用等方面所应当遵循的价值观、伦理规范和原则,以此促进社会信任和建构合理的责任承担。

法律所针对的是通过处理个人信息和算法而进行信息筛选并向具体用户推送特定内容的商业在线平台(例如社交媒体网站),着重为这些平台设置特定的法律义务;[26]四是《人工智能风险管理基本框架》(AI Risk Management Framework Concept Paper),它为美国国家标准与技术研究院所颁布的人工智能风险管理框架(Artificial Intelligence Risk Management Framework)[27]提供了较为具体的实施路径。

在大西洋的另一端,欧洲委员会部长理事会向欧盟的各个成员国发布了《关于算法系统对人权影响的建议》,[28]要求其成员国务必确保算法系统在设计、开发和应用等各个方面都符合对于人权和人类基本自由的保障。此外,欧洲经济和社会委员会也发布了《欧洲人工智能(立场文件)》[29],对其所致力于建立的一个符合欧洲基本价值和基本权利理念的人工智能政策框架进行了阐释。就法律层面而言,2022年生效的《欧洲数据治理法》[30]作为《欧洲数据战略》[31]的一根关键性支柱,以立法的形式确立了相应的机制并以此促进数据使用、增强公众对于数据共享的信任,以及克服数据二次使用可能面临的技术壁垒。

除了美国和欧盟之外,国际组织也积极应对人工智能的应用所可能导致的法律和伦理困境,并以倡导强化对于人工智能的评估和审查、强化对于人工智能的法律和伦理规范等方式作出回应。例如,联合国教科文组织在2021年通过了《人工智能伦理问题建议书》,[32]由此确立了首个有关人工智能伦理的全球标准。世界卫生组织分别在2018年和2021年发布了题为《大数据和人工智能助力实现全民健康覆盖》(Big

---

[26] 例如,这部法律的第4条规定在线平台应当将其收集和使用个人信息的行为告知用户,并向用户披露其修改了相关信息的行为。此外,第4条还规定在线平台必须记录和说明其所使用的算法是以何种方式使用个人信息的。参见 *Algorithmic Justice and Online Platform Transparency Act*, Sec. 4, available at: https://www.congress.gov/bill/117th-congress/house-bill/3611/text, last visited on 2023-07-05.

[27] 通常简称 AI RMF。

[28] Council of Europe, *Recommendation CM/Rec(2020)1 of the Committee of Ministers to Member States on the Human Rights Impacts of Algorithmic Systems*, available at: https://rm.coe.int/09000016809e1154, last visited on 2023-07-05.

[29] European Economic and Social Committee, *Artificial Intelligence for Europe (Position Paper—January 2019)*, available at: https://www.eesc.europa.eu/en/our-work/publications-other-work/publications/artificial-intelligence-europe#downloads, last visited on 2023-07-05.

[30] *European Data Governance and Amending Regulation (EU) 2018/1724 (Data Governance Act)*, available at: https://eur-lex.europa.eu/legal-content/EN/TXT/?uri=CELEX%3A32022R0868, last visited on 2023-07-05.

[31] *An European Strategy for Data*, 2020, available at: https://eur-lex.europa.eu/legal-content/EN/TXT/?uri=CELEX%3A52020DC0066, last visited on 2023-07-05.

[32] World Health Organization, *Ethics and Governance of Artificial Intelligence for Health: WHO Guidance*, 2021.

Data and Artificial Intelligence for Achieving Universal Health Coverage)的报告[33],以及颁布了题为《卫生领域人工智能的伦理和治理》(Ethics and Governance of Artificial Intelligence for Health)的指导性文件[34],这两份文件既揭示了人工智能和大数据的应用对于促进健康所发挥的作用,也探讨了由此可能带来的人权挑战和伦理风险,并进而提出了一系列建议以确保人工智能和大数据的发展有助于促进健康和维护人权。除联合国之外,经济合作与发展组织(OECD)也在2019年公布了《人工智能原则》(OECD AI Principles)[35],要求相关国家在促进人工智能发展的同时,必须确保人工智能符合人权标准。《人工智能原则》已被42个国家所采纳,[36]成为人工智能领域中第一份由多国政府所签署和接受的国际原则。[37]

值得注意的是,尽管近年来国际组织和发达国家纷纷出台用以指导和规范人工智能发展与使用的法律、政策和规范框架,[38]但其无论是在体系化还是具体化的程度上均有不足,其中涉及人工智能在健康医疗领域中应用的规范更是数量有限,也呈现出碎片化的发展之势。对于一些核心和关键性的问题,例如如何界定公领域和私领域的人工智能应用符合人权标准和伦理要求、如何界定人工智能应用的最佳实践模式等议题,当前所形成的原则和规范框架并未建立全球性的共识,而不同的国际组织和不同的国家、地区所出台的不同原则和规范各自牵涉不同的法律体系和治理模式,并因为体系和模式的不同而难以实现全球的共同治理。

鉴于此,我们有必要基于所选定的原则和规范框架,就人工智能——特别是在健康医疗领域——的应用制定一套较为具体的人身权保障指标,并借此指标将所选取的人权标准和义务付诸实践。我们所探讨的人身权保障指标必须以我国的人工智能法律体系——伴随着《民法典》《数据安全法》《个人信息保护法》等法律的颁布而初

---

[33] World Health Organization, *Big Data and Artificial Intelligence for Achieving Universal Health Coverage: An International Consultation on Ethics*, 2018.
[34] World Health Organization, *Ethics and Governance of Artificial Intelligence for Health: WHO Guidance*, 2021.
[35] OECD, *Recommendation of the Council on Artificial Intelligence*, 2019.
[36] "Forty-two Countries Adopt New OECD Principles on Artificial Intelligence", 22 May 2019, available at https://www.oecd.org/science/forty-two-countries-adopt-new-oecd-principles-on-artificial-intelligence.htm, last visited on 2023-07-05.
[37] "Artificial Intelligence: OECD Principles (How Governments and Other Actors can Shape a Human-centric Approach to Trustworthy AI)", available at https://www.oecd.org/digital/artificial-intelligence/, last visited on 2023-07-05.
[38] Anna Jobin et al., "The Global Landscape of AI Ethics Guidelines", *Nature Machine Intelligence*, 2 September 2019.

步形成的一个由法律[39]、法规[40]、司法解释[41]、规范性行业规定[42]、以及国家标准和行业标准[43]所组成的法律体系——为基础,确保人工智能科技公司、数据科学家、研究人员、程序员、工程师以及作为健康医疗领域人工智能监管者和使用者的卫生健康监管机构、医疗机构、卫生保健服务提供者、患者等健康医疗领域人工智能的所有利益相关者共同努力,切实确保人工智能系统生命周期的各个阶段均能有效贯彻人身权保障指标。[44]

三、健康医疗领域人工智能的人身权保障指标

2022年3月20日,中共中央办公厅、国务院办公厅印发《关于加强科技伦理治理的意见》,其中明确规定科技伦理所应遵循的五项重要原则:一是增进人类福祉的科技伦理原则,是指科技活动应当坚持以人民为中心的发展思想,有利于促进经济发展、社会进步、民生改善和生态环境保护,不断增强人民获得感、幸福感、安全感,促进

---

[39] 相关法律主要包括:《宪法》(第33条第3款,第38条,第40条)、《民法典》、《医师法》、《基本医疗卫生与健康促进法》、《个人信息保护法》、《数据安全法》、《网络安全法》、《电子商务法》、《消费者权益保护法》、《未成年人保护法》、《刑法》、《全国人民代表大会常务委员会关于加强网络信息保护的决定》、《全国人民代表大会常务委员会关于维护互联网安全的决定》等。

[40] 例如《新一代人工智能发展规划》《互联网诊疗管理办法(试行)》《互联网医院管理办法(试行)》《远程医疗服务管理规范(试行)》《医疗机构管理条例》《互联网信息服务管理办法》《计算机信息系统安全保护条例》《征信业管理条例》《关键信息基础设施安全保护条例》《互联网信息服务管理办法》《计算机信息系统安全保护条例》《计算机信息网络国际联网安全保护管理办法》等。

[41] 相关司法解释例如《最高人民法院关于规范和加强人工智能司法应用的意见》《最高人民法院关于审理医疗损害责任纠纷案件适用法律若干问题的解释》《最高人民法院关于审理使用人脸识别技术处理个人信息相关民事案件适用法律若干问题的规定》《最高人民法院、最高人民检察院关于办理侵犯公民个人信息刑事案件适用法律若干问题的解释》《最高人民法院关于审理侵害信息网络传播权民事纠纷案件适用法律若干问题的规定》《最高人民法院关于审理利用信息网络侵害人身权益民事纠纷案件适用法律若干问题的规定》《最高人民法院、最高人民检察院关于办理非法利用信息网络、帮助信息网络犯罪活动等刑事案件适用法律若干问题的解释》《最高人民法院、最高人民检察院关于办理利用未公开信息交易刑事案件适用法律若干问题的解释》等。

[42] 相关规范性行业规定例如《人脸识别线下支付行业自律公约(试行)》《常见类型移动互联网应用程序必要个人信息范围规定》《App违法违规收集使用个人信息行为认定方法》《互联网个人信息安全保护指南》等。

[43] 相关国家标准和行业标准例如《信息安全技术、健康医疗数据安全指南》《信息安全技术、个人信息安全规范》《信息安全技术、公共及商用服务信息系统个人信息保护指南》《新一代人工智能伦理规范》《网络安全标准实践指南——人工智能伦理安全风险防范指引》《网络安全标准实践指南——人工智能伦理安全风险防范指引》《网络安全标准实践指南——网络数据安全风险评估实施指引》等。

[44] 人工智能系统生命周期(AI system life cycle)是指从人工智能系统的研究、设计和开发、交易、融资直至人工智能系统的部署和使用,乃至人工智能系统的验证、运行、维护、监测、评估、使用终止和拆卸的整个过程。参见 United Nations Educational, Scientific and Cultural Organization, *Recommendation on the Ethics of Artificial Intelligence*, 2021, p. 10。

人类社会和平发展和可持续发展。[45] 二是尊重生命权利的科技伦理原则,是指科技活动应当最大限度地避免对人的生命安全、身体健康、精神和心理健康造成伤害或潜在威胁,尊重人格尊严和个人隐私,保障科技活动参与者的知情权和选择权。[46] 三是坚持公平公正的科技伦理原则,是指科技活动应当尊重宗教信仰、文化传统等方面的差异,公平、公正、包容地对待不同社会群体,防止歧视和偏见。[47] 四是坚持合理控制风险的科技伦理原则,是指科技活动应当客观评估和审慎对待不确定性和技术应用的风险,力求规避、防范可能引发的风险,防止科技成果误用、滥用,避免危及社会安全、公共安全、生物安全和生态安全。[48] 五是坚持保持公开透明的科技伦理原则,是指科技活动应鼓励利益相关方和社会公众合理参与,建立涉及重大、敏感伦理问题的科技活动披露机制,科技活动相关信息的公布应当提高透明度,做到客观真实。[49]

上述五项科技伦理原则与《世界生物伦理与人权宣言》[50]第3条所确立的"人的尊严和人权"原则、第5条有关"自主权和个人责任"原则、第8条有关"尊重人的脆弱性和人格"、第10条有关"平等、公正和公平"、第11条有关"不歧视和不诋毁"、第12条有关"尊重文化多样性和多元化"、第15条有关"利益共享"、第16条有关"保护后代"、第18条有关"决策和应对生物伦理问题"、第19条有关"伦理委员会"、第20条"风险的评估和处理"、第23条有关"生物伦理的教育、培训和宣传"、第24条有关"国际合作"等方面的规定,也与《第14号一般性意见(2000):享有能达到的最高健康标准的权利(《经济、社会及文化权利国际公约》第12条)》[51]所确立的可获得性(Availability)和实际可获得性(Physical Accessibility)原则、非歧视(Non-discrimination)和可接受性(Acceptability)原则、经济可负担性(Affordability)原则,以及质量(Quality)和利益共享等原则相契合,以及《人工智能伦理问题初步研究》有关可解释性、透明、责任和问责制的规定相契合。[52]

第一,人的尊严和人权原则,即应当充分尊重人的尊严、人权和基本自由,应当确

---

[45] 中共中央办公厅、国务院办公厅:《关于加强科技伦理治理的意见》,2022年3月印发。
[46] 中共中央办公厅、国务院办公厅:《关于加强科技伦理治理的意见》。
[47] 中共中央办公厅、国务院办公厅:《关于加强科技伦理治理的意见》。
[48] 中共中央办公厅、国务院办公厅:《关于加强科技伦理治理的意见》。
[49] 中共中央办公厅、国务院办公厅:《关于加强科技伦理治理的意见》。
[50] United Nations Educational, Scientific and Cultural Organization, *Universal Declaration on Bioethics and Human Rights*, 2005.
[51] *General Comment No. 14 (2000), The Right to the Highest Attainable Standard of Health* (article 12 of the International Covenant on Economic, Social and Cultural Rights), 2000.
[52] United Nations Educational, Scientific and Cultural Organization, *Preliminary Study on the Ethics of Artificial Intelligence*, 2019, para. 107.

保人的利益和福祉高于单纯的科学利益。[53] 具体就人工智能在健康医疗领域的应用而言,其发展应当满足以下两点要求:一是符合人类的价值观和伦理道德,尊重人权和人类根本利益诉求,遵守国家或地区伦理道德,以保障社会安全、尊重人类权益为前提,避免误用,禁止滥用、恶用;二是遵循人类共同价值观,促进人机和谐,服务人类文明进步,促进人类社会稳健发展。坚持公共利益优先,推动经济、社会发展,不断增强人民获得感幸福感,共建人类命运共同体。[54]

第二,自主权和个人责任原则,即尊重个人在负责和尊重他人自主权的前提下自己作出决定的自主性权利,并采取特殊措施对没有能力行使自主权的任何个人的权益给予保护。[55] 具体就科技发展而言,其发展应当充分关注人类与其他生命形式的相互关系,充分重视生物和遗传资源的合理获得和利用,充分尊重传统知识以及人类在保护环境、生物圈和生物多样性方面所应发挥的作用。[56]

第三,可获得性和实际可获得性原则。所谓可获得性原则,是指政府应当将促进其民众的健康和社会发展视为根本目标,应当致力于确保民众拥有足够数量和行之有效的公共卫生和医疗保健设施,以及确保民众拥有足够数量和行之有效的医疗保健服务供给。上述设施和服务供给应当满足基本的健康标准:例如,符合标准的医疗保健服务机构及其设施、工资收入在国内具有竞争力的医务专业人员,以及"符合世界卫生组织必需药品行动纲领"所规定的必需药品。[57] 所谓实际可获得性原则,是指医疗保健服务机构及其相应的设施和服务供给必须为各部分人口所能实际获得,特别是能够为诸如少数民族和原住民群体以及妇女、儿童、青少年、老年人、残疾人、患有艾滋病和携带病毒的脆弱群体和边缘群体所实际获得。[58]

第四,非歧视和可接受性原则。所谓非歧视性原则,是指确保尊严和权利面前人人平等,确保所有人得到公正和公平的对待,[59]确保健康权是不分种族、宗教、政治信

---

[53] United Nations Educational, Scientific and Cultural Organization, *Universal Declaration on Bioethics and Human Rights*, 2005, article 3.
[54] 国家人工智能标准化总体组、全国信标委人工智能分委会:《人工智能伦理治理标准化指南(2023版)》,第12页。
[55] United Nations Educational, Scientific and Cultural Organization, *Universal Declaration on Bioethics and Human Rights*, 2005, article 5.
[56] Ibid, article 17.
[57] *General Comment No. 14 (2000): The Right to the Highest Attainable Standard of Health* (article 12 of the International Covenant on Economic, Social and Cultural Rights), 2000, para. 12.
[58] Ibid.
[59] United Nations Educational, Scientific and Cultural Organization, *Universal Declaration on Bioethics and Human Rights*, 2005, article 10.

仰、经济和社会地位的所有人均有权享有的一项基本权利,[60]确保医疗保健服务机构及其相应的设施和服务供给必须在法律层面和实际层面面向所有人,特别是面向人口中最脆弱的群体和边缘群体,不得以任何理由对任何群体设置禁止性条款并据此予以歧视。[61] 具体就医疗技术的运用和发展而言,非歧视性原则要求充分考虑到个体和群体的脆弱性,要求对具有特殊脆弱性的个人和群体进行必要的保护,要求对他们的人格加以尊重。[62] 所谓可接受性原则,是指所有医疗保健服务机构及其相应的设施和服务供给都应当满足对于医学伦理和文化差异的尊重,满足对于个人的地域、族群和文化背景的尊重,满足对于性别和年龄差异的尊重,满足对于个人隐私的尊重,并致力于改善个人和群体的健康状况。[63]

第五,经济可负担性原则,即医疗保健服务机构及其相应的设施和服务供给必须是所有人在经济上所能够负担的。这项原则既要求所有与健康医疗相关的服务供给必须基于平等原则面向所有群体,同时也要求确保较贫困的家庭与较富裕的家庭相比不应在卫生开支上负担过重。[64]

第六,质量和利益共享原则。所谓质量原则,是指医疗保健服务机构及其相应的设施和服务供给不仅应当在文化和价值层面符合可接受性原则,而且应当在科学和医学的专业性方面满足较高的质量要求。[65] 所谓利益共享原则,是指科学研究及其应用所带来的利益应与全社会以及国际社会共享,特别是与发展中国家共享,同时不应当将利益作为鼓励参与研究的不恰当手段。[66] 与之相关的"风险评估"与"保护后代"原则要求对医学、生命科学及其相关技术的风险进行必要的处理和充分评估,[67]同时应当充分重视生命科学对后代——包括相关遗传基因——的影响。[68]

在人工智能与大数据的背景下,健康医疗信息对于健康医疗领域人工智能活动相关主体的人身权保障具有至关重要的影响。此处需要特别厘清以下四个关键术

---

[60] Ibid, article 14.
[61] *General Comment No. 14 (2000): The Right to the Highest Attainable Standard of Health* (article 12 of the International Covenant on Economic, Social and Cultural Rights), 2000, para. 12.
[62] United Nations Educational, Scientific and Cultural Organization, *Universal Declaration on Bioethics and Human Rights*, 2005, article 8.
[63] *General Comment No. 14 (2000): The Right to the Highest Attainable Standard of Health* (article 12 of the International Covenant on Economic, Social and Cultural Rights), 2000, para. 12.
[64] Ibid.
[65] Ibid.
[66] United Nations Educational, Scientific and Cultural Organization, *Universal Declaration on Bioethics and Human Rights*, 2005, article 15.
[67] Ibid, article 20.
[68] Ibid, article 16.

语:一是个人健康医疗信息,是指以电子或者其他方式记录的、能够单独或者与其他信息结合后能够反映特定自然人生理或心理健康的各种信息,例如门(急)诊病历、病程记录、用药信息、个人生物识别信息、医疗交易信息、个人健康监测传感设备 ID;二是健康医疗信息,是指个人健康医疗信息和由个人健康医疗信息加工处理之后得到的健康医疗相关信息:例如,传染病疫情数据、疾病监测数据、出生死亡数据等;三是健康医疗专业人员,是指经政府部门或行业组织认证,依法取得资格,经注册后履行特定健康医疗工作职责的人员:例如,执业医师、执业助理医师等;四是健康医疗信息控制者,是指能够决定健康医疗信息处理目的、方式及范围等的组织或个人:例如,医院、诊所、医疗中心等提供健康医疗服务的组织,以及政府相关监管机构、健康医疗科学研究机构、医保机构、健康医疗设备企业等收集、处理、分析和接触健康医疗信息的组织。围绕人工智能与大数据活动中的健康医疗信息,我们将上述五项科技伦理原则以及与之相契合的国际规范原则所要求的主要权利主张概述如下,并认为人工智能在健康医疗领域的发展应当相应地遵循以下人身权保障指标。

第一,尊重生命权利原则与获取健康医疗领域人工智能相关信息的权利(information accessibility),包括任何个人都有查阅、接收和传播与人工智能相关信息的权利,而获得相关信息和医疗健康信息不应损害与个人医疗健康信息相关的隐私保护权利。[69] 基于上述科技伦理原则及其相应的权利主张,建议采取如下人权保障指标:

◇ 人工智能在发挥护理、居家养老功能时,应当确保患者和居家长者的自主选择,维护其人格尊严,维护其对于医患之间、人与人之间的人情关怀的期待。
◇ 应当确保医务人员和患者对医疗决策的掌控。
◇ 在缺乏明确的人工智能监管标准或者涉及人工智能的诊疗注意标准,或者在伦理、疗效和安全性存在重大风险的情况下,医生有拒绝使用医疗人工智能的权利,并且不应因其拒绝使用医疗人工智能而受到处罚。

第二,同意的权利,主要包含以下四个方面的内容:一是唯有在当事人基于自愿而在事先给予知情同意之后,任何预防性、诊断性或是治疗性的医学措施才能够予以实施。二是唯有在当事人基于自愿而在事先给予明确的知情同意之后,任何施加于人体的科学和医学研究才能够予以开展。三是基于知情同意原则而向当事人提供的信息应当充分和易于后者理解,应当向当事人说明其有权在任何时间、以任何理由撤销其所作出的同意决定,并不会因此而遭受任何不利的影响和任何形式的损害。四

---

[69] *General Comment No. 14 (2000): The Right to the Highest Attainable Standard of Health* (article 12 of the International Covenant on Economic, Social and Cultural Rights), 2000, para. 12.

是任何以某个群体或是某个社区为对象的研究均须征得所涉群体或社区合法代表的同意,并需要明确任何情况下,社区的集体同意、社区代表的同意以及主管部门的同意都不能取代个人的知情同意。[70] 此外,同意的权利也包含了应当基于国内法而对没有能力表示同意的人给予特殊保护,[71]由此所涉及的是以下三个方面的内容:一是应当尽最大的可能让当事人参与同意或是不同意的决策过程。二是拟征得当事人同意的医疗活动和医学研究应当符合当事人的最大利益,唯有在符合法律规定、当事人的健康能够直接受益,以及不存在当事人有能力表示同意的其他替代方案的情况下,才可以对没有能力表示同意的当事人开展相关研究。三是如果对当事人的健康没有直接益处,则相关研究必须预期有助于其他同类人的健康,必须符合法律规定和有关人权保护的相关规范,必须尽量谨慎,并确保当事人承受最小的风险和最轻的负担;如果当事人拒绝参与研究,应当给予尊重。基于上述科技伦理原则及其相应的权利主张,建议采取如下人权保障指标:

◇ 医务人员应当披露人工智能介入治疗和护理的重大风险。
◇ 医疗人工智能的研究人员、程序员、工程师、生产者应当披露相关技术或产品的安全性、准确性和有效性,必要时应当披露相关数据。
◇ 患者有要求披露人工智能介入治疗和护理的相关风险的权利。
◇ 患者有拒绝使用医疗人工智能的权利。
◇ 患者有权选择人工智能介入治疗和护理的方式和程度。在使用人工智能介入治疗和护理前,应当取得患者自愿、明确和知情的同意。患者可以在任何时候、以任何理由收回其同意的决定。
◇ 个人有查阅、复制其个人健康医疗信息的权利。
◇ 健康医疗信息控制者应当允许个人或其授权代表查阅、复制、更正其个人健康医疗信息。
◇ 处理个人健康医疗信息应当取得个人事先、自愿和明确的同意。同意意味着个人拥有真正的选择和控制权,不得与其是否能获得医疗服务相挂钩。个人可以在任何时候、以任何理由收回其同意的决定。
◇ 依照法律可以不取得个人同意的,[72]应当获得伦理委员会的审批。
◇ 健康医疗信息控制者在非诊疗活动中处理个人信息的,应当取得个人的明确

---

[70] United Nations Educational, Scientific and Cultural Organization, *Universal Declaration on Bioethics and Human Rights*, 2005, article 6.
[71] Ibid, article 7.
[72] 处理个人健康医疗信息的知情同意规则的例外情形,例如《个人信息保护法》第 13 条和《民法典》第 1220 条。

同意,并且应当明确告知处理信息的目的、使用的方式、到期日期、个人权利等具体信息。
◇ 在商业活动中所使用的个人健康医疗信息应当获得个人明确同意。
◇ 处理个人健康医疗信息(包括个人基因信息)应当遵循公开、透明原则。健康医疗信息控制者应当公开个人健康医疗信息处理规则,明示处理的目的、方式和范围,并且向个人披露其个人信息的处理情况。
◇ 健康医疗信息控制者应当允许个人回溯查询其个人健康医疗信息被使用的情况。

第三,隐私与私密保护的权利,即应当尊重当事人的隐私并对其个人信息的私密性加以保护,应当尽最大的可能使此类信息仅被用于收集和同意提供该信息的初始目的,不能为了其他目的而使用或是披露此类信息。[73] 基于上述科技伦理原则及其相应的权利主张,建议采取如下人权保障指标:

◇ 卫生健康主管部门不应把是否使用医疗人工智能作为获得执业医师资格或者执业助理医师资格的考核条件。
◇ 医院不应把是否使用医疗人工智能作为本机构的医师或执业助理医师的考核条件。
◇ 保险机构不应把是否使用医疗人工智能作为参保或理赔的条件。
◇ 健康医疗信息控制者应当基于特定、明确、和合法目的而收集健康医疗信息,收集后的信息只用于收集或同意提供该信息的初始目的,不能为了其他目的而使用或披露该信息。
◇ 健康医疗信息控制者在诊疗活动以外使用个人数据的,应当限定在个人授权的信息使用范围之内;超出授权范围使用个人数据,应当再次获得个人的明确同意。
◇ 处理个人健康医疗信息,应当限于实现处理目的的最小范围,即健康医疗信息控制者应当仅仅询问个人与其收集数据的目的所需的信息,而不得过度收集个人信息。

第四,确保信息质量与互助合作的权利,即应当鼓励人与人之间的互助和为此而开展的国际合作,[74]应当促进来自不同文化背景和国家的团体协力合作,确保人工智

---

[73] United Nations Educational, Scientific and Cultural Organization, *Universal Declaration on Bioethics and Human Rights*, 2005, article 9.
[74] Ibid, article 13.

能技术的发展、应用、治理能够造福社会,[75]应当鼓励在人工智能领域开展国际合作与协作,以弥合地缘技术差距,填平"数字鸿沟"。[76] 基于上述科技伦理原则及其相应的权利主张,建议采取如下人权保障指标:

◇ 医疗人工智能的研究人员、程序员、工程师、和生产者应当采取质量监控措施,以不断提升医疗人工智能的安全性、准确性和有效性。

◇ 健康医疗数据控制者应当确保其数据的质量。如果数据不准确、不完整,控制者应当采取一切合理步骤及时对信息进行补正,以避免因个人健康医疗数据不准确、不完整而对患者后续的治疗、康复等造成不利影响。

◇ 健康医疗信息控制者应当为个人提供请求更正、补充其个人健康医疗信息的途径。

◇ 健康医疗信息的处理方式必须最大限度地降低信息不准确、不完整和泄密的风险。

---

[75] 国家人工智能标准化总体组、全国信标委人工智能分委会:《人工智能伦理治理标准化指南(2023版)》,第15—16页。

[76] 国家人工智能标准化总体组、全国信标委人工智能分委会:《人工智能伦理治理标准化指南(2023版)》,第16页。

科技在行政管理中的人权保障标准

蔡培如[*]　王雨柔[**]　徐苏[***]

随着算法与算力的持续提升,新兴技术与科技手段正在对国家发展、产业经济、社会生活各个领域进行科技颠覆和创新革命。其中,行政管理作为一个重要领域,也受到了信息技术的巨大影响,管理理念、管理模式、管理方式已发生了根本性变化。行政管理从以往的手工操作、纸质文档、人工处理转向数字化、自动化、智能化,这不仅提高了行政决策的效率,还有助于降低运行成本、减少人工错误。信息技术的应用还使得行政管理更加透明、高效、便捷,有助于提高公共服务的质量和水平。然而,算法产生的歧视和黑箱问题,信息处理所产生的持续监控、隐私侵犯等问题,也挑战着科技行政的正当性与合理性。其中,如何在科技赋能中保障和维护人权,既是行政权力运行所应遵循的底线问题,也是国家治理体系和治理能力现代化进程中一以贯之的目标。为回答此问题,本文将首先综合性探讨科技赋能下行政管理的变化,再以智慧城市建设、自动化行政为例,深入分析在具体领域中科技行政对人权的影响,并提出相应的人权保障标准。希冀能以科技行政为视角,一定程度上为科技与人权这一更为宏大的时代命题提供研究素材。

一、科技赋能下行政管理的变化

(一) 有助于提高行政效率

信息技术可以提升信息获取、处理和流转的速度,延长信息存储时间,并能简化许多繁琐的行政任务和行政环节,节省时间和人力成本。信息技术也可以促进行政

---

[*] 蔡培如,复旦大学法学院青年副研究员。
[**] 王雨柔,复旦大学法学院硕士研究生。
[***] 徐苏,复旦大学法学院硕士研究生。

机关内部协作和数据共享,减少信息不对称、数据重复收集等问题。① 与传统的行政管理方式相比,科技赋能下的行政方式具有如下特点:

第一,自动化处理辅助人工处理。在没有自动化行政的年代,行政机关主要以人工处理业务为主,包括人工记录、分类、归档文件和资料,在涉及审批事项时,许多事务需要人工审核和批准,并通过书信或面对面的方式与行政相对人或其他行政机关进行沟通和协商。信息技术的发展使得行政机关可以通过自动化方式处理一些重复性的、简单的工作,如自动归档文件、自动录入数据、在线自动审批、自动化决策等电子政务服务,从而节省了大量的时间和人力资源。如2018年起"深圳市试运行'秒批'(无人干预自动审批)行政工作方式,并将其运用于高校应届生人才引进与落户工作中,从网上申报到办理落户,全程无人参与,实现完全的机器决策。"②类似地,上海市将职能部门多个相关联的事项整合成为一件事,实行"一网通办","线上办理实现了'网上办好、掌上速办、家门口当场办',线下办事大厅实现了'进一个门、取一个号、一窗办成'。"③又如,全国交警部门使用的"智能交通违章监摄管理系统",从抓拍到照片数据传送都由计算机自动完成,并配备相应的数据管理系统。④ 但出于对自动化行政的警惕性,《道路交通安全违法行为处理程序规定(2020年修正)》规定,行政机关应当对违法行为进行人工复核。⑤

第二,数据共享代替数据分离。以往,要实现信息共享和整合,需要耗费大量的人力物力去收集、汇总、整理、筛选、分析各部门的信息,不仅成本高昂,而且效率低下。信息技术则可以帮助行政管理部门以低成本的形式整合不同部门来源的数据,建立统一的、集中的数据汇总与分析平台,有利于解决数据孤岛问题。⑥

2015年国务院公布的《关于印发促进大数据发展行动纲要的通知》(国发〔2015〕50号)提出,"加快政府数据开放共享,推动资源整合,提升治理能力"。自此以后,促进政务数据共享、建设政务数据共享平台在多个中央政策文件中得到强调和推进,比较重要的有:国务院发布的《关于加强数字政府建设的指导意见》(国发

---

① 参见何艳:"试论信息技术对行政效率的影响",《山西高等学校社会科学学报》2002年第7期。
② 郭琪:"自动化行政中基本权利保护探讨",《上海政法学院学报(法治论丛)》2021年第2期。
③ 刘文文:"上海'一网通办':做好政务便捷服务'大文章'",中国青年网,http://news.youth.cn/hotnews_41880/202305/t20230511_14511951.htm,最后访问时间:2023年5月17日。
④ 参见王夏黎、周明全、耿国华:"视频检测式违章自动监测管理系统的设计",《微机发展》2001年第4期。
⑤ 《道路交通安全违法行为处理程序规定》第19条:"交通技术监控设备收集违法行为记录资料后五日内,违法行为发生地公安机关交通管理部门应当对记录内容进行审核,经审核无误后录入道路交通违法信息管理系统,作为处罚违法行为的证据。"
⑥ 参见王运、李宇佳、严贝妮:"大数据环境下我国政府公共数据整合与开放研究——基于上海市政府的案例分析",《图书馆理论与实践》2016年第1期。

〔2022〕14号)、国务院办公厅发布的《关于印发全国一体化政务大数据体系建设指南的通知》(国办函〔2012〕102号)、国务院办公厅印发的《关于深入推进跨部门综合监管的指导意见》(国办发〔2023〕1号)。在地方层面,公共数据在行政部门间共享也是行政管理改革的重要内容,例如,上海发布的《上海市公共数据共享实施办法(试行)》对公共数据共享原则、目录编制和共享程序作出细致规定。

数据共享可以促使行政管理部门和各级政府机构实现跨时空协同,有助于打破信息孤岛,实现部门协同监督。例如,2021年佛山市推出"佛山市非道路移动机械数据信息综合管理系统","各部门在日常检查工作中发现黑烟机械情况,也通过系统及时通报生态环境部门处理,实现防治数据的实时共享,有力地强化了部门协同监管"。⑦

第三,实时监控与事前检查、事后追责相互配合。在信息技术普遍应用之前,为了履行行政管理职能,行政机关除了在事前进行日常检查、专项行动之外,通常只能在具体事件发生后,才能进行个案处理,存在选择性执法、执法成本高、应对突发事件迟延等一系列问题。随着网络的普及以及监控技术的发展,现在行政机关可以实时监控社会总体情况、及时发现异常情况并采取措施制止违法行为、防止损失扩大。例如,政府有关部门负责对地震预警、气象灾害预警、传染病预防等系统内数据进行实时监控,一旦发现异常,可以即时做好应急预案和风险管理。再如,在新冠疫情期间,杭州率先推出"健康码",用户个人在健康码平台填写个人健康信息后,"平台端通过与手机漫游轨迹、密切接触人员等相关数据比对,可以对个人自主填报的信息进行校验,"一旦发现有健康风险隐患,便可对相关人员进行动态精准管理。⑧

(二) 对行政决策的辅助与优化

科学合理的行政决策离不开海量信息和数据的支持,而海量的信息和数据又需要通过信息分析技术的处理才能"为我所用"。行政机关在依法收集到所需数据后,可以利用信息技术手段建立模型和算法,预测不同决策方案可能产生的结果,从而帮助行政机关做出更准确的决策。⑨ 这种模拟和预测主要运用于经济与社会发展领域。例如,基于近年的生育数据、人口数据等建立模型进行预测后,可以适时提出新的生育政策和政府帮扶政策以应对人口老龄化危机。在"套路贷"问题初见端倪时,

---

⑦ 唐梦、刘高林:"为行政管理效率插上'翅膀'——佛山立法强化科技赋能依法行政纪实",《人民之声》2021年第10期。
⑧ 史晨、马亮:"协同治理、技术创新与智慧防疫——基于"健康码"的案例研究",《党政研究》2020年第4期。
⑨ 参见孙丽岩:"行政决策运用大数据的法治化",《现代法学》2019年第1期。

有关部门借助网页浏览数据、用户数据、资金流转数据,可以推算出可能存在套路贷问题的地区,及早控制风险蔓延。在步入数字时代前,想要利用如此海量的数据进行模拟测算是十分耗费时间和人力的,并且测算结果的精准度也相对不足。可见,信息技术可以为决策者提供更准确、及时的数据,帮助他们综合多方数据、考虑多元因素、模拟相关结果,更加科学地做出行政决策。

信息技术的发展也为民众参政议政提供了更为方便、快捷的渠道,对于涉及重大民生问题的决策,行政管理部门可以利用信息技术手段群发短信并搭建网络听证平台,一次性通知和听取大量公民的意见,还可以通过设置后台投票或问卷的方式迅速获取公民意见。例如,2023年3月1日起实施的《杭州市政府立法听证规定》就规定,立法听证会可以采取现场会议或者网络会议等形式公开举行。在以往,若想实现大规模听证会这一目标,不但要通过发布公告、"口口相传"等方式,还要协调场地和时间,公民参政议政的渠道十分受限。

(三) 有助于向服务型政府、数字政府、透明政府转型发展

技术赋能下的行政管理部门可以更快速、更全面地掌握公民需求,提供更便利、更高效的服务。[⑩] 从早年间的电子政务到如今如火如荼的数字政府,行政管理部门在履行社会管理职能和提供公共服务的过程中获取了海量的信息与数据,可以利用这些信息与数据分析社会整体问题以及不同群体的需求,瞄准目前社会管理的痛点、社会公民的需求点,精准"打靶"问题。

在"服务型政府"建设过程中,"移动政务"应运而生。"移动政务"是电子政务的进阶版,电子政务主要基于PC等电脑主机,而"移动政务"则主要寄生于手机在内的移动平台,较为有名的移动政务平台包括"随申办""粤省事""赣服通""津心办"等,各地居民可以在属地的移动政务平台上直接办理一部分非必须本人到场办理的业务,在线申请、审批、答复以及邮寄一步到位。以上海"随申办"为例,在上海市通过医保结算方式就医的,需要携带社保卡以及门急诊就医记录册,未获得或遗失记录册的居民可以直接在"随申办"上的有关栏目申请,在填写个人信息后可以选择直接邮递到家,不再需要前往窗口办理。以往,个人办理业务需要携带身份证件在有关部门工作时间内前往办理,并且可能需要多次前往办理和领取材料,十分耗时耗力。

信息技术的进步也有利于促进数字政府建设,推动数字经济发展。较为典型的

---

⑩ 参见谭平:"'互联网+'推动服务型政府建设的机制创新",《探索》2016年第5期。

例子便是目前正在大力推行的公共数据开放平台建设。在这一平台上,具有公共管理职能的机关将其在履行公共管理职能或提供公共服务过程中所收集到的数据统一整合进开放平台,并根据各种数据的特点为之搭配相应的管理方式,用户可基于自身需求,从平台上获取大量数据,为商业计划、科技创新提供数据支持。例如,浙江省数据开放平台上就含有1 297个省级单位提供的数据集,涵盖各行各业,并提供各类文件格式,供使用者自由下载使用。在以往,囿于技术水平和管理能力,行政管理部门并没有将自身搜集的海量数据对外公开,这些价值极高的数据一直处于"休眠"状态。

再者,科技行政也推动着透明政府、责任政府的多维升级。除了传统的政府门户网站外,微信公众号、微博等也成为政府信息公开、宣传的重要渠道,政府信息通过更加多元化的、便捷的、贴近生活的方式直达公众。与此同时,网络成为了非常重要的、即时的监督渠道。新闻记者、自媒体工作者、普通公民都是监督信息源,政府部门也及时上架了各省乃至国家级的移动纪检监督举报平台。如温州市政府搭建"温州网络问政"平台,温州市民可以在该平台选择相应的主管单位并向其提出问题,主管单位收到问题后需要及时解答。

尽管科技赋能下的行政管理在效率、决策和服务等方面有诸多提升,但行政管理方式变革对人权保护所造成的冲击容易被掩盖在正面效应之下,亟须被发现、被鉴别,从而为人权提供制度保障。下文选择对科技应用于行政管理的两个重要场景展开讨论——智慧城市建设、自动化行政决定,对特定场景中科技与人权的张力以及由此产生的人权保障标准问题进行分析,以期在人权保障的基础上发展科技行政,在科技行政中关注和保护人权。

二、智慧城市建设中的人权保障标准

(一)智慧城市建设概述及实践

1. 智慧城市建设概述

互联网和移动智能端的普及以及数字技术的发展,深刻改变了城市运行和建设方向,如何打造一个更加便民的、智能的、友好的、具有幸福感的城市生活环境,成为政府在数字时代的新任务、新方向。"智慧城市是运用物联网、云计算、大数据、空间地理信息集成等新一代信息技术,促进城市规划、建设、管理和服务智慧化的新理念和新模式。建设智慧城市,对加快工业化、信息化、城镇化、农业现代化融合,提升城市可持续发展能力具有重要意义。"⑪智慧城市的建设有助于促进城市的经济、社会、环境和资源的可持续性协调发展,缓解城市发展中的需求增量和新出现的矛盾。

智慧城市建设和数字经济发展、数字政府建设是同一问题的不同角度,互相包含、共同生长。产业数字化、数字产业化既是数字经济的重要内容,也是智慧城市的一个维度。智慧城市建设又是数字政府建设的任务之一,政府需要积极承担将公共服务和城市发展智能化转型升级的任务,但智慧城市建设又不仅依靠政府职能部门,还需要企业、社会共同付出。⑫

2013年,住房和城乡建设部办公厅发布了《关于做好国家智慧城市试点工作的通知》(建办科〔2013〕5号)。2014年,国家发展和改革委员会、工业和信息化部等多部门出台《关于促进智慧城市健康发展的指导意见》(发改高技〔2014〕1770号),明确智慧城市建设的主要目标是:公共服务便捷化、城市管理精细化、生活环境宜居化、基础设施智能化、网络安全长效化。2022年国务院发布《关于数字经济发展情况的报告》,认可了我国智慧城市建设的成果,"城市信息模型平台和运行管理服务平台建设稳步推进,全国国土空间规划数字化监管平台基本建成,数字孪生流域、水网、水利工程加快建设,智慧交通、应急、广电等建设成效显著"。同样,2022年公布的《关于加强数字政府建设的指导意见》要求,"推进智慧城市建设,推动城市公共基础设施数字转型、智能升级、融合创新,构建城市数据资源体系,加快推进城市运行'一网统管',探索城市信息模型、数字孪生等新技术运用,提升城市治理科学化、精细化、智能化水平"。

在地方立法层面,最早公布的《银川市智慧城市建设促进条例》除去第1章"总则"、第6章"法律责任"和第7章"附则",围绕着"发展规划""信息基础设施建设""信息采集共享""应用推广措施"四个板块进行具体规定。2017年公布的《济宁市智慧城市促进条例》增加了"信息惠民""智慧政务和社会管理""产业发展"三部分。而后各市相应发布的条例内容有了较高的同质性。总的来说,我国现阶段智慧城市立法主要集中在"民生""数字经济发展"和"城市治理"这几个板块,积极推进政府大数据平台搭建,促进"互联网+政务服务"推广,从医疗、教育、社保、就业、养老、交通、文化、气象、支付、公共安全全方位便民惠民,同时注重大数据信息系统安全保障。

---

⑪ 《关于促进智慧城市健康发展的指导意见》(发改高技〔2014〕1770号)。
⑫ 参见郭松峤、赵相锋:"国家信息中心单志广:对一座城市来讲,智慧城市和数字经济越来越可以划成等号",百度"百家号",https://baijiahao.baidu.com/s? id=1768552875173937288&wfr=spider&for=pc,最后访问时间:2023年6月13日。

2. 智慧城市建设的国内外实践

建设智慧城市需要利用物联网、云计算、大数据、区块链等一系列尖端技术,收集城市环境数据、交通数据、设施设备数据等,共享和联通政府部门数据,与公众分享信息,提供便捷利民的社区服务、可靠智能的基础设施,推动环境可持续、绿色发展,优化城市资源调度以避免浪费,提高能源利用效率,简化和升级政府管理等,提高经济生产力。⑬党的二十大报告提出"加强城市基础设施建设,打造宜居、韧性、智慧城市"。⑭推进城市智慧化转型发展,是提升国家和地方治理能力和治理水平、提高政府管理能力和服务意识、强化城市安全性和韧性的必然要求。在我国,北京、香港、广州、杭州、上海、深圳是具有代表性的智慧城市。⑮

2021年,重庆市上线了智慧城管4.0系统,以"实现城市综合治理'一网统管'、城市运行安全'一屏通览'、融合智慧调度'一键联动'、便民惠民利民'一端服务'为目标。"⑯其中,"一屏通览"是通过大数据平台将129个城市管理业务系统连接,将市政建设、城管执法、市容环卫等数据整合,实时监测重点危险源的运行情况和基础设施使用情况;"一端服务"是线上民生服务,涵盖市民出行、游玩与公益各方面,主打跨区服务联动和多移动端整合。⑰张家港市建立智慧交通系统,运用传感器技术,将气象参数、车流量情况、道路状态等各项数据汇总分析,实时发布路网情况和替代路线等信息,缓解车辆堵塞情况、提高快速路利用率。⑱近年来,我国也着力打造边疆民族地区数字化治理模式,以"智慧丽江"建设为例,城市大脑依托"1+1+4+N"架构设计,一改过去分散的、碎片化的数据处理模式,走向数据集中、共建共享的新态势,通过与百度、商汤、百分点等科技公司合作,将各大技术串联,结合丽江特色,打造新型边疆民族城市。⑲在联想的一则案例中,颐和园作为客户与联想达成战略合作,从智慧旅游、智慧管理、智慧文旅三条支线出发,为北京打造首个公园智慧游客服务系

---

⑬ 李婧:"智慧城市的治理难点及其应对",网易网,https://www.163.com/dy/article/I4D5PDAK0514C94J.html,最后访问时间:2023年5月21日。
⑭ 王蒙徽:"打造宜居、韧性智慧城市",中国政府网,https://www.gov.cn/xinwen/2022-12/19/content_5732633.htm,最后访问时间:2023年5月21日。
⑮ "重新定义全球新型智慧城市 2021—2022中国新型智慧城市百强榜发布",新华网,http://www.xinhuanet.com/governmentpro/20221117/75cb169e6aa2403589eabf71ba195836/c.html,最后访问时间:2023年5月21日。
⑯ 周松:"重庆城市管理向智慧化升级",中国政府网,https://www.gov.cn/xinwen/2021-12/08/content_5659291.htm,最后访问时间:2023年5月22日。
⑰ 周松:"重庆城市管理向智慧化升级"。
⑱ 白光迪:"加强城市交通精细化管理,提升安全风险监测预警能力——智慧交通 助力平安出行",中国政府网,https://www.gov.cn/xinwen/2022-04/14/content_5685151.htm,最后访问时间:2023年5月22日。
⑲ "让'智慧丽江'城市大脑建设赋能边疆民族地区数字经济发展",国家发改委网站,https://www.ndrc.gov.cn/xxgk/jd/wsdwhfz/202105/t20210526_1280973.html,最后访问时间:2023年5月22日。

统,借助魔方AI,感知游客情绪、提供更灵动更友善的指引服务;利用大数据技术,整合游客性别比、年龄层、来源地区等数据信息,为颐和园季度、年度客流量提供预测、监测功能。[20]

在国外,智慧城市建设一直也是城市现代化发展的重要目标。纽约通过特定算法,计算建筑物的火灾危险指数,对高危房屋进行重点监测和检查;芝加哥通过"灯柱传感器",以隐私保护的方式监测道路交通数据、环境数据;格洛斯特利用传感器,建立了"智能屋"试点,用以自动监测老年人在屋内的走动,同时屋中配有医疗设备,可以为老年人测量心率和血压等,并将结果数据自动传输给医生以监测老年人的健康状况。[21]

总之,随着城市管理和社会生活向网络化、数字化、智能化发展,城市各个领域、各个角落正在经历转型和重整,城市信息被即时地、数字化地记录、生成;部门分割的公共数据走向联合共享,部门之间联合统筹以提升城市幸福感,城市变得"智能"和"智慧"。

(二)智慧城市建设中可能对人权造成的侵犯

智慧城市确实深刻改变了城市管理和运营的理念与模式,改造升级了城市基础设施,从衣食住行各方面打造升级全新的居民生活。[22]然而,在科技赋能的行政管理变革和城市建设变迁背景下,如何关注和维护人权,保障人之为人的尊严、自由以及所应享有的权利,是法律所应思考的命题。事实上,智慧城市对个人隐私权、个人信息权益、平等权、受教育权等都可能造成程度不一的侵害。

1. 隐私权、个人信息权益

智慧城市的建设依托于大量使用传感器、摄像头等装置,从而收集、汇聚各方数据,用以快速构建数字交通、保障老人居家安全、加速政务公开和开展刑事领域侦查行动。随着公共安全视频的推广应用,我国国家发改委等多部门在2015年发布了《关于加强公共安全视频监控建设联网应用工作的若干意见》(发改高技〔2015〕996号),要求"到2020年,基本实现'全域覆盖、全网共享、全时可用、全程可控'的公共视频监控建设联网应用,在加强治安防控、优化交通出行、服务城市

---

[20] "颐和园:如何借助科技的力量,让百年园林焕发新时代光彩?",联想品牌官网,https://brand.lenovo.com.cn/brand/SYAL00304.html,最后访问时间:2023年5月22日。
[21] "全球16个智慧城市大数据应用案例",贵州省大数据发展管理局网站,https://dsj.guizhou.gov.cn/ztzl/jdal/201706/t20170619_10395195.html,最后访问时间:2023年5月22日。
[22] See Tina Kempin Reuter,'Smart City Visions and Human Rights:Do They Go Together?',available at:https://carrcenter.hks.harvard.edu/files/cchr/files/CCDP_006.pdf,last visited on 2023-5-23.

管理、创新社会治理等方面取得显著成效。"在2016年,我国又发布了国家标准《公共安全视频监控联网系统信息传输、交换、控制技术要求》(国家安全标准公告2016年第10号)。

但是,广泛、深度、持续性的数据追踪和分析、个人画像使得个人隐私、个人信息无处隐藏,个人的行程轨迹、网页浏览记录、通讯记录等可以暴露个人社会关系、兴趣爱好、人格特点的信息都被监控和记录着,个人无处藏身。即使没有被物理上干扰,个人也很难退回到一个私密的、无人打扰、无人"监视"的空间。更严重的是,各部门的数据汇聚在统一的数据共享平台,而一旦发生数据安全事件,将极大冲击国家安全、社会稳定和个人隐私。有新闻报道称,视频平台上存在不少疑似破解了学校、医院等公共场所摄像头后获得的监控视频。[23] 一旦这些视频外泄,非公众人物的穿着、行为、病情等可能引来网友围观并引发舆论,不利于教师自由开展教学,也会对病人就医造成心理压力。

2013年12月,联合国通过第68/167号决议,明确个人在互联网上的权利,"促请所有国家尊重并保护数字通信领域的隐私权……审查其涉及通信监控、截获以及个人数据收集的程序、做法和立法,强调国家应确保充分而有效地履行其按照国际人权法承担的义务"[24]。此后,联合国大会及人权理事会又通过多项相关决议或报告,号召各国采取行动,保障数字时代隐私权。此外,经济合作与发展组织也出台了一系列个人信息保护指南,比较重要的是《隐私保护和个人资料跨界流通指南》(Guidelines on the Protection of Privacy and Transborder Flows of Personal Data)。

目前,吉林省、广东省、安徽省、内蒙古自治区、西安市、武汉市、青岛市等地方政府出台了有关公共安全视频图像信息系统管理的地方政府规章,对公共视频系统的规划与建设、数据信息共享、获取和管理等方面做出规定,有些较新立法会针对个人信息保护做出规定,如2022年12月31日公布、2023年3月1日实施的《武汉市公共安全视频图像信息系统管理办法》。

除专门立法外,《个人信息保护法》和各地制定的数据条例也会基于隐私、个人信息保护考虑,对公共监控设置和数据处理进行规定。《个人信息保护法》第26条规定:"在公共场所安装图像采集、个人身份识别设备,应当为维护公共安全所必需,遵守国家有关规定,并设置显著的提示标识。所收集的个人图像、身份识别信息只能用于维护公共安全的目的,不得用于其他目的;取得个人单独同意的除外。"此处有

---

[23] 参见张海赢:"公共场所监控视频泄露应追查到底",百度"百家号",https://baijiahao.baidu.com/s? id=1722290473014162099&wfr=spider&for=pc,最后访问时间:2023年5月23日。

[24] 居梦:"论网络空间国际人权法规则的发展",《电子政务》2017年第12期。

三个要点:第一,设置公共监控的目的限于维护公共安全,私人利益或者其他非安全类利益不属于允许的目的范围;第二,公共监控的设置应当有显著的提示标识,个人可以明确意识到已经进入公共监控的范围内;第三,采集后的信息也只能用于维护公共安全的目的,用于其他公共利益目的同样不可行,除非取得个人单独同意。《厦门经济特区数据条例》《苏州市数据条例》《四川省数据条例》《上海市数据条例》等地方性法规也有类似规定;并且,有些地方会做补充规定,例如《上海市数据条例》第23条第3款规定,商场、超市、公园等公共场所或者区域,不得以图像采集、个人身份识别技术作为出入该场所或者区域的唯一验证方式。

2. 平等权

联合国通过的《世界人权宣言》为所有国家订立了一个共同的人权标准,即"人人生而自由,在尊严和权利上一律平等"。随着科技发展,关于科技是否加剧世界不平等的议题被广泛讨论,而智慧城市治理过程中也存在运用 AI、云计算等技术可能会侵犯平等权的风险。

"算法歧视"指算法根据个人标签之不同,对不同人群或者特定个人有不合理的、歧视性的差别待遇。应用算法的服务提供商和用户显然处于明显的信息不对称、权力不对等状态,两方缺乏沟通、对话机制。[25] 而算法难以解释、无法被理解这些黑箱问题又使得歧视问题非常隐蔽、难以被发现。[26] 例如,通过收集、整理、分析个人健康数据、运动数据、消费数据,保险公司可以判断个人是否存在健康风险,从而收取更高的保险费用甚至不予保险。再以老龄歧视为例。《全球关于老年歧视报告》(Ageism In Artificial Intelligence For Health)显示,年龄往往决定了谁接受某种医疗程序或治疗,而通过人工智能作出医疗决策的系统可能将此类系统性歧视重现。举例而言,人工智能正在被考虑用于有关稀缺资源的优先级排序或分配的决策中。在人口层面,基于质量调整生命年(quality-adjusted life-years)系统来编码的决策支持项目,可能本质上是年龄歧视,因为它不太重视挽救老年人的生命,并鼓励将资源用于那些被预计在预期寿命方面实现最高净收益的人群,也就是更年轻的个体。[27] 此外,算法也存在标签错误问题,比如误将老年人归入年轻人群体、将经济条件较差的人归入高收入人群,从而收取更高价格或者提供较差服务等。

3. 受教育权

《经济、社会、文化权利国际公约》(International Covenant on Economic, Social and

---

[25] 参见马长山:"算法治理的正义尺度",《人民论坛·学术前沿》2022年第10期。
[26] 参见马长山:"智慧社会背景下的'第四代人权'及其保障"《中国法学》2019年5期。
[27] World Health Organization, "Ageism in Artificial Intelligence for Health: WHO Policy Brief", 2022, p. 5.

Cultural Rights）全面规定了受教育权。例如，第 13 条规定了与初等、中等和高等教育相关的国家义务；第 14 条则规定了国家具有制定行动计划的义务。《儿童权利公约》（Convention on the Rights of the Child）第 28 条和第 29 条重申了《经济、社会、文化权利国际公约》第 13 条所保护的受教育权的大部分内容，并且增加了新的内容，包括提供教育和职业信息、鼓励入学、使学校纪律与儿童的自尊相符合以及促进对自然环境的尊重义务。国际层面，受教育权是国家强制给付义务，不过在数字时代，数字鸿沟逐渐导致受教育权向不平等趋势发展。

在数字时代、移动互联网时代，人们开启了数字化的、线上的教育模式。为了接受良好教育，人们通常需要使用智能设备、互联网、高端传感器等先进技术设备来获取信息。而老年人、残疾人、低收入和低受教育程度者这些在城市发展中相对被边缘化的、话语权较低的人群，往往很难在城市发展和教育智能化进程中被关注到。"互联网+"教育、智慧教育等新兴教育模式对传统的受教育权正在形成冲击。㉘ 这些先进的教学方式需要家庭配备价格昂贵的智能设备、购买互联网教育服务，也需要家长掌握使用这些先进设备和服务的技能。但低收入家庭如何负担这些教育开支，却没有被教育革命所顾及。当社会面普遍形成数字教育的时候，可能隐形中剥夺了弱势群体孩子接受平均水平教育机会的资格，而教育的马太效应又将使阶层固化更加明显。

（三）智慧城市建设中的人权保障指标

1. 隐私权和个人信息权益

在我国智慧城市建设中，应当从实现知情权、规范公共监控设置、保护个人信息、做好信息安全防护等方面规范来保障隐私权、个人信息权益，具体可设置如下权利保障指标：

第一，第三方参与智慧城市建设清单。让民众知悉参与提供传感器、智能监控的政府合作方有哪些，以及这些合作方的数据获取权限、数据加工分析目的、数据留存期限，帮助个人判断日常生活中隐私信息、个人信息暴露给第三方的可能性。

第二，第三方选择机制的民主参与制度。第三方机构如果参与传感器、智能监控设置方面，政府应当在投标阶段公开第三方信息、申报材料，允许公众公开、民主的监督，这有利于消除公众疑虑和不安，促进智慧政府、阳光政府建设。

第三，信息采集与安全管理分类分级清单。以清单的形式列出政府各部门采集

㉘ 参见龚向和："人的'数字属性'及其法律保障"，《华东政法大学学报》2021 年第 3 期。

的公民隐私信息、个人信息,明确限制每类信息的使用目的和共享、公开权限;并且,应根据信息对个人和社会、国家的重要性之不同,确定相应的安全防护层级。此外,还需要明确隐私信息、个人信息处理时是否需要进行匿名化、去标识化、脱敏等处理,以更好地保护个人权益。

第四,规范公共监控设置与数据处理活动。首先,目的正当。公共监控的设置以及由此产生的个人信息处理只能以维护城市安全与管理为目的,并且应当尽量限缩解释"安全与管理"的范围,将提高经济收益、提升产品性能、改进服务等目的排除在外。而且,公共监控应当只能设置在公共场所,可能涉及泄露个人隐私的区域不应当设置公共监控,如宾馆客房、公共浴室、公共卫生间等。其次,手段必要。通过公共监控采集个人信息应以实现维护城市安全与管理之目的为必要,如果采集非个人信息或者匿名化处理同样可以实现目的的,则不应该处理个人信息。再次,目的限制。采集后的个人信息只能用于公共监控设置时的特定目的,不得用于其他目的,取得个人单独同意的除外。复次,标识显著。设置了公共监控的场所应当在摄像头附近位置设有显著提示标识,使个人可以清晰地意识到摄像头的存在,自主选择是否进入公共监控范围。最后,非唯一性。因人脸识别信息具有高度分析价值和跟踪性,参考《上海市数据条例》第23条第3款,不应当以图像采集、个人身份识别技术作为出入该场所或区域的唯一验证方式。

第五,传感器、摄像头等信息采集设备科普活动。政府应当将所安装的、能够识别个人生物信息、记录行程轨迹的信息采集设备以通俗易懂的方式向公众进行科普,标明设备用途、设备信息、捕捉信息类别等,促进公众对智慧城市建设所用基础设备的了解并能够有效辨别设备功能。

第六,突发事件后的信息处理机制。在突发事件中,国家机关有权越过"告知同意规则"直接收集和处理个人信息,但应当在事中补充取得个人同意,或者在突发事件结束后,对所收集的个人信息及时进行销毁处理。

2. 平等权

对智慧城市建设过程中可能出现的算法歧视问题,应当强化算法监管、加强算法公开,关注弱势群体在数字社会中的不平等地位,具体可设置如下权利保障指标:

第一,算法生成中的弱势群体参与机制。为防止容易被边缘化的群体权益进一步受到侵害,政府在生成算法、训练算法时应征求弱势群体意见,特别是在涉及生活、教育、出行、福利资源分配、排序时应加入弱势群体代表。

第二,算法纠偏。弱势群体、少数群体在数据库中的样本可能偏少,有必要对数据库进行纠偏,适当增加弱势群体、少数群体数据的比例。此外,需要在算法应用前,测试算法可能存在的歧视问题并予以纠正。

第三,算法透明度。除涉及国家秘密、商业秘密外,算法应当公开,并配套算法演练讲解,使公民可以了解算法处理的程序和相应处理效果,加强阳光政府、透明政府建设,通过算法公开减少歧视。

3. 受教育权

结合中国智慧城市建设中"互联网+教育"、线上教育的实际推广情况,具体可设置如下权利保障指标:

第一,数字教育设备申请通道。政府应为经济弱势群体提供可申请的数字教育设备,小到家庭、大到学校集体,都能够在审核通过后获得所需的数字教育设备和一定期限内的设备使用权限。同时应当出台相应的数字扶贫政策,持续推进数字教育设备普及计划。

第二,数字教育科普制度。教育与互联网联动的最终目的是提高教育质量,在设备到齐的情况下,必须加强数字设备使用方面的教学和功能详解,并科普线上教育的利弊,让儿童、家长、老师都能全面理解数字教育的本质,在此基础上提高学习水平和教育质量。

第三,智慧教育帮扶计划。借鉴"经济帮扶"政策,可以发展"智慧教育帮扶"计划,通过受教育情况录入、地区考试情况大数据分析,评估各地、各区教育差距,科学匹配教育帮扶对象,减少经济、地理因素对教育资源的影响,同时对帮扶效果进行动态跟踪,以便及时调整。

三、自动化行政决定中的人权保障标准

(一) 自动化行政决定概述与应用

1. 自动化行政决定概述

在数字政府、数字行政建设背景下,行政机关运用计算机技术辅助行政管理、行政执法是最新趋势。"自动化行政"也可称为"行政自动化""数字化行政"。早期的自动化行政主要指向行政程序自动化,但随着技术发展,自动化行政已经呈现出从程序自动化向实体决定自动化发展的趋势。基于此,有学者提出,有必要以自动化程度为标准,通过"程序—实体"的视角,划分出三种类型:数字化程序实施,但实体决定仍为人工作出;"程序实施+实体决定"的完全数字化,但实体决定非以人工智能方式作出;"程序实施+实体决定"的完全数字化,且实体决定由人工智能方式作出。㉙ 但有学者认为"人工智能"概念过于宽泛,提出从算法生成方式上完善上述分类,将自动化行政分为:自动化程序实施,但实体决定仍为人工作出;"程序实施+实体决定"的完全自动化,但实体决定是人为设定算法的表达;"程序实施+实体决定"的完全自动化,但实体决定是机器学习后算法的表达。㉚

限于本文写作主题,本文关注的自动化行政范围较为宽泛,对象上包含了实体和程序的自动化,对自动化程度也没有特定标准。需要说明的是,本文所使用的自动化行政决定,指的是具体行政行为而非抽象行政行为,技术赋能下的行政规划、城市管理等内容在本文第二部分"智慧城市"讨论。此处,自动化行政决定是在程序或者实体决定端,借助机器自动化运算对特定公民、法人、其他组织的权利义务产生实际影响的决定。

2. 自动化行政决定的实践

第一,行政自动化审批。行政自动化审批当前已有广泛运用,涉及各个领域,如运用在社会福利申请、资质证件申请等方面。在社会福利领域,通过对社会福利申请人员各项材料进行审查,由系统自主决定是否批准福利申请,实质是行政自主审批。例如,澳大利亚推出收入支持福利算法系统(income support payments),通过分析受资助者的行为模式,确定资源分配政策与资格标准。㉛ 行政自动化审批在我国也存在着较多的应用,如青岛市自 2019 年开始运行"企业设立智能登记系统",辅助企业注册地址和经营范围填报,实现企业登记智能审批代替行政审批;㉜河北也在市县乡三级实现了企业开办智能审批。㉝ 除此之外,在新冠疫情防控中出现的"健康码"也属于自动化审批。个人在政府于支付宝或者微信中嵌入的程序中提交个人信息,通过将个人信息和个人行踪轨迹、购药记录、健康状况等数据相连通,结合各地区的疫情发展情况,系统将自动判断个人涉疫风险,并给出相应颜色等级的二维码。㉞

第二,预防式执法。预防式执法指在没有确凿的犯罪迹象或犯罪证据之前,警方通过对个人历史纪录和地区人口结构、犯罪数据进行研判,预测特定地区或者个人违法犯罪的风险。例如,美国洛杉矶警方就借助预测性警务技术,预测给定时空范围内

㉙ 参见展鹏贺:"数字化行政方式的权力正当性检视",《中国法学》2021 年第 3 期。
㉚ 参见王宾:"自动化行政中算法的法律控制",《财经法学》2023 年第 1 期。
㉛ 参见王锡锌:"数治与法治:数字行政的法治约束",《中国人民大学学报》2022 年第 6 期。
㉜ 参见张涛:"自动化行政对行政程序的挑战及其制度因应",《华中科技大学学报(社会科学版)》2022 年第 5 期。
㉝ 参见解楚楚:"河北实现市县乡三级企业开办智能审批",中国政府网,https://www.gov.cn/lianbo/2023-04/23/content_5752762.htm,最后访问时间:2023 年 5 月 24 日。
㉞ 参见查云飞:"健康码:个人疫情风险的自动化评级与利用",《浙江学刊》2020 年 3 期。

违法犯罪活动发生概率的分布地图。㉟

第三,行政执法。自动化技术在行政执法领域较多地应用在行政裁量问题上。例如,河南省建有生态环境智能办案系统,行政执法人员在该系统输入违法事实、危害后果、主观过错等因素并赋予权重后,系统可以自动计算出行政处罚数额,减少执法恣意。广州市市场监督管理局与之相似,在具体执法之前,将可能涉及的法律法规输入系统,再将违法行为分类分级定档;在具体执法中,执法人员即可输入裁量因素和处罚等级,最终由算法计算出处罚结果。㊱ 同样地,安徽省亳州市城管局在 2019 年上线了电子综合执法系统。该系统提前收录相关法律法规,执法人员只需要将违法行为输入系统,系统就会分析提取对应的法律条文和处罚依据,执法人员通过记录或者监控等措施将违法行为相关信息录入数字执法系统中,经过系统数据库的分析类比得出相应的处罚结果。㊲

(二) 自动化行政决定可能对人权造成的侵犯

在技术迅速发展的背景下,行政机关借助各类智能化方式提高行政效率,但也需要对科技应用所产生的人权侵犯问题承担责任。事实上,自动化行政决定对人权可能存在着不同程度的侵害。无论是人为设定的算法还是机器学习后的算法,都可能出现算法和法律文本偏离的问题。人为设定的算法需要由人对法律条文的语义和条款之间的逻辑关系进行解析,但法律存在一定的模糊性,过度依赖特定专家对法律的解释可能造成专家知识垄断问题。而且,机器学习后的算法也存在解释性问题。再者,规则缺漏下如何使用法律原则进行矫正或者续造也是算法行政未解决的问题。就具体权利而言,自动化行政决定可能会对知情权、获得理由说明权、陈述申辩权、获得救济的权利造成侵犯。

1. 知情权

知情权作为一项政治性权利,指的是公民有权了解行政机关的组织构成和行政活动,通过公民对政府的监督,自下而上地补强行政权力的合法性。知情权包括主动公开和被动公开两个层面:在主动公开方面,行政机关应当主动向社会公开或者向行政相对人公开自动化决定的存在;在被动公开方面,当行政相对人询问时,行政机关还应当向其充分解释自动化决策规则以及具体运行方式。

㉟ 参见王锡锌:"数治与法治:数字行政的法治约束"。
㊱ 参见杨成、陈昊:"行政处罚数字化裁量的合法性风险及其危机控制",《昆明理工大学学报(社会科学版)》2022 年 6 期。
㊲ 杨成、陈昊:"行政处罚数字化裁量的合法性风险及其危机控制"。

德国出台的《算法在公共管理中的透明度》列明,德国政府及各部门在处理公共事务时应用的算法应当公布。[38] 在文件中,算法信息被分成三类:第一类是有关程序输入和输出的数据类别的信息;第二类是具体应用算法流程所需的逻辑信息,包括计算公式、数据权重、基础知识;第三类数据是最终决策的范围和程序后果。

2. 获得理由说明权

"行政行为说明理由制度是行政法上最重要的正当程序之一,承载着制约行政权与保障参与权的双重价值功能。"[39]在行政机关行使裁量权时,如果不说明裁量理由,就无法使行政相对人知晓为何在行政裁量空间内作出该决定。陈述申辩权、获得救济的权利就会被架空。只有行政相对人充分理解自动化行政机理,才可以做出是否同意自动化处理的决定。例如,如果个人认为自己有特殊情由,却未被自动化的行政处罚系统所考虑,可以提出反对自动化决定,要求行政机关人工介入,而是否接受自动化处罚决定建立在个人可以意识到自动化系统的存在并理解运行机理之上。正如学者所言:"解释算法相关事项是为了更充分地理解算法运行机理和逻辑,如此才能在必要的时点恰当地行使脱离算法自动化决策权、关闭算法的权利以及人工干预(接管)权,将算法权力带来的风险控制到最小。"[40]

以河南省生态环境智能办案系统为例,行政机关既应当向社会不特定多数人公开行政自动化处罚系统的存在及算法规则和规则设置的理由,也应当在具体个案中,向特定当事人说明本案中输入的数据、输出的结果、输入和输出之间的算法规则。

《个人信息保护法》第24条第3款一定程度上体现出了此权利,该条款规定在自动化决策对个人权益有重大影响的情况下,个人享有请求个人信息处理者说明自动化决定方式的权利,在此基础上,可以拒绝仅通过自动化决策对个人作出决定。值得注意的是,该法第73条第2款对"自动化决策"的定义非常宽泛,包含了过程和结果,那么什么是仅通过自动化进行决策的行为,就有待进一步明晰,这直接影响了个人获得理由说明权和拒绝自动化决策权利的适用范围。另外,该法将这两个权利的行使条件限定在对个人权益有重大影响的事项上,但行政程序法上行政机关的说明义务和当事人的陈述申辩权并没有如此限制,行政诉讼上也没有对原告资格作出这样的限制。从权益保护的角度出发,考虑到行政程序和诉讼法的规定,应当允许个人在任何行政自动化决定方面均享有获得理由说明权。

---

[38] 参见张凌寒:"算法自动化决策与行政正当程序制度的冲突与调和",《东方法学》2020年第6期。
[39] 徐伟:"行政行为说明理由制度的规范分析",《行政与法》2015年第9期。
[40] 温昱:"算法权利的本质与出路——基于算法权利与个人信息权的理论分疏与功能暗合",《华中科技大学学报(社会科学版)》2022年1期。

3. 陈述申辩权

行政法上的陈述申辩权是指行政当事人针对可能损害其合法权益的行政决定进行陈述理由和答辩的权利。"听取行政相对人的陈述和申辩既是行政主体对行政相对人权利的保护又是行政主体的法定义务。"[41]为保障行政相对人的陈述申辩权,行政主体应当在行政全过程中履行告知义务,为行政相对人提供陈述和申辩的平台,不阻碍行政相对人的合法行权行为,记录相对人的陈述和申辩,采纳行政相对人正确的陈述和申辩,对违法行政行为造成的后果承担相应法律责任。[42]

行政自动化系统通过预先设定的算法,一定程度上破坏了陈述申辩权的完整性。在仅是行政程序存在自动化的情况下,可能存在信息收集设备角度单一、事实不全面的问题;在程序和实体决定皆自动化的情况下,为保证行政决定一致性,可能存在忽略个案特殊性的问题。因此,有必要赋予个人陈述申辩权以修正这些问题。即便事实认定、法律适用和实体决定均是正确的,陈述申辩权也有疏导当事人情绪、补强行政决定合法性的功能。作为行政法上正当程序权利的重要部分,陈述申辩权不应因执法方式的改变而减损。因此,为保障行政相对人陈述申辩权的有效执行,有必要在数据输入端、输出端赋予个人向人工陈述申辩的权利。如何在贯彻陈述申辩的同时,维护自动化行政所追求的执法效率和执法统一,有待进一步探索。

4. 获得救济的权利

救济权在普遍意义上泛指一切权利受到损害后获得法律救济的权利。有学者将救济权界定为:"公民在其权利受到损害或有关生存的基本权利的实现存在阻碍,穷尽个体能力无法保护或实现其权利时,请求国家和社会为其提供帮助以弥补损害、实现权利的权利。简而言之,救济权就是权利救济权和获得救济权。"[43]《世界人权宣言》第8条规定:"任何人当宪法或法律所赋予他的基本权利遭受侵害时,有权由合格的国家法庭对这种侵害行为作有效的补偿。"与之相同,本文认为自动化行政决定中的救济权应是个人向司法机关请求审查行政行为并获得救济的权利。

自动化行政决定对公民获得救济的权利的主要挑战不在于是否能提起行政诉讼,而在于诉讼中是否可以有效质疑算法和行政决定。囿于算法的复杂性和算法黑箱问题,原告将付出相当高昂的学习成本对行政机关所适用的算法进行挑战,而且如何对算法训练所使用的数据库进行质疑也将是难题。

---

[41] 栾盈菊:"论听取陈述和申辩制度",《前沿》2006年第12期。
[42] 栾盈菊:"论听取陈述和申辩制度"。
[43] 张维:"权利的救济和获得救济的权利——救济权的法理阐释",《法律科学(西北政法大学学报)》2008年3期。

(三) 自动化行政决定中的人权保障指标

1. 知情权

知情权指行政相对人有权知道自动化行政决定的运行及其算法,主要功能是推动算法公开,审查算法的正当性、合法性和合伦理性。具体可设置如下权利保障指标:

第一,公布自动化行政决定应用场景清单。算法透明包含告知义务、向主管部门报备参数、向社会公开参数和存档数据、公开源代码等不同的形式。[44] 行政机关应公布自动化决定应用场景清单,向社会公开哪些领域应用了自动化决定,应具体到行政决定的各个节点并说明相应的自动化程度、算法形成方法。同时,需要公开算法基本规则、因素、权重,甚至在不侵犯个人隐私、商业秘密的情况下,有必要公开算法训练的数据源。

第二,建立自动化行政决定算法备案制度。我国《互联网信息服务算法推荐管理规定》第 24 条确立了算法备案制度,"具有舆论属性或者社会动员能力的算法推荐服务提供者应当在提供服务之日起十个工作日内通过互联网信息服务算法备案系统填报服务提供者的名称、服务形式、应用领域、算法类型、算法自评估报告、拟公示内容等信息,履行备案手续"。但该规定仅用于推荐算法,有必要将备案制度拓宽到行政自动化决策之中,这有利于行政系统内部对自动化行政算法进行审查、纠错。

第三,建立自动化行政决定算法影响评估制度,并将评估报告予以公开。《个人信息保护法》第 55、56 条要求,利用个人信息进行自动化决策时,应当事前进行个人信息保护影响评估,评估内容包括个人信息处理目的、处理方式等内容的合法、正当、必要,可能对个人权益的影响及安全风险,所采取的保护措施的合法性、有效性及存在的风险。行政自动化决策中涉及个人信息处理的,当然适用该条款。但是,该评估制度的设置目的是评估个人信息保护水平,对算法本身是否符合法律规定、是否满足行政法基本原则、是否践行法治政府、依法行政等,未能充分考虑。因此,有必要在个人信息自动化决策之外,另行补充特定的自动化行政决定算法评估制度,并将评估报告公开以供社会监督。

2. 获得理由说明权

与前文所言的知情权侧重于算法的事前、一般性公开不同,获得理由说明权更加

---

[44] 参见汪庆华:"算法透明的多重维度和算法问责",《比较法研究》2020 年第 6 期。

侧重个案的、点对点式的算法解释,具体可设置如下权利保障指标:

第一,算法的可解释性。在自动化行政场景中,对算法的解释可视为对行政行为说明理由的过程,算法能否进行解释也意味着行政机关能否进行说明理由,这也直接关系着行政相对人的陈述申辩权是否有效。具体而言,算法解释不仅应当向个人告知算法规则以及参数设置标准、权重,还应当告知特定个人,在该案件中所输入的具体数值及理由,并解释特定结果的生成过程。"算法解释的目标是将算法黑箱转化为可解释的决策推断,使个人能够理解和信任决策。"㊺为贯彻此目标,有必要在算法生成过程中就注意可解释性问题。

第二,算法解释的清晰度。其一,算法监管部门应当明确算法解释的必要内容;其二,尽管算法具有相当强的专业性,但算法解释应当以清晰的、易于理解的语言阐明复杂问题,并根据行政相对人的文化水平进行适当调整。㊻

第三,主动与被动说明理由制度相结合。在行政自动化决策系统中需建立要求说明理由的制度,划分主动说明和被动说明事项。当相对人或者利害关系人面对不利行政决定时,要求说明理由的,行政机关应当进行说明,并且说明的理由在后续行政诉讼中具有约束力。对于对行政相对人或利害关系人重大权益有影响自动化决定,行政机关应当主动说明理由。

3. 陈述申辩权

陈述申辩权以知情权的实现为前提,为保障相对人的陈述申辩权,具体可设置如下权利保障指标:

第一,将陈述申辩作为不利行政决定生效的必经程序。在不利于行政相对人的行政决定作出之前,应当听取相对人的陈述申辩,避免全自动行政决定直接对当事人发生法律效力。㊼

第二,享有自动化决策拒绝的权利,并要求人工介入。算法建立在对已有数据库的训练之上,这意味着如果出现了数据库之外的特别事由或新情况,算法往往难以应对。《个人信息保护法》第24条第3款确立的个人拒绝全自动化决策的权利,对自动化行政决定具有一定适用性。但正如上文所述,该权利仅限于对个人权益有重大影响的全自动化决策,比行政法上的正当程序权利范围狭窄很多。有必要将拒绝自动化决策权贯穿于所有自动化行政决定中,个人借此可以获得独立的人工决定,或者要求人工对算法进行调试后再次作出决定。

㊺ 何新新:"算法解释权的证成与限定",《大连理工大学学报(社会科学版)》2023年第3期。
㊻ 参见张凌寒:"算法自动化决策与行政正当程序制度的冲突与调和"。
㊼ 张凌寒:"算法自动化决策与行政正当程序制度的冲突与调和"。

4. 获得救济的权利

获得救济的权利是权利保障的最后一道防线,具体可设置如下权利保障指标:

第一,明确算法举证责任倒置规则。鉴于各方举证的难易程度以及依法行政的原理,行政诉讼采用举证责任倒置规则,这在自动化行政领域同样适用。自动化行政决定是行政机关为提升行政效率、约束裁量自由、增加信息完整性和准确度而采用的履行法律职责的工具,行政机关自身需要对行政决定负责。

第二,引入专家证人制度。算法本身已具有极强的专业性、复杂性,理解算法需要付出较多的时间成本和学习成本,挑战算法则更加困难。算法与法律相结合又使问题更加复杂。因此,有必要引入算法技术专家、法学专家对自动化行政中的算法和输入的数据、输出的结果等给出专家意见。

第三,建立算法损害问责机制与行政公益诉讼制度。自动化行政所造成的侵害往往具有普遍性、广泛性、一般性,一旦算法自身与法律规则、原则相偏离,通过自动化处理产生的行政决定可能会对多数行政相对人的权益造成侵害。在这种情况下,一方面可以通过行政系统内部问责机制进行算法监督,另一方面可以通过行政公益诉讼使行政机关承担败诉责任,以保护多数行政相对人的合法权益。[48]

概而言之,科技对行政管理和行政决定的颠覆性影响是显而易见的,整体上,科技赋能下的行政管理正在朝着提升效率、提高准确度、促进透明、保证公平这些向上向善的方向运转,但坚守技术革新中的人权保障是科技行政发展的底线和重要支撑。

---

[48] 杨利华、苏泽祺:"智能社会中算法治理的法律控制研究",《大理大学学报》2023年第1期。

信息科技司法应用的人权标准探析

黄城*

随着人类科学技术的不断迭代与进步,其也逐渐渗透到了历来被视为公权力领域最为保守的司法权力机关。由此,科技在司法中的应用也逐渐造成了一定的人权隐患,存在一定的权利威胁与风险。目前,科技在司法中的应用带来的人权风险主要发生于信息科技领域,这既是由其技术特征决定的,也是由于我国目前正在自上而下大力推进司法信息化——这表现在政策与实践两个面向。这些人权风险都亟待相应的人权标准以进行规制。

一、我国目前的司法信息化

近几年来,我国自中央层面不断推出促进司法信息化的有关政策。2015年7月,时任最高人民法院院长周强在全国高级法院院长座谈会上提出,司法改革和信息化在人民司法建设过程中是相辅相成的关系,因而全国所有人民法院都要明晰大数据时代司法信息化的重要所在,进而提高责任意识、使命意识、迫切意识,大力推动司法信息化,建设具备中国特色的人民法院信息化3.0版。[1] 从2016年起,我国从中央层面发起"智慧法院"建设,将其纳入国家信息化发展战略和人工智能发展规划。[2] 在2016年1月召开的最高人民法院信息化建设工作领导小组年度第一次全体会议上,该小组组长周强强调要全力推进人民法院信息化3.0版建设,并首次提出建设立足于时代发展前沿的"智慧法院"。随后,在2016年2月,最高人民法院举行有关会议,讨论后发布了《人民法院信息化建设五年发展规划(2016—2020)》及《最高人民法院信息化建设五年发展规划(2016—2020)》。按

---

* 黄城,法学博士,中国计量大学法学院(知识产权学院)讲师。
[1] 参见黄永维主编:《司法前沿问题十二讲》,人民法院出版社2017年版,第236页。
[2] 冯子轩主编:《人工智能与法律》,法律出版社2020年版,第235页。

照这个正式文件的要求,全国法院将在 2017 年大体达到法院信息化 3.0 版,2020 年对其进一步深化、完善。③ 2017 年 4 月,最高人民法院通过《关于加快建设智慧法院的意见》,界定了"智慧法院"的概念——"智慧法院是人民法院充分利用先进信息化系统,支持全业务网上办理、全流程依法公开、全方位智能服务,实现公正司法、司法为民的组织、建设和运行形态",提出"以信息化促进审判体系和审判能力现代化,努力让人民群众在每一个司法案件中感受到公平正义"的目标。2018 年 4 月 27 日,全国法院第五次网络安全和信息化工作会议提出:"人民法院信息化 3.0 版的主体框架已经确立,以网络化、阳光化、智能化为特征的智慧法院初步形成。"④2018 年开始,中国科技部还颁布了国家重点研发计划项目的"司法专题任务",投入大量研发经费促进以法院为代表的司法体系的科技革新。⑤ 2019 年 2 月,《最高人民法院关于深化人民法院司法体制综合配套改革的意见——人民法院第五个五年改革纲要(2019—2023)》中的基本原则一项中提道:"坚持强化科技驱动。贯彻实施网络强国战略,全面建设智慧法院。牢牢把握新一轮科技革命历史机遇,充分运用大数据、云计算、人工智能等现代科技手段破解改革难题、提升司法效能,推动人民法院司法改革与智能化、信息化建设两翼发力,为促进审判体系和审判能力现代化提供有力科技支撑。"2019 年 4 月,最高人民法院颁布《人民法院信息化建设五年发展规划(2019—2023)》。2019 年 11 月 9 日,最高人民法院网络安全和信息化领导小组 2019 年第二次全体会议审议通过了《智慧法院建设评价指标体系(2019 年版)》,为智慧法院建设提供了更为清晰和完善的顶层设计指引。⑥ 2020 年 12 月 3 日上午召开的全国法院第七次网络安全和信息化工作视频会议进一步提出要建设人民法院信息化 4.0 版——确保 2022 年底基本建成、2025 年底全面建成以知识为中心的信息化 4.0 版。要确保实现建设目标,提供全新的智能化、一体化、协同化、泛在化和自主化智慧法院服务,改进审判方式,完善诉讼程序,推动司法改革,用科技方式来更为客观地确定事实,更为准确地适用法律。2021 年 5 月 13 日,最高人民法院颁布《人民法院信息化建设五年发展规划(2021—2025)》《最高人民法院信息化建设五年发展规划(2021—2025)》,提出建设智慧法院大脑和司法数据中台,创造更高水平的数字正义。⑦ 近年

---

③ 参见王婵媛、叶燕杰、江佳佳、张一博:《司法领域大数据、人工智能应用问题研究》,四川大学出版社 2020 年版,第 10 页。
④ 王婵媛、叶燕杰、江佳佳、张一博:《司法领域大数据、人工智能应用问题研究》,第 34 页。
⑤ 参见程金华:"人工、智能与法院大转型",《上海交通大学(哲学社会科学版)》2019 年第 6 期。
⑥ 参见卢海燕:"治理能力现代化视阈下民事纠纷解决智能化研究",《广西社会科学》2020 年第 3 期。
⑦ 参见中国社会科学院法学研究所法治指数创新工程项目组:"2020 年中国法院信息化发展与 2021 年展望",陈甦、田禾主编:《中国法院信息化发展报告(No.5·2021)》,社会科学文献出版社 2021 年版,第 27 页。

来,最高人民法院更是连年在工作报告中提出"加快建设智慧法院"的整体工作要求。[8] 由上述有关文件、会议、项目、领导讲话可以看出,我们国家从中央层面上对于司法信息化的建设是极为重视的。

在具体实践上,我国目前积极应用新一代信息通信、大数据、人工智能、在线诉讼等技术,从中央到地方均有一定的司法信息化应用。最高人民法院目前已经开发了"人民法院数据集中管理和服务平台""法信——中国法律应用数字网络服务平台""类案智能推送系统"等系统,并投入使用。在地方层面,比较有代表性的实践有:北京市高级人民法院建设的"睿法官"系统、上海市高级人民法院建设的"上海刑事案件智能辅助办案系统"及"上海民事、行政案件智能辅助办案系统"、河北省高级人民法院建设的"智审1.0系统"等。这些系统的应用对于提高司法效率、促进司法公正均起到了一定的积极作用,并获得了一定的良好效果。在全国范围内,我国更是已经成立了杭州、北京、广州三所互联网法院,用互联网方式审理互联网案件,诉讼当事人通过互联网,足不出户就能完成诉讼,大大便利了有关诉讼活动的开展。这些实践都表明,在实际应用层面,信息科技也已经深深嵌入到我国司法审判的日常工作之中。且如果与域外相比较的话,实践的丰富程度要高出不少。

但是,在看到信息科技在我国司法活动中的蓬勃应用及其带来的有益影响的同时,也要明悉这种应用可能存在的问题以及可能带来的人权风险。虽然我们也承认,把大数据、人工智能等科技手段与司法审判相结合,与以审判为中心的诉讼制度改革步调一致,有助于统一证据标准,规范司法行为,推进庭审实质化,更好地落实保障人权等法律原则,实现惩治犯罪和保障人权相统一,建设更高水平的社会主义司法文明。在线诉讼的发展也有利于人民大众更好地行使其诉权,提高司法效率和司法便民度,以保障相关诉讼当事人正当权益诉求的更好实现。但这并不代表其不存在人权副作用,毕竟科技进步不单单只是改善了人们的生活,其中或许还潜伏着科技奴役、工业事故等危险,这是人类社会现代化进程中大多风险的由来。[9] 纵观人类历史,人们尝试规制一项科技是困难并总是不可能的,因为在其还可以被规制的早期阶段,没有足够多的有关其有害社会结果为人所知,以致能证明规制其发展的正当性。但到这些结果变得明显的时刻,对其的规制将是昂贵且耗时的。[10] 为了防止有关事态发展到昂贵且耗时这种状态时我们才进行相关的规制,引发更大的人权风险,这就要求我们在早期阶段提前对这个问题进行一定的分析,点明其中存在的人权风险,并

---

[8] 参见冯子轩主编:《人工智能与法律》,第8页。
[9] 参见宋远升:《技术主义司法改革与法治现代化》,上海人民出版社2017年版,第221页。
[10] David Collingridge, *The Social Control of Technology*, London: Frances Pinter, 1980, p.19.

据此提出信息科技在司法应用中的人权标准。

二、信息科技司法应用的人权风险

目前,大数据、人工智能、在线诉讼等最新一代信息科技已经于司法领域崭露头角,其事实上已经造成了一定的人权风险,存在一定的权利隐患,且有些风险还表现得极为突出和明显,这主要包括以下五个方面。

(一) 消解当事人获得个人化审判的权利

大数据、人工智能技术在司法中的应用是以通过过去预测未来、通过群体预测个体的方式来辅助法官进行审判,从而表现出一种较强的"向后看"立场,以期防止法官的主观喜好和偏私情绪对司法审判客观性的影响,以此来促进司法的形式正义。但这种技术路径也带来了另外一个问题,即消解了诉讼当事人获得个人化审判的权利,导致个案的审判结果为其他案件所决定,表现出一种较强的集合性审判倾向。这对于诉讼当事人而言,可能是不公正的。如果从哲学根源细究的话,这种对于审判个别化的忽视背后蕴含的是功利主义的哲学观,即牺牲少数以成全多数——"当一项行动增大共同体幸福的倾向大于减少这一幸福的倾向时,它就可以说是符合功利原理,或简言之,符合功利"[11]。但这种观念是否合理,本身就是值得商榷的。这就致使有关判决可能顾及了司法的公平价值,但却没顾及司法的公正价值——前者是一种客观的不偏不倚,而后者是一种主观的正当性判断。

实际上,大数据、人工智能技术导致的这种集合性审判倾向很符合古典派司法学者的立场。恩里科·菲利在犯罪学研究领域曾对此批评道:"把犯罪看成法律问题的古典派,集中注意犯罪的名称、定义及其法理学分析,把在一定背景下形成的罪犯人格抛在一边。只有在法律篇章中有明确规定的例外情况才会提及罪犯人格,如犯罪人是否为未成年人或聋哑人,是否为精神病患者,以及在犯罪时是否酗酒,等等。只有在法律具有严格规定的上述情况下,古典派犯罪学才在理论上探讨犯罪人的个性特征。"[12]他进一步说道:"实际上,古典派犯罪学认为,所有的盗窃者都说是'盗窃犯',所有的谋杀者都是'谋杀犯'。在立法者的心目中不存在任何具体的人,只有在法官面前才重视这种具体的人。在学者及立法者面前,罪犯只是一种法官可以在其

---

[11] 〔英〕边沁:《道德与立法原理导论》,时殷弘译,商务印书馆2017年版,第60页。
[12] 〔意〕恩里科·菲利:《实证派犯罪学》,郭建安译,商务印书馆2016年版,第24页。

背上贴上一个刑法条文的活标本。除了刑法典所提及的例外的和少有的人类心理状况的情况之外,其他所有案件仅作为供法官从刑法典中选择一个适用于犯罪模型人之条文的理由。如果在其背上贴的不是第 407 条而是第 404 条,上诉法院则反对再进行任何数目上的更改。如果这个模型人活了,说道:'对我适用哪一条文,对你来说可能十分重要,但如果你仔细研究一下各种迫使我夺取他人财物的情形,你就会意识到这种重要性是图解式的。'法官会回答说:'将来的司法或许这样,但现在的司法并非如此。你触犯的是第 404 条,便依法在你背上贴上这一号码。在你离开法庭进入监狱时,将被换成 1525 号或其他数字,因为你的人格在代表社会正义的法律面前完全消失了。'接着,便假装应当将人格被不合理地抹杀的这个人留在监狱里接受对各种退化的治疗。如果他再回到令其多难的旧路上去,又犯一新罪,法官则简单地将另一条文贴在原有的罪名上,如把规定累犯的第 80 条或第 81 条加到第 404 条规定的罪名上。"[13] 恩里科·菲利以此讽刺了古典派学说在司法中看不到甚至故意忽略诉讼当事人的具体人格的做法。而如果把大数据、人工智能技术在司法审判中推向极致,其实就是如此——其抹杀了诉讼当事人的具体个性,而只关注于他们的普遍共性。以类案智能推送为例,借助对有关案件的详细查询与类案自动推送,法官的确可以对有关案件进行参考(包括其判决数额与幅度),进而有助于实现同案同判。不过,对其他类案的广泛对照很大程度上会导致对目前案件额外特征的忽略,进而引发一定的个案不公。如此的审判结果一定程度上不是由主审法官决定的,而是由其他类案决定的。而人工智能的运作基石在于算力、算法和数据,基于机器学习技术路径的人工智能会越来越强化其本身的算法及数据。[14] 这应用于司法审判领域,就会导致这种集合性审判倾向变得更为严重。这很符合自然科学的思维——自然科学的类型逻辑思维擅长通过理解典型问题的规律进而推广解决个体问题。但是,社会科学的总体逻辑思维则倾向于通过独立个案的变异寻求规律,而在司法实践中,大数据技术量化分析的特点决定了它"无法挖掘出普适规律来描述和解释所有个体行为"。[15] 在著名的美国威斯康星州诉艾瑞克·卢米斯一案中,被告艾瑞克·卢米斯(Eric Loomis)就曾主张法官依靠的 COMPAS 工具是基于其这一类被告人的普遍风险作出判决,而不是把其作为一个个体看待。[16] 这个主张表达了艾瑞克·卢米斯对其获得个人化审判权利的关切。实际上,这种通过大数据、人工智能等信息科技来决定司法审

---

[13] 〔意〕恩里科·菲利:《实证派犯罪学》,郭建安译,第 38 页。
[14] 参见孙光宁:"案例指导与人工智能结合的前景",《法律方法》2018 年第 3 期。
[15] 参见帅奕男:《智慧社会的司法范式转型》,知识产权出版社 2021 年版,第 89 页。
[16] *State v. Loomis*, 881 N. W. 2d 761 (Wis. 2016).

判结果的行为本质上是一种自然科学对社会科学领域的入侵,其无形之中消解了人的社会价值,对诉讼当事人基于自我具体情况获得个人化审判的权利造成了影响。

(二) 僭越法官的司法权力

虽然现今大数据、人工智能在司法领域的应用主要还是定位于辅助法官进行审判,但事实上这种辅助应用还是对过去专属于法官的司法权力产生了一定的影响,出现了用科技理性来替代司法理性的倾向。这就非常类似于马克思对科学与劳动之间关系的论述:"科学对于劳动来说,表现为异己的、敌对的和统治的权力,而科学的应用一方面表现为把它们发展为科学,用以分析生产过程,把自然科学应用于物质生产过程,科学的应用是建立在生产过程的智力同单个工人的知识、经验和技能相分离的基础上的。"[17]人工智能在司法中的应用从某种程度上也对法官的审判活动表现出了一种异己的、敌对的和统治的权力,这本质上是基于法学专业知识的职业权力和基于信息科技知识的技术权力相互冲突和融合的过程。[18]

目前,人工智能虽然还不能做到完全替代法官进行审判,但它的参考结果却对法庭有着重要的参考价值:证据指引校验、类案智能推送、法律法规检索、量刑参考、刑事风险评估、智能分析与纠错、裁判文书自动生成等功能事实上都对法官作出最后判决有着关键性的影响。而且,由于人类普遍存在认为人工智能运算超越人脑思考的惯性思维,往往还会更趋向于选择相信人工智能的科技理性,而不是法官的司法理性。当人工智能的建议与法官基于经验所形成的感觉大体相当时,人工智能的建议很可能会成为最终的判决结果。事实上,在这一过程中,人工智能决策会强化法官自我判断的内心确信,人工智能也成为法官下决心作出某项判决的强力推手。[19]而如果法院的人工智能辅助工具达到比法官更加精确的程度,即使其建议与法官本身的起初法感不同,人类法官也可能会倾向于采纳人工智能提供的意见,而不是反对人工智能的意见。统计数据表明,具有较高机器生成内容百分比的决策不太可能被高等法院推翻。随着决策中机器生成内容的百分比不断增加,法官可能只不过是传递纯机器生成决策的渠道,人类存在放弃决策的倾向。[20]在这样的情况下,法官的角色很大程度上也将从司法判决的拟定者变为司法判决的审校者和签署者。[21]这就造成一

---

[17] 《马克思恩格斯文集(第8卷)》,人民出版社2009年版,第358页。
[18] 参见蒋佳妮、徐阳、萨楚拉:《智慧法院》,科学技术文献出版社2020年版,第130页。
[19] 参见杨延超:"人工智能应用于司法裁判的法理分析",陈甦、田禾主编:《中国法院信息化发展报告(No.5·2021)》,第101页。
[20] 参见蒋佳妮、徐阳、萨楚拉:《智慧法院》,第28页。
[21] 参见黄俏娟、罗旭东:"人工智能与法律结合的现状及发展趋势",《计算机科学》2018年第12期。

种极端化的倾向,即在司法审判中过分着重算力、算法和数据等"物"的要素,而忽略了"人"的要素。[22]

而人工智能本身存在的缺乏透明度的问题还会使其僭越司法权力的现象变得更为明显。荷兰海牙地区法院(The District Court of The Hague)就曾强调过相关系统缺乏透明度的运行方式会阻碍法院行使审判角色的能力。[23] 珍娜·伯瑞尔(Jenna Burrell)把人工智能的算法黑箱分为三种:有意的专利保护及公司秘密导致的算法黑箱;源于目前读写代码是一种专业技能而产生的算法黑箱;机器学习算法的数理程序和人类语义解释方式的不匹配而导致的算法黑箱。[24] 在此,如果对这三种算法黑箱进行进一步的细分,前两种其实是可以为目前的技术手段所解决的,而最后一种则表现为一种技术不能。在第一种算法黑箱中,有关开发者和企业基于个人私权利的主张不对人工智能的算法进行公开,进而导致了算法黑箱问题,僭越了司法权力这种公权力。而在第二种算法黑箱中,法官则是由于自身相关科技知识及能力的匮乏导致司法权力被僭越。在这两种情况下,有关科技从业人员是可以提供一定的技术协助以解决算法黑箱问题,从而保证司法权力回归到法官手中的。如果不对这类算法黑箱问题进行解决,程序员在对某些法律条文进行编码时,就很有可能会改变其实质,而又不为法官及相关诉讼当事人所知,这绕开了人们参与其中并提出专业意见的民主程序。而且由于这些程序员通常欠缺对社会科学的深入了解,因而难以确保其恰当地将现有规则输入程序中。[25] 在此,程序员们等于是被赋予了过多的司法决策权,以不当控制和介入智能系统的方式影响司法,而且不会受到任何审查、监督与制约。而科技公司身为主要的数据来源方,也容易因充分的自利动机而隐匿乃至虚构或捏造数据,这些举动在算法黑箱的"保护"下也是难以察觉的。[26] 所以,人工智能和大数据虽然属于技术,但它们并非系绝对"中立"的。在人工智能和大数据形成的过程中,设计者的价值观其实也通过代码和数据转嫁其中。[27] 如果不对此类算法黑箱问题进行解决,也就当然使有关程序员和企业从某种程度上成为了司法判决的事实作出者。而第三种算法黑箱则是由于机器学习算法本身存在的特性导致的算法不透明,这种

---

[22] 参见孙光宁:"案例指导与人工智能结合的前景"。
[23] Molly K. Land, Jay D. Aronson, "Human Rights and Technology: New Challenges for Justice and Accountability", *Annual Review of Law and Social Science*, Vol. 16, No. 1, October 2020, p. 232.
[24] Jenna Burrell, "How the Machines 'Thinks': Understanding Opacity in Machine Learning Algorithms", *Big Data & Society*, Vol. 3, No. 1, January 2016, pp. 1-3.
[25] 参见高奇琦、张鹏:"论人工智能对未来法律的多方位挑战",《华中科技大学学报(社会科学版)》2018年第1期。
[26] 参见李傲、王娅:"智慧法院建设中的'战略合作'问题剖析",《安徽大学学报(哲学社会科学版)》2019年第4期。
[27] 参见杨延超:《机器人法:构建人类未来新秩序》,法律出版社2019年版,第447页。

算法黑箱是有关技术人员也无力解决的。不同于以排序算法为代表的这类算法通常由开发者来编码——算法程序的每一步由其开发者清楚写明,更复杂的机器学习算法主动从数据中生成。人们可能手动编码其最初的一个元算法,最终的算法经由该元算法从数据中生成,而开发者并不径直编码最终的这个算法。[28] 虽然当下在机器学习的神经网络模型中,神经网络的层数、神经元的种类及数量、训练算法参数等开发者预先设定的超参数对学习效果还是有着重要作用,[29] 但有关决策的作出依然是开发者难以预见也难以解释的。因此,由于机器学习算法而导致的算法黑箱问题,从某种程度上而言,是有关技术人员无法解决的。如果这种人工智能出现在司法部门,由此黑箱造成的算法运作的极强隐秘性、难以为开发者掌握的特点,会遮蔽对相关建议的获悉机会,导致法官难以控制规则调动的情形,以致使司法部门丧失对规则梳理、规则发展、规则细化的可能掌握。[30] 因此,这种算法黑箱事实上也造成了对法官司法权力的僭越,因为法官比技术人员更难以判断有关结论是如何得出的。

(三) 侵害当事人基于程序正义的公平审判权

最新的信息科技在司法中的应用还会侵害到诉讼当事人基于程序正义的公平审判权,这主要包括在线诉讼和人工智能算法黑箱两个方面。

在线诉讼的审判方式会对传统司法的仪式感和诉讼当事人充分表达自己的意见产生影响,进而侵害到诉讼当事人基于司法程序正义的公平审判权。依靠程序在司法仪式中的象征性作用,司法正义的渴求主要不再出于某些功利的动机,而是作为圣洁之物,且不是作为某种空洞的观念,而是人人享有的情感而获得兑现。[31] 法律程序中的每一个手续都具有某种象征、礼节、仪式作用,目的是通过正式格式和必要的形式以确保所从事的行为为公众所知并且可能保持经久不忘。[32] 从古中华的獬豸冠服、惊堂木、登闻鼓,到西方法官头上的假发、身上的法袍、手中的法槌,再到哥特式的法院、法官通道、审判席和法律辞令。这些器物与话语主要是为了传播某些权威讯息。[33] 这些象征性仪式不但令法官自身,同样也令法律程序中的其余出席人,甚至是全体社会都难以忘怀。这些仪式中散发出的权威神圣感促使法官摈弃其自我的喜好

---

[28] Michael Kearns, Aaron Roth, *The Ethical Algorithm: The Science of Socially Aware Algorithm Design*, Oxford: Oxford University Press, 2020, p. 6.
[29] 参见王天一:《人工智能革命:历史、当下与未来》,北京时代华文书局2017年版,第90页。
[30] 参见黄京平:"形式司法人工智能的负面清单",《探索与争鸣》2017年第10期。
[31] 参见〔美〕伯尔曼:《法律与宗教》,梁治平译,中国政法大学出版社2003年版,第22页。
[32] 参见〔英〕戴维·M.沃克:《牛津法律大辞典》,李双元等译,法律出版社2003年版,第435页。
[33] 孙笑侠:《程序的法理(第2版)》,社会科学文献出版社2017年版,第37—38页。

和成见,包括其预设的结论。同理,陪审员、律师、当事人、证人和出席司法诉讼的其余人等,也由于庭前流程、规范的入场步骤、宣誓、致辞的样式和反映情境的其余众多符号而被给予他们相应的义务。在这个过程中,每一个参与者都在一定程度上失去了自我,而是迫使个人的特点遵守司法程序的规定。因此,法律正义的神圣观念——客观、公正、一致、平等、公平——就被形式化了。[34] 而在线诉讼在转换了司法审判的现实空间的同时,也在一定程度上对传统司法的这些仪式、标记、象征、礼节等起到了一定的解构作用。由于互联网法院中的各方诉讼当事人不是同时面对面打官司,且不和法官在同一物理空间,诉讼当事人们可能在互联网法院的庭审过程中丧失一种庄严感。[35] 各方诉讼当事人以传统民事诉讼的方式参加庭审权利的保护体现在各方诉讼当事人的到场出庭和仪式性参与的程序架构上,然而远程庭审的特点导致其缺乏现场出庭和这种仪式感。除此之外,当远程庭审被应用时,相关诉讼当事人进入常规法庭的那种敬畏感完全缺失,这尤其体现在远程不同时的审判程序上。在这种情况下,相关诉讼当事人和法官好像只是在寻找解决争议,而不是为正义献身。[36] 实体性对法院产生它们的象征性功能而言是必不可少的,[37]实体法院有司法神圣感的氛围,但这在互联网法院中是难以获得的。[38] 此外,除去司法程序本身带有的仪式感价值,在法庭上质证的过程本身就是为了促进诉讼当事人的参与感,以最终使其更乐于接受法院的判决。在一切时候,处于纠纷的诉讼当事人对个人情况的表达具备工具性作用,即协助诉讼当事人调节心理上的感受。[39] 有学者的实证研究发现,诉讼当事人在对自身利害相关的判决作出之前,倘若无法在庭上表达个人的主张及证据,无法与诉讼中的各方进行有价值的论辩、证明及说服,就会感到极度的愤懑,这出于法官对其利益的漠视,其伦理主体地位受到法官的抹杀,其人格尊严受到侮辱。[40] 波斯纳觉得诉讼活动具备情绪宣泄与调节的效果,但这一效果却鲜为人知。利害相关的人

---

[34] 〔美〕伯尔曼:《法律与宗教》,第21页。
[35] Huang-Chih Sung, "Can Online Courts Promote Access to Justice? A Case Study of the Internet Courts in China", *Computer Law & Security Review*, Vol. 39, No. 4, November 2020, p. 12.
[36] Meirong Guo, "Internet Court's Challenges and Future in China", *Computer Law & Security Review*, Vol. 40, No. 1, April 2021, p. 6.
[37] Jo Hynes, Nick Gill, Joe Tomlinson, "In Defence of the Hearing? Emerging Geographies of Publicness, Materiality, Access and Communication in Court Hearings", *Geography Compass*, Vol. 14, No. 9, September 2020, p. 5.
[38] Huang-Chih Sung, "Can Online Courts Promote Access to Justice? A Case Study of the Internet Courts in China", *Computer Law & Security Review*, Vol. 39, No. 4, November 2020, p. 12.
[39] Neil Vidmar, "The Origins and Consequences of Procedural Fairness", *Law & Social Inquiry*, Vol. 15, No. 4, Fall 1990, *Law & Social Inquiry*, pp. 881-884.
[40] Michael Bayles, "Principles for legal procedure", *Law and Philosophy*, Vol. 5, No. 1, April 1986, pp. 33-57.

们往往憋着一口气,他们需要一个渠道来进行发泄。大量法官(包括波斯纳)都发现,就算原告败诉,他也觉得这比他无法公开表达他的愤懑要好,如此这般,即使难以证明其主张是正当的,至少其也被审慎考虑了。[41] 而线上诉讼虽然看似因为不受时空局限便利了有关诉讼当事人的诉讼,但事实上诉讼当事人在互联网上表达自己的主张是不如线下实体法院来得充分的。司法系统传统上强调法官或者陪审员亲自观察证人举止能力的价值。线上出庭可能过滤或扭曲这样的感知。同样,正当程序通常提供刑事被告人出现在公开庭审上的权利、与证人对证的权利、出现在重罪提审中的权利。当被告人或者证人以影像形象出现的时候,这些权利是否还被保有,也是一个问题。[42] 参加视频庭审的诉讼当事人还往往更为缺乏获得法律指导并全神贯注于庭审的机会。[43] 因为没有使用相应技术的协助,以及实时向一个律师提问或从其处获得法律咨询的能力,任何在线审判程序将不利于诉讼当事人充分表达自己的法律诉求。[44]

　　此外,人工智能的算法黑箱在僭越法官司法权力的同时,也会对诉讼当事人的公平审判权造成一定的影响。荷兰海牙地区法院就曾强调相关系统缺乏透明度的运行方式在阻碍法院行使审判角色的能力的同时,还会损害个人对相关系统的结果表示异议的权利。[45]《最高人民法院关于加强和规范裁判文书释法说理的指导意见》就提道:"裁判文书释法说理的目的是通过阐明裁判结论的形成过程和正当性理由,提高裁判的可接受性,实现法律效果和社会效果的有机统一。"但人工智能存在的算法黑箱使得法官一旦根据人工智能的建议作出有关判决却无法说明裁判结论的形成过程和正当性理由,这无形中导致了这种裁判结果对于诉讼当事人而言可接受性的当然低下。特别是在困难案件中,由于何为正确的判决往往存在更大的争议性,当转向可能同样正确的结果时,可以解释的理由比正确的可能性显得更为重要。因此,在困难案件中,人工智能的算法黑箱问题会导致更大的裁判结论可接受性问题。在此,依旧可以把人工智能的算法黑箱分为三种:有意的专利保护及公司秘密导致的算法黑箱;源于目前读写代码是一种专业技能而产生的算法黑箱;机器学习算法的数理程序和

---

[41] 参见〔美〕波斯纳:《法理学问题》,苏力译,中国政法大学出版社2002年版,第259页。

[42] Commission on the Future of the California Courts, *Justice in the Balance 2020*, Supreme Court of California, San Francisco, 1993, p.107.

[43] Ingrid V. Eagly, "Remote Adjudication in Immigration", *Northwestern University Law Review*, Vol.109, No.4, June 2015, p.933.

[44] Andrew Guthrie Ferguson, "Courts Without Court", *Vanderbilt Law Review*, Vol.75, No.5, October 2020, p.1520.

[45] Molly K. Land, Jay D. Aronson, "Human Rights and Technology: New Challenges for Justice and Accountability", *Annual Review of Law and Social Science*, Vol.16, No.1, October 2020, p.232.

人类语义解释方式的不匹配而导致的算法黑箱。[46] 在前两种情况下的人工智能算法黑箱侵害到诉讼当事人的公平审判权是由于技术人员和有关企业一般不公开数据和算法的具体内容和相关诉讼当事人有关科技知识和能力的匮乏而导致的——除了技术人员和有关企业以外的其余人等并不实际知晓人工智能如何运作,而只知道其运作的最终结论。[47] 但这在技术上尚存在解决的途径。而最后一种人工智能的算法黑箱则是系统开发者也无法解释的。这种人工智能往往运用的是时下兴起的机器学习技术,凭借的也是计算机算法,但其算法不是固定的,而是带有自调适参数的。[48] 传统算法是"一组逐步的指令,可以非常机械地执行,从而达到一定的效果"。但机器学习算法可以通过不断变化的数据集使其变得非常复杂且几乎不可预测,且其参数还会自动修正。这就使得它在容量和速度方面虽然很有效,但却存在不够透明的问题。[49] 这种人工智能的算法黑箱对诉讼当事人公平审判权的侵害是技术上难以弥补的,最多只能从制度层面上予以解决。

(四)侵害当事人的平等权

大数据、人工智能技术在应用于司法的过程中可能还会对诉讼当事人的平等权利造成侵害。平等权的法理基础首先来源于有关成文法的规定。根据《中华人民共和国宪法》第33条第2款的规定:"中华人民共和国公民在法律面前一律平等。"这是平等权在我国根本大法上的原则性体现。具体到司法领域的平等权,最鲜明的形象则是正义女神的"蒙眼布"——这代表司法审判纯靠理性,而不靠误人的感官认识,这种司法理性摒弃了人们在法律面前的不平等。

大数据、人工智能技术应用于司法过程中最容易导致当事人平等权被侵害的技术缘由就是有些算法与数据隐含的歧视性(这可能包括种族歧视和性别歧视等)。人工智能的算法和数据实际上是人们编写及输入的,而运用于司法中的算法和数据实际包含着开发者的价值取向,这一价值取向的隐含就导致了其无法完全排除歧视的存在——因为无法预知这种价值取向是否合理。[50] 正如马里兰大学的法学教授达尼埃尔·西特龙所说:"人们过分忧虑人类的主观偏见,却又过分执着于计算机的客

---

[46] Jenna Burrell, "How the Machines 'Thinks': Understanding Opacity in Machine Learning Algorithms", *Big Data & Society*, Vol.3, No.1, January 2016, pp.1-3.
[47] 参见孙光宁:"案例指导与人工智能结合的前景"。
[48] 徐子沛:《大数据:正在到来的数据革命,以及它如何改变政府、商业与我们的生活》,广西师范大学出版社2015年版,第347页。
[49] 参见蒋佳妮、徐阳、萨楚拉:《智慧法院》,第27页。
[50] 参见丁晓东:"算法与歧视:从美国教育平权案看算法伦理与法律解释",《中外法学》2017年第6期。

观公正。"西特龙觉得,最大的谬误正是"迷信算法,并觉得其高度客观。然而实际上,算法也是开发者写的,开发者可以把主观偏见输入其中"。换句话说,即使算法运作过程中是客观公正的,可是这并不代表其在开发阶段没有被输入人们的主观偏见。[51] 这种偏见也就使得起源于对"人"正义与否的讨论也延伸到对"算法"正义性的讨论中,"算法"成为人们在类似案件中讨论的焦点。如果有足够的证据证明算法的代码本身就存在"歧视"或者"不公平","技术中立原则"便无法再作为免责的说辞。[52] 除去算法的代码本身存在的歧视,在法院使用人工智能,还需要克服大数据偏差导致的决策偏差下的算法歧视。例如,使用犯罪风险评估算法来预测某人再次犯罪的可能性。此类软件配有犯罪历史数据,这些数据可能表明穷人或居住在特定社区中的人更容易犯罪。尽管相关性与因果关系不同,但高风险评分可能会迫使法官拒绝保释,并将该人送入监狱直到审判,这进一步加剧了现有的偏见。[53] 在国外很受关注的种族歧视问题,也在大数据、人工智能技术应用于司法的过程中表现出来。假如两个被告一个是黑人,一个是白人。两位被告在他们被逮捕前表现得完全一模一样:他们吸了相同剂量的毒品、违反了一样的交通规则、拥有相似的家庭并每天早晨带他们的两个孩子去同一所学校。但刑事司法算法不依赖于一个被告人先前的所有行为来得出保释评估,尽管这些行为是他们先前被逮捕和定罪的原因。由于逮捕和定罪率的种族偏见,即使行为一致,黑人被告人也更有可能比同样的白人有一个优先的定罪。风险评估依赖于种族构成的刑事历史数据,将不公平地评估白人被告人比黑人被告人更有风险。比如,在美国广泛使用的 COMPAS 就会因为这种偏见使得其对白人与黑人的犯罪预测出现截然不同的结果。在犯罪预测错误的状况下,黑人被错误标记为高风险再犯的概率要比白人多出接近两倍。反之,事后确实再犯的白人被标记为低风险再犯的概率要比黑人多出五分之一。[54] 而在暴力累犯的预测中,黑人有77%更大的可能被错误标识为更高的风险。[55] 更糟糕的是,风险评估工具通常会评估它们在预测被告再次逮捕时的危险性方面的成功程度,而不是评估被告在获释后的整体行为。如果两个被告回到同一个街区并继续他们相同的生活,那么黑人被告更有可能被捕。因此,该工具将错误地显示为有效预测危险,因为整个过程是循

---

[51] 参见〔美〕卢克·多梅尔:《算法时代》,胡小锐、钟毅译,中信出版集团2016年版,第138页。
[52] 参见杨延超:《机器人法:构建人类未来新秩序》,第447页。
[53] 参见蒋佳妮、徐阳、萨楚拉:《智慧法院》,第30—31页。
[54] 参见孙那:"人工智能的法律伦理建构",《江西社会科学》2019年第2期。
[55] Fernando Ávila, Kelly Hannah-Moffat, Paula Maurutto, "The Seductiveness of Fairness: Is Machine Learning the Answer? Algorithmic Fairness in Criminal Justice Systems", in Marc Schuilenburg, Rik Peeters (eds.), *The Algorithmic Society: Technology, Power, and Knowledge*, New York: Routledge, 2021, pp. 91-92.

环的:逮捕中的种族差异使预测和这些预测的理由都有偏差。不久前,一起发生在美国威斯康星州的有关于量刑中应用 COMPAS 的诉讼纠纷在美国引起热议,其讨论的歧视问题就发人深省。在该案中,被告 Eric Loomis 因偷盗枪击者遗弃的汽车而被警方误以为枪击者进行逮捕。由于被告有偷车和拒捕现象,其最后被判处有期徒刑 6 年。这一判刑参考了 COMPAS 对被告填写的问卷的评估——评估结果为"高风险"。被告主张这个量刑决定侵犯了他的正当程序权利,因为这个工具在决定风险时不恰当地考虑了性别因素。[56] 被告提起上诉,但威斯康星州最高法院维持了原判,认定 COMPAS 中立且客观。随后,美国联邦最高法院也否决了 Eric Loomis 的申诉,事实上保持了原有判决。[57] 除此之外,算法歧视如果与前述的算法黑箱问题进一步结合,会使得算法歧视问题变得更为严重且不为人所知。荷兰海牙地区法院就曾强调相关系统透明度的缺乏还会由于相关系统潜在的歧视性而变得更为问题重重。[58] 这进一步凸显了大数据、人工智能技术应用于司法领域导致的歧视问题的严峻性。

(五)侵害数字弱势群体的获得司法救济权

伴随着最新一代信息科技的发展,越来越多的诉讼活动从线下被搬到了线上。目前存在的在线诉讼网站、移动微法院 App 等就是很鲜明的司法线下转线上的表现。但现实中以老年人为代表的数字弱势群体又因为受教育程度、经济水平、年龄等原因存在信息获取和运用能力不足的问题,需要付出极不匹配的时间、精力以学习有关最新科技的使用方法。正如齐格蒙特·鲍曼所言:"成为法律上的个体,绝不代表他们一定能够拥有事实上的个体性;而许多人缺乏相应的资源,无法在争取获得事实个体性的斗争中行使作为法律个体所隐含的权利。"[59] 数字弱势群体正是缺乏相应数字资源和能力的这一批人,导致其无法有效行使作为法律个体所隐含的相关权利。对此,我国也出台了一些有关政策以保障数字弱势群体的权益,如国务院办公厅发布的《关于切实解决老年人运用智能技术困难的实施方案》、工业和信息化部和中国残疾人联合会联合发布的《关于推进信息无障碍的指导意见》等。这种情形反映在司法领域,就是数字弱势群体在移动互联网时代的司法变革下的信息公平失衡,其获得司法救济权从某种程度上说也因此受到了贬损。

---

[56] *State v. Loomis*, 881 N. W. 2d 761 (Wis. 2016).
[57] 参见左卫民:"关于法律人工智能在中国运用前景的若干思考",《清华法学》2018 年第 2 期。
[58] Molly K. Land, Jay D. Aronson, "Human Rights and Technology: New Challenges for Justice and Accountability", *Annual Review of Law and Social Science*, Vol. 16, No. 1, October 2020, p. 232.
[59] 〔美〕齐格蒙特·鲍曼:《流动的时代:生活于充满不确定性的年代》,谷蕾、武媛媛译,江苏人民出版社 2012 年版,第 71 页。

在此,需要强调司法领域的信息公平。信息公平一般来说是进入信息领域的人们以公平、正义、平等为价值取向来体现人与人之间信息关联的情况的言辞表达。这反映在司法方面,就是在移动互联网时代,各个社会主体是否都能公平、正义、平等地获得司法救济,以保障其有关诉求的实现。从宪法上说,其源于宪法所规定的公民平等权和社会发展权。其致力于保障现代信息社会下人们在获取、运用和处理个人及社会的司法数据信息时,可以以同等的条件、机会和可能来进行,使得人与人之间的司法信息关联处于一种均衡的状态,从而最好地发挥数字司法的作用,让各个诉讼参与者最大程度地享受"数字红利",[60]以更好地实现司法的接近正义。

三、信息科技司法应用的人权标准

在描述了上述信息科技在司法领域应用的人权风险之后,就需要制定一定的人权标准以解决上述存在的风险问题,从而促使信息技术在司法领域的应用朝向一个更为良善的方向前进。对应于上述所言的有关人权风险,这一人权标准主要应当包括以下几个方面。

(一)法官拥有判决的最终决定权

对应于上述所言的大数据、人工智能技术在司法中的应用会消解诉讼当事人获得个人化审判的权利以及其对法官司法权力的影响,首先要确立的信息科技在司法领域应用的第一项人权标准是法官应当拥有判决的最终决定权,即最终还是要依靠法官自己的判断。人工智能不能剥夺法官的道德主体性,应当是司法领域应用人工智能的基本准则。从更深层次的哲学源流来说,这当然是由于人类有自由意志,而人工智能没有自由意志。此外,也是因为目前司法领域的人工智能确实存在一定的现实不足,以及民主原则对司法权来源的要求。在此,要构建一种人机融合的路径,即以"人"为主,以"机"为辅。人工智能辅助审判的作用应在于为法官集中精力行使事实与法律的判断权创造良好条件:人工智能可以帮助法官发现共性,而法官在审判过程中的主要任务则应该是发现并衡量案件的个性。

司法有其独特的法则和特性,如司法公正、司法公开、司法亲历等,特别是司法亲历这一特征要求只有人类才能作为审判的主体,而人工智能仅能辅助法官审判。[61]

---

[60] 参见世界银行专家组:《2016年世界发展报告:数字红利》,清华大学出版社2017年版,第Ⅱ页。
[61] 参见崔亚东:"人工智能应用与治理",《行政管理改革》2020年第6期。

审判过程中涉及判断、取舍和裁决的区域仍应由法官掌握,每个裁决结果的形成是多名法官采信证据、查清事实和理解条文的综合判断过程,融入了不同法官的人生阅历、知识体系、逻辑结构等因素,人工智能无法实现所有诉讼活动。[62] 因此,在域外已经有相关判例法表达了法官应该拥有判决的最终决定权的立场。美国威斯康星州最高法院就认为,算法(甚至是有专利权的算法)在量刑中使用的合宪性要求算法产生的分数是许多非决定性的量刑因素之一。[63] 美国密歇根上诉法院也认为,COMPAS在量刑中的使用没有侵害被告人的正当程序权利,只要其只是作为一个没有法律约束力的建议,以致法院有自由裁量权以决定其建议的价值。[64] 结合域外相关经验和现实实践,我们应该确立的基本原则是:在人工智能应用于司法审判的过程中,要给予法官更宽容的空间,使人工智能更多成为法官的助手,而不是法官的监督者。

(二) 对司法信息科技进行审查

对应于上述所言的大数据、人工智能技术在司法中的应用会导致对当事人平等权的侵害,信息科技在司法领域应用的第二项人权标准应是对司法信息科技进行相应的审查,以规制这种人权风险。这要求,人工智能辅助审判工具开发的过程中不仅须要开发者自行进行相应的审查,司法从业者也须要更为主动地加入有关的研发过程中,以开展有关的审查,确保该工具能够反映司法公正。[65] 因此,不妨成立由一定的法律职业人员和其他包括各学科的领域专家及各种社会团体成员组成的审查委员会,对其进行事前、事中和事后三个阶段的审查工作。

这种审查应当涵盖人工智能辅助审判工具的数据和算法,以识别其中的不当之处,例如种族、地域、性别等偏见,检测出人工智能辅助审判工具应用全过程中产生的偏见。[66] 首先需要进行相应的事前审查。在这个阶段,可以对人工智能辅助审判工具建立相应的许可制度。这种许可意为经过有关审查的人工智能辅助审判工具才能在司法系统中正式使用,以作为其有效性与合理性的担保。[67] 此外,鉴于当下的人工智能多是实时互动的,其可以通过不断吸收新数据或感知外界对其的反馈,来更新、升级其模型。即使一个算法的源代码、其完整的训练数据集及其测试数据都是公开

---

[62] 参见蒋佳妮、徐阳、萨楚拉:《智慧法院》,第133页。
[63] *State v. Loomis*, 881 N.W.2d 749, 753 (Wis. 2016).
[64] *People v. Younglove*, No. 341901, 2019 WL 846117, (Mich. Ct. App, Feb. 21, 2019).
[65] 参见孙光宁:"案例指导与人工智能结合的前景"。
[66] 参见李晓楠:"可信赖AI司法:意义、挑战及治理应对",《法学论坛》2020年第4期。
[67] 李晓楠:"可信赖AI司法:意义、挑战及治理应对"。

可审查的,这依然只是给了一个其功能的特定时段的快照。⑱ 因此,还要进行实时的事中审查。特别是在法律政策出现重大变更、法律法规进行修改的时候,这种实时审查将显得更为必要。最后,在人工智能辅助审判工具使用后,产生争议结果时,还需要进行相应的事后审查。当然,这一审查的启动权在于司法诉讼中的公诉人与当事人,因为其是与审判结果直接利害相关的人员。这一启动权的行使应当是出于人工智能辅助审判工具的结果与最终审判结果之间存在因果关系的逻辑——人工智能辅助审判工具对最终审判结果造成了实质上的影响。在这样的情况下,公诉人与当事人才可以提出进行相关审查的诉求。

(三) 对相关算法进行适当公开

对应上述人工智能辅助审判工具的算法黑箱进一步加剧对法官司法权力的僭越以及对诉讼当事人公平审判权的影响,信息科技在司法领域应用的第三项人权标准应是对相关的算法进行适当公开。对于与特定案件直接相关的法官、公诉人、当事人等,科技人员与公司应该对其开发的人工智能辅助审判工具的算法及数据进行适度的公开,以在知识产权的私人利益和司法权力的公共利益之间取得一种平衡。由于司法权力具有的特殊属性,在此可以适当把开发人工智能辅助审判工具的主体作为公权力主体对待,要求其对有关内容进行公开,以符合司法公开原则,捍卫民主价值,限制其私法上的知识产权保护。

受托从事司法智能辅助系统开发的单位应当依据合同的约定向司法机关就其工作原理履行详细说明义务。这可能需要有关以下方面的信息:(1) 系统的数据基础;(2) 模型和决策逻辑;(3) 系统运营商执行的(数据)质量标准;(4) 系统使用的参考组或配置文件;(5) 系统针对有关个人作出的实际或潜在推断;等等。⑲ 案件办理过程中,人工智能使用机关应当基于上述内容主动制作人工智能决定说明报告,详细列明人工智能工作原理和总体设计思路、考虑因素、代码及程式等内容并附卷备查。此外,法院如果运用人工智能辅助进行审判,应该告知诉讼双方这种情况,以保障诉讼双方的知情权和被通知权。当诉讼双方有一方申请人工智能辅助审判工具使用机关释明使用数据集与算法模型,使用机关应当依申请,根据所处阶段的不同,在申请人签订保密承诺书的前提下(这一公开可以不反映在法律判决书之中),视情况采取书

---

⑱ Mike Ananny, Kate Crawford, "Seeing without Knowing: Limitations of the Transparency Ideal and Its Application to Algorithmic Accountability", *New Media & Society*, Vol. 20, No. 3, December 2016, p. 982.
⑲ 〔德〕托马斯·威施迈耶:"人工智能和透明度:打开黑箱",李辉译,载〔德〕托马斯·威施迈耶、蒂莫·拉德马赫编:《人工智能与法律的对话2》,韩旭至、李辉等译,上海人民出版社2020年版,第100页。

面答复或者以出庭的方式予以释明。[70] 此外,基于技术鸿沟的原因,仅仅对算法的程序代码及其数据进行公开,这种公开往往还是存在着不充分的问题,相关开发者及科技企业还应该协助法官、公诉人、当事人等对公开的内容进行理解。这种协助对于有关公开的有效性而言意义重大。

(四) 赋予当事人有关的程序抗辩权

此外,对于人工智能存在的算法黑箱问题,在最极端的一种情况下——也就是基于机器学习技术的人工智能辅助审判工具,对其进行公开与解释是存在很大的技术困难甚至技术不能的,这时就需要确立信息科技在司法领域应用的第四项人权标准——赋予当事人有关的程序抗辩权,以解决其对诉讼当事人公平审判权的影响。

在此,之所以强调于这种情况下赋予当事人有关的程序抗辩权,主要是由于,此时的相关公开与解释存在现实的技术障碍,因而对其的解决很难以技术路径为之,更多只能从法律与制度建构的角度入手。简而言之,如果开发者及有关科技公司也无法对基于机器学习的人工智能辅助审判工具进行适当公开,而其建议与结论又为当事人所质疑,那么就应该允许当事人请求对该条建议与结论进行剔除,行使其程序抗辩权,从保障司法程序正义价值的维度来维护当事人的诉讼权益。

(五) 赋予当事人是否使用有关信息科技的选择权

对应于上述在线诉讼对诉讼当事人基于程序正义的公平审判权的影响,以及信息科技在司法中的应用对数字弱势群体获得司法救济权的侵害,在此应确立的信息科技在司法领域应用的最后一项人权标准应该是赋予当事人是否使用有关信息科技的选择权。

在在线诉讼领域,要赋予当事人对于线上审判或者线下审判的选择权。在域外,早已存在相关的规定与实践。在美国,密歇根网络法院(The Michigan Cyber Court)的管辖权基础必须是原告和被告均同意该案件应该在该网络法院审判。并且,只要在14天的口头辩论期结束之前,被告可以在任何时候把原告在该网络法院起诉的案件转移至相应的巡回法院。[71] 在韩国,各级法院设立的专门的电子诉讼负责所受理的电子诉讼案件必须是当事人各方均同意使用电子诉讼的案件。依据韩国电子诉讼法和韩国大法院的有关规则,唯有在政府、地方自治组织、公家机构作为电子诉讼义

---

[70] 参见马啸、狄小华:"人工智能背景下刑事错案悖论及消解",《湖湘论坛》2019年第2期。
[71] Meirong Guo, "Internet Court's Challenges and Future in China", *Computer Law & Security Review*, Vol. 40, No. 1, April 2021, p. 8.

务方的情形下,有关案件才必须由电子诉讼负责部受理。其实,赋予当事人这种选择权在我国也存在相关法律规定。《最高人民法院关于互联网法院审理案件若干问题的规定》第1条第2款的有关内容就明确表示,根据当事人的申请,互联网法院可以决定在线下完成部分诉讼环节。只不过,有关的决定权掌握在互联网法院的手中,而不是由当事人直接选择,这是值得进一步商榷的。此外,面对数字弱势群体,更要赋予他们相应的选择权以保障其获得司法救济的权利。尤其是在面对老年人群体时,要在司法诉讼中建立相应的渠道和机制,协助其开展相应的数字诉讼活动,或者直接允许其以传统的诉讼方式来开展有关活动,以扭转其数字弱势,促进信息公平。

四、结语

本文在阐述我国目前的司法信息化,并论述了其带来的人权风险之后,提出了信息科技在司法领域应用的五项人权标准,以期解决这一迫在眉睫的问题。但需要指出的是,这种分析主要是立基于当前的有关现实实践基础之上的。如果,后续信息科技在司法领域的应用,甚至而言,其他科技在司法领域的应用产生了新样态,那本文提出的有关人权标准或许就需要作出进一步的修正,以做到与时俱进。这一后续的研究工作需要业界各位同仁进一步推进,以促进科技在司法领域的良善应用。

图书在版编目(CIP)数据

科技与权利:科际法学第三辑/孙笑侠主编.—北京:商务印书馆,2024
ISBN 978-7-100-23413-9

Ⅰ.①科… Ⅱ.①孙… Ⅲ.①法学—研究 Ⅳ.①D90

中国版本图书馆CIP数据核字(2024)第046208号

权利保留,侵权必究。

科技与权利
科际法学第三辑
孙笑侠 主编

商　务　印　书　馆　出　版
(北京王府井大街36号 邮政编码100710)
商　务　印　书　馆　发　行
江苏凤凰数码印务有限公司印刷
ISBN 978-7-100-23413-9

2024年1月第1版　　开本 787×1092 1/16
2024年1月第1次印刷　印张 12½
定价:68.00元